近代租税史論集 2

近代日本の租税と行財政

近代租税史研究会 編

有志舎

はしがき

牛米　努

本書は、近代租税史研究会の研究成果をまとめた二冊目の論文集である。

すでに、我々は、『近代日本の形成と租税』（有志舎、二〇〇八年）を刊行しているが、本書は、その後の研究会の研究成果を収録したものである。

租税史というジャンルを明記した研究会を立ち上げた意図は、国税や地方税といった租税体系や個別の税目について、その立法から執行までを視野に入れながら実態的に究明することを基礎に、財政や政治、思想面など幅広い観点からの研究を目指すものである。

そもそも租税史といっても、その具体的なイメージは論者により様々であろう。しかし、税を社会的に不可欠な要素として歴史的に考察するという点での一致は、最低限可能なように思われる。明治憲法と教育勅語による国民の三大義務は、兵役と納税、そして教育である。とくに戦前においては、国民の義務として兵役と納税が強調されることが多かった。戦後の日本国憲法においては戦争放棄が明記され、陸海軍等の戦力の不保持により兵役義務の条項も消滅したが、軍事史研究は今日においては社会的存在としての軍隊を広く研究対象とするに至っている。

納税義務は日本国憲法にもそのまま規定されており、今日においても税が社会に不可欠な存在であることを否定する人はいないであろう。しかしながら、租税史が歴史研究に不可欠な分野であるとの問題意識は、必ずしも共有されていないのが現状である。我々は、これまでの財政史・政治史の一要素としての租税史から、社会にとって不可欠な存在としての租税を歴史的に考察する基礎的な作業として、近代租税史研究会の活動を行ってきた。

とりわけ財政史における租税への関心は、政府の財政方針に基づく税制、そしてその結果である租税収入額に注がれる。一言で言えば、税目ごとの収入額が最大の関心事であるといってよい。しかし、税法の成立から納税までの間には、調査や課税などの税務当局による税法の執行があり、最終的に納税者が国庫に納税するまでの過程が存在する。そこには、所得税や営業税の場合、賦課決定を納税者がチェックする調査委員会制度や、市町村に徴収を委託する国税徴収委託制度など、今日とは大きく異なる仕組みも存在するのである。このような課税や徴収の仕組みは、当然ながら歴史的に形成されてきたものであり、納税者との関係性のなかで作られてきたものでもある。ここに租税史が成立する意義と魅力があると、私は考えている。

本書に収録した諸論文は、近代租税史研究会会員による研究成果をまとめたものであるが、直接に租税を素材とするものだけでなく、財政や行政制度に関するものも少なくない。そこで、八本の論文を四本ずつの二部構成とし、第Ⅰ部を「租税と財政」、第Ⅱ部を「租税と地域」にまとめた。以下、収録した論文の概要を記していきたい。

まず、第Ⅰ部であるが、第一の宮間論文は、もっぱら慶応四年正月から二月にかけての年貢半減令の布告と撤回に焦点があてられてきた研究史の偏りを是正し、戊辰内乱期全体を通した政府の年貢半減策の実態や変化を丁寧に検証したものである。教科書裁判の争点となったこともあり、年貢半減問題は年貢半減令の有無に関心が集中し、それぞれの立場から議論がなされてきた。しかし、この論文により、開戦当初の天皇権威の浸透と民心掌握の企図という新政府の目的のもと、戊辰戦争が関東や東北地方へと戦線が拡大し、終息していく過程において、あきらかなバラマキ策から現実的な救恤策へと変化していったことが明らかにされた。

第二の刑部論文は、「皇室の藩屏」と称され、近代国家を支える役割を負った華族たちのうち、経済的困窮に陥った公家華族に対する宮内省の救済措置を解明している。具体的には、公家華族を対象とした恩賜金から支出される学習院の学資金貸与と京都公家華族たちへの学費援助、それに公家華族救済措置の支柱であった「旧堂上華族恵恤金」の実態に迫った。同論文は、近年公開が進んでいる宮内省公文書を丁寧に分析し、従来は制度そのものも充分には明らかになっていなかった明治期の公家華族救済策を解明することで、武家華族とは異なる公家華族の存在意義を明確にした。

第三の中西論文は、明治期の地方行政が内務省や府県・郡による町村への抑圧的な監督行政のもとに置かれたとされることに対し、町村を直接監督する府県・郡による行政監督を一方的な圧力としてではなく、「双方向的な交渉過程」と見做すことで、政策実現における監督行政の在り方を能動的に捉えようとする意欲的な内容である。日露戦後における町村の基本財産及び罹災救助資金の蓄積推進策の実態分析を通し、町村条例制定を促すための各府県の制度整備や郡の柔軟な調整機能などが、時に中央省庁の政策意図とはズレを生じさせつつも、町村における資金蓄積策を推進していったことが明らかにされている。

第四の今村論文は、衆議院に提出された租税に関する請願を分析し、帝国議会期の請願内容の変化を時代の変遷のなかで読み解こうとする基礎的な試みである。請願件数は、地租軽減や地価修正運動が盛り上がりを見せた初期議会期のほか、日露戦争後の第二三議会から第二六議会、第一次世界大戦に起因する税制整理が始まった第三七議会など、大規模な税制整理の動きに刺激されて増加することが明らかにされている。税目別には、地租および地価修正に関する請願に比して営業税や所得税があまり伸びていないこと。また、紹介議員と政党との関係から、請願は法案成立の後押しとしての役割を期待されていたとしている。

次に第Ⅱ部収録論文の概要に移る。

第五の堀野論文は、千葉県の家禄奉還制度を分析したものである。家禄奉還制度はそれまでの秩禄処分政策とは一線を画する制度であったにも関わらず、充分な解明がなされているとは言い難い。ここでは、千葉県が士族の三分の二以上が奉還に応じるという、全国的に見ても有数の成果を挙げた県であることを明らかにするとともに、その背景に県令柴原和の強力な勧誘の存在を指摘した。さらに、旧松尾藩の士族授産計画や、とりわけ維新期に駿河・遠江から移封された旧七藩士族の家禄奉還が地域に与えた影響にも言及している。

第六の江連論文は、地方自治制度形成期における初期民会の実態を、熊谷県の小区集会と区内集会の分析から明らかにしたものである。熊谷県は旧入間県（南側）と旧群馬県（北側）を併合して成立し、大区会（県会）は南北で別箇に開催されていたものの、仮規則によりほぼ同一の構成になっていた。しかし、統一的な規則がない区内集会は大区集会において規則化されたため、大区集会を支える機能が南北で異なる結果となった。こうした地域的な差異は、統一的な地方制度ではなかった大区小区制の在り方に規定されていると結論付けている。

第七の栗原論文は、大区小区制から三新法制へと移行する地方制度の実態を詳細に分析し、村費減少を目的とした事務所（各村戸長の執務場）の合併方針により、大区小区制のもとで複数の町村による連合事務所が設置されていたことを明らかにした。栃木県の場合、大区小区制下の町村連合（初期連合村）が、明治一六年の連合戸長制と同一であることが立証された。これにより、近世の組合村から連合戸長制までの地方制度の形成過程を考察する場合、連合戸長制を単に官治的とする評価もまた見直しが必要となろう。

第八の高村論文は、明治期に行われた土地制度改革としての地租改正事業や地押調査、それに付随する地図調製作業などを通して、高村五兵衛という人物の土地調査活動を丹念に検討している。そして、地域において「地券士の家」などと称されている高村五兵衛は、地方名望家として一連の事業を主導したのではなく、村内有力者のもとで事業に従事する存在であったことが明らかにされている。土地制度を始めとする一連の近代化政策の遂行を、地方名望家とともに地域で支える存在を具体的に明らかにしている点は興味深い。

　これらの諸論文から、租税史とは何かを具体的にイメージするには論点が多岐にわたるとの批評も聞こえてきそうである。しかし本書には、租税史という新しい研究視角からの知見が随所にみられるであろう。とりわけ若い研究者が、こうした新しい研究分野に挑戦していることは心強い限りである。租税史研究の第二歩として本書を上梓するにあたり、大方の批判を乞い、今後の租税史研究の更なる発展を図っていきたいと考える次第である。

近代日本の租税と行財政　近代租税史論集2

目次

I　租税と財政

一　戊辰内乱と租税半減

宮間純一

はじめに

慶応四年（一八六八）の戊辰内乱におけるいわゆる「年貢半減」[*1]問題については、従来からたびたび取りあげられてきた。その分厚い研究史では、主に①新政府による旧幕府領の租税半減は内乱を遂行するために政治的・軍事的視点から行われようとしたものであること、②新政府は財政上の問題から一旦布告した租税半減を取りやめたこと、③の結果切り捨てられた「草莽」が存在すること、④北陸・東北などでは租税半減が実施された事例があることが指摘されている。

①から③については、おおむね慶応四年正月から二月段階の租税半減問題について取りあげた論考で指摘されてきた。それらの多くは、高木俊輔氏[*2]をはじめとして相楽隊（赤報隊・嚮導隊）との関係で租税半減問題を検討し、その過程・結果に新政府の性格を見出そうとする。高木氏は、「年貢半減というスローガンが民衆生活に密着した最大公約数的な願いであったとみて間違いはあるまい」と述べ、新政府の立場からすれば租税半減は民衆利用の政治理論で

あったとする。これに対して、芳賀登『偽官軍と明治維新』が批判を加え[3]、佐々木克「赤報隊の結成と年貢半減令」[4]がより実証的な分析を行ったが、近年は議論が低調になっている[5]。

一方で、④に関する研究は多いとはいえない。原口清『戊辰戦争』[6]をはじめその事実を指摘する文献に加え、各自治体史で若干の言及があるものの、独自の問題としてはこれまであまり取りあげられてこなかった。この点、中島明「越後路の年貢半減令」[7]で行われた越後路における佐賀藩独自の租税半減策の検討や、亀掛川博正「維新政権による救恤政策」[8]による新政府の救恤政策全体の中に租税半減問題を位置づけようとした試みはある。しかしながら、正月当初実施されなかった租税半減や他の救恤策と合わせた分析など課題は多く残っている。

戊辰内乱全体を取りあげた研究では、原口清氏が租税半減の取消は新政府の階級的性格を反映する、との見解を示すと同時に租税半減の布告が軍事的観点からなされたものであるとしている[9]。最近では、保谷徹『戊辰戦争』が、「年貢半減は一般的な民心掌握の手段ではなく、先述のように軍隊を前進させるために必要な措置であり、その限りにおいて軍費確保の要請を斥けて採用された方策であった」と論じている[10]。租税半減令が軍事面を重視する観点から布告されたとする点では両者とも一致しており、現在までに通説化してきたともいえる。

以上のように、租税半減問題は従来もそれぞれの関心から議論が深められてきたし、戊辰内乱研究でも常に触れられてきた話題である。だが、研究史上では正月段階から二月段階における租税半減策と戦線が拡大するにつれて各地で布告・実施された租税半減についてそれぞれ別個に取り上げられてきたきらいがある。両者は、新政府軍の一連の施策として捉えられるべき問題であり、内乱の開始から終息までの時期を一貫して考察し、その実態や性質の変化について解明することは重要といえる。また、租税半減以外の救恤策と合わせて検討することも欠かせない。そこで本稿では、具体的事例を検証しながら戊辰内乱期の租税半減問題について新政府側の立場から考察したい。

1　相楽隊と新政府の租税半減

内乱開始後の早い段階で出された租税半減令として、相楽総三が率いる部隊が東山道の各地で触れたものがよく知られる。これが、最終的に実施されなかったことも周知の事実である。

この問題については、東山道先鋒総督府による慶応四年（一八六八）二月一〇日付回章で「偽官軍」とされた公家高松実村を擁する高松隊[*11]や相楽ら「草莽隊」並びに相楽らを処分した新政府の性格規定と合わせて議論されてきた。本稿では、赤報隊及び正月一五日以降赤報隊が触れた租税半減令の性質について立ち入った考察は避けるが、その一連にみられる新政府の租税半減に対する認識をみておきたい。

相楽らが擁立した公家滋野井公寿・綾小路俊実による赤報隊認可の願い出[*12]に対して議定・参与名で出された一一日付回答書[*13]を受けて、相楽は正月一二日、「議定参与役所」へ建白書と「官軍」の「御印」下付・先鋒の勅命降下歎願書を提出している。租税の軽減について相楽は、建白書の中で次のように言及している。

> 是迄幕府ニ於ヒテ関東筋ハ甚暴歛ヲ極メ、民心皆奸吏之肉ヲ喫ハムト存居候儀故、幕領ノ分ハ暫時ノ間賦税ヲ軽ク致シ候ハ、天威之難有ニ帰嚮シ奉リ、仮令賊ニ金湯之固有之候トモ倒戈之者賊之蕭墻ニ起リ、必以御東征之御一助ニモ可相成[*14]（読点・傍点・カッコ内註記は宮間。以後同。前後略）

相楽の案では、旧幕府領の「賦税ヲ軽ク」とあるだけで具体的な減免率への言及はないが、この建白書に対する滋野井・綾小路への御沙汰書（一三日もしくは一四日発出）によって「当年租税半減」が明記された[*15]。相楽の建白書で注目されるのは、まず、相楽の主張は庶民の負担軽減を第一に志向するものでなく、東征を円滑に進めるための策としての租税軽減であること。すなわち、これまで旧幕府によって高い税負担を強いられていたとする関東の旧幕府領の租税を軽減することで新政府軍が民心を掌握し、内乱の遂行を後押しすることを打ち出すものであったことである。減免の期間を「暫時ノ間」とするのは、以後の恒常的な軽減ではなく、目的＝鎮撫が達成されるまでの暫定措置と理解して差し支えなかろう。

少なくとも相楽の建白書は、「民衆」の立場ではなく、租税の半減をもって民心掌握を成し遂げようとする新政府のそれに寄り添う視点から作成されたとみるのが妥当である。新政府内では、岩倉具視や西郷隆盛らは租税半減による民心掌握について賛成・推進する立場にあり、東国の民心掌握は内乱における重要課題であると考えられていた。西郷は、「(租税半減は) 積年の苛政を寛められ候事に御座候、此の一儀にても東国の民は直様相離れ申すべき儀と存じ奉り候、彼の賊を孤立させるの策は早く相用い申さず候わでは相済まず」と租税半減の早期断行に大きな期待を寄せている。[*16] 租税半減を政治的・軍事的な狙いから実施しようとする相楽の志向は、西郷と一致していよう。

前述の滋野井・綾小路への御沙汰書の但書には、次のように記された。[*17]

但今度不図干戈ニ立至リ候義ニ付テハ万民塗炭之苦ミモ不少、依之是迄幕領ノ分総テ当年租税半減被仰付候、昨年未納之分モ可為同様、巳年以後之処ハ御取調之上、御沙汰可被為在候義ニ候間右之旨分明ニ可申付事[*18]（前略）

ここでは、租税半減が明記されるとともに、前後年の分についても減免に言及されている。そして、旧幕府領であるというのみならず、戦渦の困難からの救恤手段として租税半減が謳われている点が相楽案と異なる。

新政府が、租税半減という重要な問題についてこれだけ速やかかつ具体的に相楽の要請に回答できたのは、租税半減が赤報隊によって引き出されたものではなく、新政府内でこの時以前から議論の俎上に上っていたことを示唆している。そもそも、租税半減の実施を唱えた先例として、文久三年（一八六三）八月に発生した天誅組の変の過程で大和国櫻井寺において「当秋ノ年貢ヲ半高ニ免許シ」と触れられた例がある。[*19] また、戊辰内乱開戦後早い段階では、慶応三年一二月に高野山へ拠った鷲尾隆聚隊が、「鷲尾殿御支配地当戊辰御年貢半減被仰付」と触れている。[*20] 管見の限り、内乱開戦以後最も早い例では、山陰道鎮撫使が正月四日に丹波国桑田郡山国郷の郷士たちへ「官軍へ加リ候村々」には租税半減を実施すると達している。[*21] 税率の引き下げは、赤報隊や戊辰内乱期に特有な問題というよりも民心掌握の手段として旧体制を打ち倒そうとする側（＝戊辰内乱の場合新政府）が一般的に考案しうる方策であり、内乱遂行のため当然に企図されたと考えるべきであろう。

2　山陰道における租税半減令と撤回

赤報隊への回答と前後して、慶応四年（一八六八）正月一四日付で新政府から備前・長州・芸州三藩へ旧幕府領に対する租税半減の指令が達せられている。それは、左のような文面である。

備前　長州　芸州へ

今般御復古ニ付、即今之処山陽道取調被　仰付候間三藩共申合、作州津山其他諸々之情実糾問之上巨細言上可仕、猶卒業之　儀ハ　将軍宮（仁和寺宮嘉彰親王）江相伺候様可致　御沙汰候事

但諸国之中是迄天領と称し居申徳川氏之采地其他賊徒之所領等別而入念調可仕、右者従前苛政ニ苦ミ居り候哉ニ付、当年租税之儀ハ半減被仰付、去年未納之分も可為同様、来巳年以後之処者御取調之上御沙汰可被為在儀ニ候間、右之旨申論億兆人民　王化ニ服候様精々尽力可仕　御沙汰候事[*22]

戦渦からの救恤に関する言及を除けば、赤報隊に出された御沙汰書と内容はほぼ同じである。この時点で、①旧幕府領に対する租税の減免率が半減であること、②前年未納分も同様であること、③翌年以降のことは調査によること、の三点が新政府の方針として確認できる。ところが、租税半減令は次の二七日付の備前・芸州藩宛御沙汰書で早くも実質的に打ち消されている。

但諸国之中是迄天領ト称シ居候徳川采地其他賊徒之所領等別テ念入取調可仕、右ハ従前苛政ニ苦ミ居候哉之趣モ相聞、患難疾病相救之道モ相立兼候ニ付、先無告之貧民天災ニ罹り困難之者ヘハ夫々御取糺之上御救助モ可有之候間、右之旨申諭億兆人民王化ニ服シ候様、精々尽力可仕　御沙汰候事[*23]（前後略）

この修正過程で作成された文書（「内国事務諸達留」）を「復古記原史料」中から発見・紹介した宮地正人氏が述べる通り、租税半減令の撤回は布告されず、伺いに対する回答としてのみ伝えられた[*24]。一四日付と二七日付の御沙汰書の異同について「十四日御達之義ハ如何可心得哉」との備前藩からの伺いへは「御取消相成候旨」が口達されている[*25]。こうした形によって取消の伝達が行われたため、混乱をもたらしたこともあった。三月二日付で「美作御官御預り所代官」の柴田純一郎が弁事役所へ出した伺いに対しては、「租税半減之義一旦被仰出候得共、二月ニ至り御達解相成、其旨百姓共江備前より達ニ相成居候、此旨可心得事」と付札にあり、三月段階でも十分に周知されていなかったことが読み取れる[*26]。

かかる方針転換について本稿が注目したいのは、二七日付の達で具体的な手段である租税半減が消滅したとはいえ、旧幕府領の貧困者に対して「御救助」の文言までは消えていないことである。租税半減が、新政府の財政事情から実現されなかったことはこれまでも指摘されてきたことだが、旧幕府領全体に租税半減を実施することは不可能でも生活困窮者に限って救恤を施すことは可能と判断されたのではなかろうか。つまり、新政府は民心掌握の手段をより現実的な方法に切り替えたということである。

この見解を証左してくれるのは、東山道鎮撫総督岩倉具定の租税半減実施要求に対する岩倉具視の回答書である。具定や具定に随従していた香川敬三は、租税半減の実施を具視へ数度にわたって訴えていた[*27]。彼らは、最前線の「指揮官」として一旦喧伝した租税半減の撤回に強い危惧を抱いていた。要求に対する具視の回答は、「財穀を散ずるの筋にて半減と申す事は不可」というもので、財政上の問題から租税半減は実現不能であることを述べたものであった[*28]。

具定のもとへ租税半減の撤回が伝えられたのは、二六日のことだと考えられるが、同日付の具定及び東山道鎮撫副総督岩倉八千麿が作成した書簡には、「年貢半減之儀御施行難被遊趣キ承知仕候、貧民共へ能金穀ヲ散シ王化ニ服シ候様可致旨奉畏候」とある。[*29] 租税半減の代替として貧民への金穀の給与が指示されたことがうかがえる。租税半減の撤回＝民心掌握の放棄ではなく、可能な範囲に救恤を施す方針へと転換したとみなすのが妥当であろう。

3　新政府軍の救恤

租税半減策から方針転換した新政府は、実際には如何なる救恤策を行ったのであろうか。表1は、筆者が史料上発見できた範囲で、慶応四年（一八六八）正月から九月までの間に新政府が実施した救恤金・米穀の下付を一覧化したものである。一見して、救恤を名目とした金員などの下付がたびたび行われていたことが看取できよう。

最も早い段階では、正月三日の鳥羽・伏見の戦い直後における伏見周辺での事例がある。新政府は、正月八日頃から伏見宿周辺の罹災した人々へ米を配付した。これは、元々は二条城と大坂城にあった米で両城を接収した際に新政府軍が獲得した戦利品であったとされる。[*30] 前宇和島藩主伊達宗成は、「昨日より二条城之旧穀ヲ伏水人へ賜候由、サツ《（薩）》長人気ヲとる策也」[*31]とこのことについて言及している。武力倒幕に消極的であった伊達が、内乱の火ぶたを切った薩長に対して強い不満をもっていたということを差し引いても、この一件については伊達の言う通り薩摩・長州両藩による人気取り＝民心掌握策とみるのが妥当であろう。

同じように新政府軍が内乱の過程で獲得した金穀は、他の事例でも民心掌握のために利用されている。たとえば、姫路城下では「徳川囲米」一八三八石・「会津米」六五六石八斗七升のうち二〇〇〇石が、正月二四日に姫路市中へ「御救米」として下げ渡されている。[*32] 姫路藩は、開戦直後に「朝敵」とされ、新政府軍の征討対象となり正月一六日

表1　新政府軍による救恤金など一覧

月	日	受取	金額等	内訳など
正	8以降	伏見・八幡・橋本	伏見米1,000石 八幡・橋本500石	新政府軍が二条城・大坂城で獲得した米穀を下賜
正	15	摂津国廣瀬村他23か村	米1,500石	郷蔵から支出（高槻藩に命令）
正	24	姫路市中	米2,000石	徳川囲米・会津囲米から御救米として
2	17	敦賀郡農商共	米2,807俵 鯡4,207匹 白子624本 〆粕956本	敦賀国元箱館会所にあった産物から御救として
3	21	甲府市中	米687石7斗	50か町者共13,754人（1人米5升）官軍屯集の費用負担のため賑恤として
3	21	山梨郡勝沼村	米1石9斗5升	39人（1人米5升）の罹災者への御救米として
3	27	下野国梁田駅他	金468両	焼失寺院1・民家40（410両）/死亡者3（30両）/怪我人4人（28両）
閏4	5	下総国市川宿	金500両	焼失家数127軒・669人/不焼失家103軒・460人/5か寺
閏4	7	下総国船橋宿	金2,219両	社家12（17両2分）/怪我人共（金1,000疋）/焼失家数884軒・4,438人（1人金2分）
閏4	8以降	宇都宮藩	金20,000両	士民御救金として
閏4	11	天童藩	金2,000両	新政府放火のため罹災した士民への御救助
閏4	13	下総国西海神村	金144両2分	焼失家数60軒・289人
5	29	相模国箱根宿他	米78俵	焼失家数78軒
5	以降	宇都宮藩	40,000両	藩内が兵火で窮乏したため願い出により
6	−	大田原藩	5,000両	藩内が兵火で窮乏したため願い出により
7	16	越後国刈羽郡鯨波村	100両	兵火罹災のため
9	13	矢島藩	1,000両	兵火罹災のため
9	13	新庄藩	3,000両	兵火罹災のため
9	13	旧旗本生駒俊徳	1,000両	兵火罹災のため
9	13	旧旗本仁賀保孫九郎・仁賀保兵庫	500両	兵火罹災のため
9		本庄藩	3,000両	兵火罹災のため
10	24	新庄藩	10,000両	兵火罹災のため

註）『伊達宗城日記』（東京大学出版会，1972年），「輦下日載」（国立公文書館蔵，165-0104），『復古記』9，「酒井忠録家記」（東京大学史料編纂所蔵，4175-1006），「真田幸民家記」1（東京大学史料編纂所蔵，4175-899），「総房鎮撫日誌」乾（東京大学史料編纂所蔵，4140.6-85），「東征日誌」・「江城日誌」・「鎮台日誌」（国立国会図書館蔵），「北征日誌」（国立公文書館蔵，165-0172），「縣信輯戊辰日誌」（東京大学史料編纂所蔵，維新史料引継本－Ⅱほ－229－A），「東山道総督府日記」（東京大学史料編纂所蔵，4140.6-53）から作成．

に恭順していた。[*33] 西国方面の「朝敵」藩は、全般的に新政府軍と本格的な戦闘行為を行なうことなく恭順の意思を示したが、領民は領主の立場に立った政治的行動を起こすこともあり、[*34] 必ずしも藩主の恭順と同時に領民の掌握が実現できるわけではなかった。「御救米」の配布は、「朝敵」藩の領民に対する新政府の配慮から生じた行為といえよう。二月一七日には、北陸道鎮撫総督高倉永祜が、敦賀で獲得した元箱館方会所の米・松前産物について敦賀郡中の農商へ下付した。これは、窮民救恤を名目として行われている。[*35] まさに、先にみたような租税半減に代わるものとして打ち出された民心掌握策の一環といえる。

関東・東北・北越方面で戦闘が本格化する三月後半以降は、戦闘の舞台となった町村を対象とした救恤金がしばしば下付されるようになった。一例をあげれば、下野国足利郡梁田宿へは三月二七日に合計金四六八両が下付されている。梁田宿では、三月九日に旧幕府歩兵差図役頭取の古屋佐久左衛門率いる旧幕府軍と新政府軍の間で戦闘が発生し、建物が焼失したり、非戦闘民のうちに死亡者が出たりしていた。東山道先鋒総督府は、「民家死人御救且御憐」のために金員を下付するとして、焼失した寺院一か寺・民家一軒に付一〇両、死者一人に付一〇両、怪我人一人に付七両を下付した。[*36] 以降、類似した事例は散見される。

戦闘は、町や村といった生活空間を舞台に展開することも多くあり、建造物や田畑が灰燼に帰すことも少なくなかった。その主要な原因は、新政府・旧幕府両軍による放火行為であり人々はこれを最も恐れた。それゆえ、新政府軍はみだりに放火することを禁止していたが、村が旧幕府軍に加担した場合や戦闘が困難な時には放火作戦を採ることも珍しくなかった。[*37] 結果として焼失した地域に対し、新政府は「御救」のための金や米を下付したのである。こうした救恤金の下付は、罹災者側の要望でもあった。五月中に宇都宮藩家老縣勇記（信緝）は東山道先鋒総督府へ次のような歎願書を提出している。

乍恐以書取奉申上候、寡君経済向不如意必至窮迫之儀者先般越前守歎願書ヲ以奉申上候通、所領七万石余ニ御座

候へ共、其実田畑租税者勿論諸運上浮役小物成ニ至迄一切取集、五ヶ年平均ニ取調、大凡弐万七千石程ニ相当候、然ル処近年諸大費打続無拠借銀ヲ以テ取続罷在、其借財大凡四十万両程ニ相成必至之窮迫ニ及候処、去ル四月十九日戦争之事起リ城内市中ヨリ近郷迄悉賊徒之兵火ニ焼亡仕、領内之領民者日夜軍役伝馬之奔走ニ疲レ、田畑耕作モ手廻リ兼何分金穀之生シ候通無御座、元ヨリ不足之金穀忽チ必至之空乏ニ相成候故、随テ他所借銀之手段者猶更尽果、何向（分）手当届難ク、一藩之者兵火ニ逢候分者今以雨露ヲ凌家モ営ミ難ク、近郷狭陋之農家ニ流離罷在、其愁苦之情態筆紙ニ難尽、其上食料ハ重職ヨリ軽卒迄男一人ニ付米五合、女一人江米三合塩増（噌）ヲ添テ相渡候ノミ、給銀者上士ニ而当春正月以来六ヶ月ニテ、先般被下置候御救金共纔ニ拾円金ニ不過、下士者壱万円金ヲ給候ノミニ而焼失後、上下一般衣類夜具之手当モ無御座、当節ニ罷成候而モ重臣スラ蚊帳モ無之、其尤急ナルハ糧米之手当今月限ニ相成、来月ヨリ当冬迄ハ買入ニテ相凌キ候外無御座候、右数ヶ条ヲ以テ其窮迫空乏之困苦御憐察奉懇願候、依之重々奉申上候儀者実ニ恐懼多罪之至ニ御座候へ共、当冬十二月迄御扶助金四万円被下置候様仕度[*38]（後略）

縣によれば、従来からの窮乏に加え、兵火による罹災や内乱への軍事動員により、宇都宮藩は疲弊しきっていた。宇都宮は、北関東における最激戦地の一つであり、実際に兵火によって受けた損害は大きかった。

縣の歎願書の趣旨は、藩を再生するための御扶助金四万両を下付されたいというものである。これは、許可されて宇都宮藩の希望通り実施された。罹災者の要望を汲み上げるかたちで救恤金の下付が行われた様子がうかがえる。宇都宮藩は、これより前の閏四月初旬にも同様の願い出により二万両を「恩賜」として下されているので[*39]、合計六万両の膨大な金員が下付されたことになる。このような願い出に応えて救恤金が出されるケースは、宇都宮藩に特殊なものではなく、大田原藩などでも確認できる[*40]。

兵火にかかった罹災者への救恤金の下付は、規模や対象の相違を度外視すれば戊辰内乱期に特有のことではない。

元治元年（一八六四）の禁門の変に際しては、屋敷などが類焼したとして鷹司輔熙への晒五疋・金二〇〇両をはじめ孝明天皇から公家へ恩賜金が下賜されている。[*41] 慶応二年（一八六六）の幕長戦争では、芸州藩が領内の罹災民へ救助米・銀を給与した。[*42] こうした行為、すなわち兵火などの災害により家屋や田畑を失い、生活が困難な状況に陥った者に対する救恤は、従前から権力によって当たり前に行われるべき施策だと認識されていたといえる。

以上のように、新政府は内乱を進める過程で士民への救恤を限定したかたちで実施していたが、それは開戦当初考案された租税半減令のようなバラマキ的な民心掌握策ではなく、限定された対象に権力の行うべき当然の「徳」として施されていったと考えられる。新政府軍の場合は、「徳」を示す主体は述べるまでもなく天皇であり、〝天皇からの「恩賜」〟〝民を憐れむ天皇の慈悲〟ということを示唆しつつ救恤が行われていった。閏四月三日に奥羽鎮撫府が布告した「令状」の第一か条目には、そのことが端的に示されている。そこには、「第一蒼生ノ艱難ヲ救ヒ、困窮並ニ極老ノ者ハ別而御憐愍ヲ加へ上下一途安堵セシメ候様ニトノ深キ思召」とある。述べるまでもなく「思召」とは、天皇の考えなり気持ちなりを示す用語であり、内乱期における救恤策の実施には、「万民塗炭ノ苦ヲ被為救度御叡慮」とされる天皇の慈悲深い姿を演出する効果が期待されたといえる。[*43]

特に、戦闘が本格化する三月末以降には、罹災者への金穀＝復興資金の下付が行われていったことがわかるが、内乱が激化して戦線が拡大するにつれて租税半減に関する議論が再登場することになる。

4　各総督府による租税減免

内乱が展開してゆく中で、各戦線の参謀・指揮者は戦場となった地域への対応に迫られるようになる。関東・東北の町村では、反新政府的な動向を示す地域も少なくなく、旧幕府軍へ農民たちが加担するケースも散見される。[*44] そ

表２　慶応４年中兵火罹災などによる主な租税減免一覧

月	日	地域	実施内容
6	1	奥羽征討越後口総督府管内，越後国内旧幕府領・会津藩領などのうち「官軍ニ属シ候村々」	半税
6	16	甲斐鎮撫府管内	辰年分貢納米惣高３分通り
8	3	仙台追討総督府管内	焼失の村々当秋租税全免，「乱暴難渋」の村々は当秋租税半免
8	17	奥羽追討白河口総督府管内	焼失の村々当秋租税全免，「戦地江奔走難渋」の村々は当秋租税半免
8	24	会津征討越後口総督府管内	兵火に罹った村々租税免除

註）「大日本維新史料稿本」，『復古記』から作成．

うした状況下において、新政府軍内で租税半減が再登場する。

表2は、各総督府から出された主な租税減免の達を一覧化したものであるが、特に、戦闘が苛烈を極めた六月から八月にかけて租税半減令あるいは全免令が達せられていることがわかる。六月一日に奥羽征討越後口総督府が出した租税半減令は、越後国の旧幕府領および会津・桑名藩領のうち、新政府軍の支持を表明した村々に限定して達せられたものであったが、同副総督の四條隆平が「同年十一月隆平該地ヲ発シ上京、翌年正月辞職御聞届相成候故、租税減免実施ノ有無ハ承知致サス候」[*45]とのちに述べているように全面的に実施されたかどうかは不明である。越後方面では、八月末に兵火・水害の罹災者に対する年貢の全免令が出されたがこれは小千谷民政局の反対で撤回された。こうした租税の減免策は、越後府判事前原一誠を中心に進められたとされ、新政府の直轄地となった地域では実現した例もあった。また、村松藩は新政府の支持のもと租税半減を実施したし、その他の諸藩でも何らかの租税減免の措置をとったところが多かった[*46]。実際に越後における兵火・大水の被害は甚大であり、明治二年（一八六九）一二月段階に至っても、水原県（明治二年七月に越後府と新潟県を廃して水原県設置）の管轄区域では、「昨辰年之義、非常水災、加之兵禍等ニて難渋旁格別之訳申候処、当巳限半金・半米納申付候」といった対策が行われていた[*47]。

次に、会津方面における戦闘の中から具体的な新政府内の議論をみてみよう。

苛烈を極めた会津の戦線は、軍務官権判事試補香川敬三が、会津藩領の「国人は聞こふる頑強の風格」と評価したように決して楽観的視できる状態ではなかった。[*48] 香川によれば会津では、武家の女性が戦闘地域まで飛び出してわが子を刺殺し、さらに自らの喉を刺して自刃するといった異常な光景が広がっていたという。実際のところ、会津藩領での抵抗はそれほど大きいものではなく、東征大総督府軍監中村半次郎（桐野利秋）は「思之外民心も官軍ニ染付候模様」と報告しているが、それは進軍前に抱いていた警戒心の裏返しでもある。[*49] 会津の最前線にある新政府軍にとって民心の掌握は大変重要な課題であったといえる。

白河・棚倉方面の戦闘では、大総督府参謀補助板垣退助と同伊地知正治が左のような意見書を提出している。

棚倉城地回復之儀ハ奥地之人気追々官軍ニ迎ヒ来リ候勢ニ有之、乍併　天朝之御浩福諸将士之勉強ト且ハ賊徒多日滞在、其乱妨ニ堪兼居候儀ニ相違無御座御座候得共、先以兵粮人馬之手当旁大幸之至ニ御座候、然処白川棚倉近辺ニおひても度々の戦争ニ付、官軍賊徒之兵火ニ罹リ家居を失候ことの不少、無罪之良民雨露之困苦不忍徒見次第御座候、然処此中より宇都宮其外ニ而も火燹ニ掛リ候究（窮）民夫々願立之上御救助筋為被　仰付儀ニ御座候得共、奥羽ハ方今一円賊地之姿ニ而到処悉申立候共御国力旁如何ト奉存候、依之吟味仕候処、昔は兵燹、水火飢饉之困ニ逢候国々ニは必ス其品ニ応而全ク年貢を免され、或半減被　仰付候例も御座候歟、何卒夫等之御旧章を以可然御　廟計相立候上、早々御仁政之御趣意遠近ニ御布告相成度奉存候、尤是等之事件は早く　御廟議相決居候事とは奉存候得共、差当り当地時機之処も御座候ニ付、片時も早目万民子育之御趣意御知セ相成候ハ、夫より遥之奥地へ進発相成候共恩威並行れ、良民安堵、　皇業御成就之一旦ニ候半与評議仕、此段言上仕候、恐惶敬言

辰七月三日

奥州出陣
参謀補助
板垣退助

伊地知正治

下参謀衆[*50]

板垣らは、過去の歴史上の例に倣って兵害・水害に罹った村々へ租税半減などの救恤を施すように主張している。その実現により、村々を安堵させ内乱遂行の一助にしようとするものである。

板垣らのこうした民心掌握を重視する発想は、最前線の参謀として各地を転戦してきた経験に裏付けられていると思われる。板垣の軍人としての力量を示すエピソードとしてよく用いられる場面の一つとして日光をめぐる攻防がある。東山道先鋒総督府において日光東照宮を攻撃するかが議されていた四月下旬、板垣と伊地知は同総督府参謀をつとめていた。旧幕府軍が立籠る東照宮への攻撃に当たって陣中の将士からは東照宮を焼き払い、「天人の憤を洩らさねばならぬ」との声が高かったが、板垣はこれに対して徳川家による二〇〇年以上の治世をないがしろにして家康の神廟《しんびょう》に火を放つことは「王師の為すべき所でない」と皆を説得して回ったという。[*51]板垣は、僧侶を通じて旧幕府軍の説得に成功し、東照宮を救ったとされる。この挿話は、東照宮を戦火から救ったとされる板垣を顕彰して昭和四年（一九二九）に東照宮参道へと通ずる神橋脇に建てられた銅像に表象されるように板垣の器量の大きさ、寛容さを示す物語として語られている。[*52]

日光東照宮への放火回避を、板垣が最初に考案したものかどうかといった疑問や、史実が脚色され、誇張され現代に伝わっているという問題点を差し引いても、土佐藩兵を主力とする東山道先鋒総督府が放火を避けたのは史実であり、この判断に参謀たる板垣や伊地知が主導的に関与していたことは間違いないであろう。ただし、それは従来語られてきたような旧幕府軍に対する慈悲や徳川への恩顧の心などではなく、円滑に戦いを遂行するための極めてしたたかな戦略だったと評価できる。それは、東山道先鋒総督府参謀の名で「日光山内之儀ハ於　朝廷厚御取扱之儀ニ付、（中略）御神廟ニ至迄御手厚被　仰付候」と近隣の町・村へ布告したことに証左される。[*53]日光山内を焼き払って近隣住民の反感を買うよりも、むしろ手厚く保護する姿勢を示し、天皇・朝廷の「徳」を演出して、民心を味方に付け、内乱を優位に進めようという判断である。これは、甲州で板垣が乾姓から武田家の家臣であった先祖の板垣姓に復して民心を得、武田旧臣を自陣に組み込もうとした方策にも共通する。[*54] 板垣らの租税減免策は、戦闘の現場で民心掌握の重要性を認識していたからこそ企図された方策だといえよう。

板垣・伊地知の献策がそのまま採用されたのかは不明だが、八月三日には仙台追討総督府が「為賊兵致焼失候村々」への租税全免、「為賊兵達乱妨難渋之村々」への租税半減を達した。[*55] これより少しのちの八月一七日には奥羽白河口総督が、守山・三春両藩の重役を召喚し、「今般賊徒征討ニテ兵火ヲ蒙リ候者」へは租税全免、「戦地へ奔走難渋致し候者」へは租税半減が伝達された。[*56] さらに八月二四日、会津征討越後口総督府が焼失した村々への租税免除を触れた。[*57] 若干の日時の違いはあるものの、内容からしてこの三つの達は同時に考案されたと推定できる。新政府関係者には、租税減免の必要性を提起する最前線の見解に疑義を呈する者もいたが、[*58] 結果的にこれらは実施された。[*59] 並行して、租税減免のほかにも、兵火に罹った者に対しては前述したような救恤金が下付された。[*60]

右の租税減免策は、一面では現実的に収納可能な租税の量に基づいて打ち出されたものであると考えられるし、保谷徹氏が「戦争を遂行していく中で、実際にその対象となる村々に対して具体的な負担を求めるために行われた施策であったと考えるのが筋であろう」と述べるのも肯ける。[*61] しかしながら、それと同じく重要なのは「右　御沙汰ニ候間難有致感戴、一統勉励イタシ出精御用相勤候」と八月三日付達の文面中に謳われているように、天皇の名のもとに行われた施策であった点であろう。「御沙汰」なるものが天皇の意志を表していることは明らかである。こうした点は、租税の減免が現実的方策として実施されただけではなく、天皇の「慈悲深さ」を示す民心掌握策として行われたことも表している。かかる点は、罹災民への救恤の名目と重なる。本州での内乱の最終段階における租税減免の実施からは、バラマキ的性格を失いつつも租税減免策が開戦当初有していた民心掌握の目論見を継承している様子が看取できる。

おわりに

本稿では、戊辰内乱開戦以後の租税半減問題について具体的な事例をあげながら検討してきた。結論をまとめると次のようになる。

正月段階で民心掌握のための常套策として考案された旧幕府領などに対する一律的・バラマキ的租税半減令は、財政上の問題などを要因として結果的に実施されることはなかった。しかしながら、その目的＝民心掌握までもが放棄されたわけではなく、限定された範囲への必要に応じた米穀・金員などの下付といった現実的方策に姿を変えたといえる。

限定された範囲とは、兵火や自然災害にかかった町村などを指し、天皇の「御慈悲」や「恩賜」という名目で米穀・金員の下付が行われていった。これは、政権の頂点に戴かれようとする天皇の「徳」を示威する行為であり、一方では戦闘が本格化するに連れて戦災の罹災者に対する救恤を施すという「支配者」として当然の義務行為でもあった。

本州における内乱の最終段階において、租税減免策は再度登場することになる。その対象は、恩賜金の下付先と同じ性格の地域、すなわち兵火・自然災害の被災地域であった。この時点で行われた租税減免は、現実的に村々が収めうる量を見込んだ方策という側面があり、内乱の背景で展開した「ヤアヤア一揆」に代表される農民たちの要請に対する新政府の回答であったともいえる。[*62] しかしながら、それだけではなく、やはり天皇の「慈悲深さ」を顕示する行為としての性格を有した点は重要である。

租税半減令は、戦線が関東・東北へと拡大するにつれ、あからさまなバラマキ策から現実的な救恤策へと変遷しつつも天皇権威の浸透、さらには民心掌握を図るという開戦直後の目的も保持していたと考えるのが妥当であろう。こうして実施された租税減免に対して農民・地域がいかなる反応を示したのかは、個別具体的に検証しなければならない課題である。

註

＊1　一般的には、「年貢半減」と表記されることも多いが、新政府側の一次史料からは「租税半減」とするケースも多々みられる。両者の間に明確な差異があるとは考えがたいが、本稿では史料中により多くみられる「租税半減」に統一して表記する。
＊2　高木俊輔『明治維新草莽運動史』（勁草書房、一九七四年一〇月）他。
＊3　芳賀登『偽官軍と明治維新』（教育出版センター、一九九二年八月）。
＊4　佐々木克「赤報隊の結成と年貢半減令」（『人文学報』七三、一九九四年一月）。
＊5　ただし、赤報隊の研究としては近年も、峯高悠子「幕末維新期における草莽運動—赤報隊幹部渋谷総司を巡る情報と人脈—」（『日本女子大学大学院文学研究科紀要』一六、二〇一〇年三月）や岩立将史「赤報隊「魁塚」と丸山久成」（『地方史研究』六二―三、二〇一二年六月）などが積み重ねられている。
＊6　原口清『戊辰戦争』（塙書房、一九六三年四月、原口清著・原口清著作集編集委員会編『戊辰戦争論の展開』岩田書院、二〇〇八年五月所収）。
＊7　中島明「越後路の年貢半減令—年貢半減令の系譜と断絶について—」（『越佐研究』五五、一九九八年五月）。
＊8　亀掛川博正「維新政権による救恤政策—戊辰戦争下、年貢半減令を中心として—」（拓殖大学人文科学研究所『人文・自然・人間科学研究』四、二〇〇〇年一〇月）。亀掛川氏は、北陸・東北で実施された租税半減を強調して新政府が「民衆」の「福祉安寧」を図る立場にあったとし、前述の高木俊輔氏の議論を批判している。
＊9　前掲註6原口『戊辰戦争』、一二三～一二六頁。
＊10　保谷徹『戊辰戦争』（吉川弘文館、二〇〇七年一二月）、一三八頁。
＊11　高松隊については、前掲註2高木『明治維新草莽運動史』、松尾正人「維新の草莽高松隊と岡谷繁実」（中央大学文学部『紀要』五〇、二〇〇五年三月）。

＊12〜15 「大原重実事蹟」（東京大学史料編纂所蔵、四一四四―一九二）。

＊16 慶応四年正月一六日蓑田伝兵衛宛西郷隆盛書翰（『西郷隆盛全集』第二巻、大和書房、一九七七年七月）。

＊17 この御沙汰書の文言について『赤報記』（信濃教育会諏訪部会『相楽総三関係史料集』、信濃教育会、一九三九年一一月所収）と「大原重実事蹟」とでは異同がある。特に、『赤報記』で「昨年未納之分モ可為同様、巳年以後」とされている部分が、「昨以後」と記されている点で大きく異なる。本稿では、『赤報記』収録のものを採用した。

＊18 「大原重実事蹟」。

＊19 半田門吉他『大和日記』（田中治兵衛、一八九七年五月）。

＊20 慶応四年正月「鷲尾殿執事触書」（『川上村史』史料編・上巻、川上村教育委員会、一九八七年二月）。

＊21 仲村研・宇佐美英機編『征東日誌―丹波国山国農兵隊日誌―』慶応四年正月五日条（国書刊行会、一九八〇年一二月）。

＊22 慶応四年正月一四日「御達」（「池田章政家記　坤」東京大学史料編纂所蔵、四一七五―九二二）。

＊23 「池田章政家記　乾」慶応四年正月二七日条（東京大学史料編纂所蔵、四一七五―九二二）。

＊24 宮地正人「『復古記』原史料の基礎的研究」（『東京大学史料編纂所研究紀要』一、一九九〇年三月）。

＊25 明治一〇年四月七日「修史館長宛池田章政上申書」（「池田章政家記　坤」）。

＊26 「慶応四年三月日記」（津山郷土博物館蔵「愛山文庫」、『岡山県史』第二八巻政治・社会、岡山県、一九八六年三月所収）。

＊27 この点については、目良誠二郎「年貢半減令に関する岩倉父子の書簡をめぐって」（海城中学・高等学校『研究集録』一四、一九九〇年三月）、前掲註4佐々木「赤報隊の結成と年貢半減令」参照。

＊28 慶応四年正月二三日岩倉具視宛香川敬三書翰（『岩倉具視関係文書』岩倉公旧蹟保存会対岳文庫蔵・R1―七―7―（7）、北泉社マイクロフィルム）。

＊29 「東山道督府書類」四（「岩倉具視関係文書」一四〇、国立国会図書館蔵）。

＊30 慶応四年正月中島十助書簡（鹿児島藩士宛・氏名欠）（「慶明雑録」二八、国立公文書館蔵、一五一―〇〇二八）、『伊達宗城在京日記』慶応四年正月九日条（覆刻版、東京大学出版会、一九七二年一月）。

＊31 『伊達宗城在京日記』慶応四年正月九日条。

＊32 『復古記』四（覆刻版、マツノ書店、二〇〇七年六月）、慶応四年正月二四日条、九六・九七頁。

＊33 姫路開城については、藤原龍雄『姫路城開城―譜代姫路藩の明治維新―』（神戸新聞総合出版センター、二〇〇九年四月）に詳しい。

＊34 拙稿「戊辰戦争期における「朝敵」藩の動向―伊予松山藩を事例として―」（中央大学大学院『大学院研究年報』三九、二〇一〇年二月）。
＊35 「酒井忠録家記」慶応四年二月一七日条（東京大学史料編纂所蔵、四一七五―一〇〇六）。
＊36 「東山道総督府日記」慶応四年三月二七日条（東京大学史料編纂所蔵、四一四〇、六―五三）。
＊37 前掲註10保谷『戊辰戦争』、二三五頁。
＊38 「縣信緝戊辰日誌」慶応四年五月一八日条（東京大学史料編纂所蔵、維新史料引継本―Ⅱほ―二一九―A）。
＊39 「縣信緝戊辰日誌」慶応四年閏四月七日条。
＊40 「鎮台日誌」三、慶応四年六月条（国立国会図書館他蔵）。
＊41 「野宮定功日記」元治元年七月二五日条（「大日本維新史料稿本」元治元年七月二五日条、丸善マイクロフィルム）。
＊42 「芸藩志要」慶応二年八月二九日条（「大日本維新史料稿本」慶応二年八月二九日条）。
＊43 「東征日誌」慶応四年閏四月三日条（国立国会図書館他蔵）。
＊44 拙稿「戊辰戦争期における上総国農村の『佐幕』的動向」（『千葉史学』五五、二〇〇九年二月）参照。
＊45 『復古記』一二（覆刻版、マツノ書店、二〇〇七年六月）、慶応四年六月七日条、一三三・一三四頁。
＊46 『新潟県史』概説・新潟県のあゆみ（新潟県、一九九〇年一〇月）、三一九・三二〇頁。租税半減と合わせて「御仁恵」として養老金が下付されていた事実も注目される（『新潟市史』通史編三・近代（上）、新潟市、一九九六年三月、二七・二八頁）。
＊47 『新潟県史』資料編一三・近代一・明治維新編Ⅰ（新潟県、一九八〇年三月）、五八九頁。
＊48 慶応四年九月一三日付鷲尾隆聚宛香川敬三書簡（山口コレクション二一九九四〇〇一九七、神奈川県立公文書館蔵）。
＊49 慶応四年九月七日付鎮台府下参謀宛中村半次郎書簡（山口コレクション二一九九四〇〇二六〇）。
＊50 「東征総督記」（国立公文書館蔵、一六五―〇一三四）。
＊51 宇田友猪著・公文豪校訂『板垣退助君伝記』一（覆刻版、原書房、二〇〇九年九月）、片岡健吉旧蔵「東征記」一、慶応四年四月二八日条（土佐藩戊辰戦争資料研究会編『土佐藩戊辰戦争資料集成』高知市民図書館、二〇〇〇年二月）、二八頁。
＊52 この銅像は、戦時に供出されたが昭和四二年（一九六七）に再建されている。
＊53 「高知藩監察府日録」慶応四年四月二八日条（「大日本維新史料稿本」慶応四年八月二八日条）。
＊54 片岡健吉旧蔵「東征記」一、慶応四年三月五日条。

＊55　「平潟口総督日誌」（国立公文書館蔵、一六五—〇一二五）。
＊56　「松平喜徳家記」慶応四年八月一七日条（東京大学史料編纂所蔵、四一七五—一一三八）。
＊57　『復古記』一四（覆刻版、マツノ書店、二〇〇七年六月）、慶応四年八月二四日条、九六頁。
＊58　慶応四年八月一二日付大久保一蔵宛大村益次郎書簡（「大日本維新史料稿本」慶応四年八月七日条）には次のようにある。
　　奥州新山近辺へ別紙之通高札被相建候由如何被思召候哉、事実可然儀ニ候ハ、其儘差置宜鋪候得共、若シ後害モ候様御勘考候ハヽ、民政ニ関シ候事故早々御処置之程被為決被仰越度候事（後略）
＊59　明治元年一〇月に至っては、「当年之儀者年貢の半分下され候事」と民政局から達せられている（「公用簿籍」明治元年一〇月条、『会津若松史』一〇・史料編Ⅲ、会津若松市、一九六七年一〇月）。
＊60　『会津若松史』六・明治の会津（会津若松市、一九六六年六月）、一～六頁参照。
＊61　前掲註10保谷『戊辰戦争』、一〇九・一一〇頁。
＊62　「ヤアヤア一揆」については、田崎公司「会津ヤーヤー一揆再考—明治元年の民衆運動—」（『史学雑誌』一〇三—一、一九九四年一月）他参照。

二　宮内省の公家華族救済措置

刑部芳則

はじめに

「皇室の藩屏」と称される華族は、明治二年（一八六九）六月に公家と武家を統合するものとして誕生した。同一七年七月の華族令の公布により、公・侯・伯・子・男爵の制度が創出された。華族は、天皇と国民の間に立ち、四民の模範的な存在と位置づけられた。だが、華族のなかには事件を起こし、借金を繰り返すなど、必ずしも国家の期待通りにはいかなかった。とりわけ公家華族の負債問題は後を絶たない。借金は華族の体面を傷つけ、爵位剥奪という不名誉な結果に至る可能性もある。そのような行為を注意されているにもかかわらず、公家華族が借金を繰り返した背景には、武家華族や維新の功労によって華族に列せられた新華族よりも困窮する経済事情をしいられていたことによる。[*1]

華族を管轄する宮内省は、公家華族の借金問題にどのように対応したのか。こうした疑問点は、従来の華族研究でも明らかになっていない。研究が進まなかった理由は、その手がかりとなる史料が限られ、実態解明が容易でなかったからである。明治天皇の事蹟を大正後期から昭和初期にかけて宮内省臨時帝室編修局が編纂した『明治天皇紀』は、数少ない有力な情報源であり、宮内省が公家華族に「恩賜金」などを下賜している記事が散見される。「恩賜金」については岩井忠熊氏が『明治天皇紀』の記述から、三条家と岩倉家の事例を取り上げて紹介した。[*2]だが、岩井氏の研究では「恩賜金」の分類や、どのような場合に行われたのかなどが判然としない。また宮内省が公家華族を対象として行っていた学資貸付金や、京都公家華族を対象とする詩歌および絵画奨励費の実態については触れられていない。宮内省の公家華族救済措置として最大なものは、明治二七年三月に設置された「旧堂上華族恵恤金」である。この資金については、昭和戦前期に華族を管轄した宮内省宗秩寮に勤務した酒巻芳男が『華族制度の研究』で触れている。[*3]だが、これも基本的な規程を紹介する程度にとどまり、資金運用の実態については不明な点が少なくない。

このような研究状況を踏まえた上で、近年公開された宮内省公文書を多用して次の点について検討する。まず公家華族を対象とした「恩賜金」にはどのような種類があったのかを確認し、次に学習院の学資金貸与と、京都公家華族たちへの学費援助について明らかにする。そうした措置にもかかわらず、公家華族たちが宮内省に資金援助を要求した事情を探り、最後に「旧堂上華族恵恤金」の実態に迫る。本稿で述べる宮内省と公家華族の関係性を探る目的は、なぜ公家華族だけが他の華族に比べて手厚い保護を受けていたのかを考えることにある。その答えからは、公家華族が特別な存在である一方で、他の華族よりも経済的に苦しい立場に置かれていたことが理解できるだろう。

1　繰り返される「恩賜金」

天皇が臣下に下賜する資金を「恩賜金」というが、公家華族に対して行われる場合は次の五通りに分けられる。（一）

「華族御優待内規」による下賜、（二）京都華族の総代が上京する際、（三）年金、（四）祭粢料、（五）学費。（五）は次章で詳しく述べるとして、ここでは上記の（一）から（四）までを順に確認する。

（一）は明治一二年（一八七九）一二月に定められた「華族御優待内規」の第四条にもとづいて行われるものであり、翌一三年二月九日に九〇歳の綾小路有長に白羽二重と折詰に加えて二百円を下賜されたのが嚆矢である。[*4] 第四条では「第一項、年齢七十歳ノ者、一、御紋付御盃壱個、一、酒肴料金五円、第二項、同上八十歳ノ者、一、御紋付御盃三重壱組、一、酒肴料金弐拾五円、第三項同上九十歳ノ者、一、御紋付御盃三重壱組、一、御絹壱疋、一、酒肴料金五拾円」と規定する。[*5]

これは高齢華族に対する恩典措置であるが、第四条の続きには「元堂上ニシテ仁孝天皇御代出身シ、仙洞光格天皇ニ祗候セシ者」として正親町実徳以下九名、「元堂上ニシテ仁孝天皇御代、仙洞光格天皇御在世中出身ノ者」として徳大寺公純以下二七名の公家華族の氏名が明記されている。四代または三代の天皇に仕えた高齢の公家華族に対する恩典として設けられたことが見て取れる。後年になると武家華族や新華族の対象者が増加するが、それは仁孝天皇や光格天皇に仕えた高齢の公家華族の存在がなくなった結果といえる。

（二）は京都在住華族の投票で選ばれた総代が東京に上京した際、天皇から反物料として一〇〇円が下賜されるものを指し、これは明治一一年四月三〇日に定められた。[*6] 毎年春に行われたが、同二一年六月八日には春秋二回の実施と変更した。[*7] 反物料一〇〇円は、総代の交通費および宿泊費を差し引いて京都在住華族に分配された。明治二〇年以降も京都には五〇余名の公家華族が住んでおり、一家あたりの分配金は小遣い程度であっただろう。蛇足になるが、明治一〇年一月に天皇が京都に行幸した際には、還幸の前に京都公家華族たちに三〇〇円を下賜し、また京都在住の近衛忠煕に二〇〇円・大炊御門家信に一〇〇円の別途賜金が渡されている。[*8] 三〇〇円も分配であるから、どのくらい生活の糧になったかはわからないが、少しでも生活が楽になるような配慮がなされていたことに変わりはない。

公家の家格で最上位に位置する旧摂家が特別な優遇を受けていたのは、前近代において皇后を輩出する家柄であったためである。(三)の年金には、そのような天皇との特別な関係が如実にあらわれている。それは正親町実徳が「孝明天皇御実母ノ御兄ノ廉ヲ以テ是迄年々金三百円宛被下候」などという理由で、[*9]年金の対象になっていることからも明らかである。天皇の外祖父である中山忠能は、明治七年一二月に一〇〇〇円を下賜され、同一〇年から年金として二五〇〇円を得ている。彼の娘で明治天皇の生母である慶子は明治六年六月から二五〇〇円が下賜され、その後も年金額は増額された。また中山忠能の母は嵯峨家出身であったが、その当主で皇女滋宮の御養育掛をつとめた嵯峨実愛には、明治一五年五月から一五〇〇円の年金が下賜され、同一六年九月に滋宮が薨去した後も年金五〇〇円を得ている(表1参照)。天皇と特別な関係を有する公家華族が破産するような事態になっては困る。皇子女を養育するのは気の楽な仕事ではなかったが、[*10]その任にあたる天皇家と血筋を有する公家には特別な配慮がなされていたのである。

(四)祭粢料とは、死去に際して天皇から下賜される「恩賜金」であり、俗世間でいう香典のことである。祭粢料は公家華族に限らず、武家華族および新華族をはじめ、親任官や勅任官といった政府高官を長年にわたって務めた人物にも贈られた。明治二五年以降の祭粢料対象者のうち、主な公家華族を表2にあげる。

祭粢料の明確な基準はわからないが、位階・勲等・官等などによって下賜される金額に差があることは明らかであり、非役有位の公家華族に与えられる祭粢料は高くはなかった。大勲位を有しているとはいえ九条道孝が破格の二万円、近衛忠熙が桐花大綬章の岩倉具定よりも上回る八〇〇〇円、息子の近衛篤麿が岩倉と同額の五〇〇〇円であるから、ここでも旧摂家に対する特別待遇が見て取れる。また柳原前光や東久世通禧のように政府高官となり高等勲章を有していれば五〇〇〇円から三〇〇〇円、梅渓通善・勘解由小路資生・三室戸雄光のように高位であっても非役であれば二〇〇円というのが相場であったことがうかがえる。いい方は悪くなるが、公家華族の場合はなにをしなくとも

表1　年金

	決定日	金　額	備　考
中山慶子	明治6年6月22日	2500円	
	明治13年6月1日	300円	明宮中山邸逗留中
	明治15年4月4日	2500円→3000円	
	明治17年2月4日	3000円→4500円	
	明治23年2月1日	4500円→4200円	
中山忠能	明治7年12月8日	1000円	一時金
	明治9月10月11日	2500円	明治10年から
	明治13年6月1日	300円	明宮中山邸逗留中
	明治16年4月10日	2000円	
	明治20年8月24日	2000円	明宮勤労
柳原愛子	明治7年12月8日	600円	1月50円（御産所下がり中）
	明治16年4月9日	200円	
千種任子	明治9月9月18日	500円	
	明治14年7月27日	600円	1月50円（御産所下がり中）
	明治16年4月9日	400円	明治17年6月16日，滋宮・増宮薨去のため廃止
久我建通	明治10年1月21日	1000円	建宮御付奉仕中停止
柳原光愛	明治10年6月2日	1200円	1月100円（愛子妊娠中出仕）
綾小路有長	明治12年12月10日	300円	天皇4代に奉仕・老年
近衛忠熙	明治14年12月17日	1000円	
嵯峨実愛	明治14年7月13日	1200円	1月100円（滋宮御用掛）
	明治15年5月15日	1500円	1月125円（滋宮逗留中）
	明治16年4月10日	2000円	
	明治17年8月5日	500円	明治18年3月10日廃止
	明治19年12月6日	500円	
中御門経之	明治15年11月30日	500円	
三条実美	明治19年1月12日	5000円	維新以来の功労
壬生基修	明治19年2月24日	150円	明治20年5月31日廃止
長谷信篤	明治19年2月24日	360円	
園　祥子	明治19年7月6日	200円	
	明治20年6月15日	960円	1月80円（御産所下がり中）
	明治20年11月30日	200円	昭宮御降誕
園　基祥	明治19年2月24日	1200円	
	明治20年8月24日	760円	明宮勤労
	明治27年9月11日	1500円→1350円	
園　基資	明治19年2月24日	125円	
	明治20年8月24日	240円	
正親町実徳	明治21年11月5日	300円	

一条順子	明治22年4月23日 明治23年11月27日 明治24年1月7日	5000円 2000円 1400円→1500円	一時金 京都から東京移住のため
正親町実徳	明治26年3月23日	300円→600円	
久我通久	明治26年12月27日	1000円	

註)「恩賜録」明治6年〜26年(宮内庁書陵部宮内公文書館所蔵)から作成.

死去に際して二〇〇円の祭粢料が約束されていたことになる。

このように公家華族は、死に至るまでの様々な場面で「恩賜金」を受けていた。「恩賜金」を特別に受けたという部分だけを見ると、彼らは他の華族や政府高官に比べて恵まれた存在であったといえるだろうが、結論を急いではならない。なぜ公家華族が「恩賜金」を受けたのかという理屈を探る必要がある。その実態について「恩賜金」の(五)とした学費について次章で検討する。

2 困窮華族に対する学資援助

(一) 学習院の学費貸与

明治一七年(一八八四)五月二六日には、「旧摂家之義ハ御歴代御外戚之御由緒有之候ニ付、別段之御保護被為在候」などと、歴代の天皇と外戚関係のあるという理由から、学業督励を図るため二条基弘、近衛篤麿、九条道実、一条実輝の四名に対して毎月三〇円の学資金が下賜されることが決まった。なお「学事ノ勤惰」は学科を問わず学習院長に監督を任せ、対象者のなかで官職に就く者は外された[*11]。

明治一七年一二月に華族就学規則が公布され、華族の勉学奨励が促された。だが、公家華族のなかには学費に困り、子供を学校に通わせることができない者もいた。そこで明治二一年七月に華族生徒貸費概則が作成され、学習院経費から支弁することが試みられた。しかし、多額の経費がかかるため、宮内省からの学費貸与が望まれた。学費貸与額は、当時の学業適齢者数から通学

表2　祭粢料

	位階・勲等	祭粢料
九条道孝	従1位，大勲位菊花大綬章	20,000円
三条実美	正1位，大勲位菊花大綬章	10,000円
近衛忠熙	従1位，勲1等旭日大綬章	8,000円
久我建通	従1位，勲1等旭日大綬章	8,000円
岩倉具定	従1位，勲1等旭日桐花大綬章	5,000円
東久世通禧	従1位，勲1等旭日桐花大綬章	5,000円
近衛篤麿	従1位，勲2等旭日重光章	5,000円
長谷信篤	従1位，勲2等旭日重光章	5,000円
中御門経之	従1位，勲1等旭日大綬章	3,500円
嵯峨実愛	従1位，勲1等旭日桐花大綬章	3,000円
広幡忠礼	従1位，勲1等旭日大綬章	3,000円
壬生基修	従1位，勲1等瑞宝章	3,000円
柳原前光	正2位，勲1等旭日大綬章	3,000円
正親町実徳	従1位，勲1等瑞宝章	3,000円
西四辻公業	正3位，勲2等旭日重光章	3,000円
広幡忠朝	従2位，勲3等瑞宝章	2,000円
鷲尾隆聚	正2位，勲2等瑞宝章	1,200円
醍醐忠順	従1位	800円
梅渓通善	正2位	200円
勘解由小路資生	正3位	200円
三室戸雄光	従1位	200円

註）『明治天皇紀』7～12（吉川弘文館）から作成.

費三七〇〇円、旅費三三〇余円、総計四〇九九円二〇銭と算出したが、将来の増加を見越して貸与年額を五〇〇〇円と定め、一〇年間支給するものであった。[*12]

右の提案に対して宮内省内蔵寮は、小学校令により六歳以上の児童が小学校に通うことが義務づけられ、事情により就学できない者は地方長官から就学猶予の許可を得るようになっているにもかかわらず、華族の子女だけを特別扱いするのはいかがなものかという。「今ヤ一般小民ニ至ルマテ貧窮ノ中ニ在テ其子女教育ノ義務ヲ遂ル時勢ナレハ」、「如何ニ貧困ナレハ迚小学教育費マテ帝室ノ御厄介ニ相成候ハ苟モ四民ノ上位ニアリテ他ノ亀鑑トモナルヘキ貴族ノ身ニシテ如何ノモノニ可有之」と苦言を呈する。[*13]つまり四民の上に立ち義務教育の模範を示す華族が、それを実現できず皇室から就学費用を貸与してもらうのは問題であるという。

さらに「政府ハ自治主義ヲ執リ、帝室ハ干渉主義ヲ執ルモノトナリテ其方針完ク相反シ、且華族保護ニ偏スルノ嫌無シ」という意見は興味深い。[*14]これは高等教育を受けるため自発的に官立学校へ入学しようとする者だけを対象とした政府の「自治主義」と、低学年から皇室が費用を貸与しながら進学させようとする「干渉主義」とを対比させた意見であった。本科卒業まで一七年を要するため、その間の貸与金額は高額になることが予想され、また貧困者の子女の増加により貸与予算額を大幅に超過することも見込まれた。それゆえ内臓寮は、中学以上の生徒に限るべきであるとの回答を寄せている。これにより貸与対象者は一二歳以上とし、貸与金額は一名につき一年に一〇〇円、一〇年間で一〇〇〇円と定めた。支給に際しては、宗親族三名の連署をもって爵位局長に出願し、体格、品行、学業が審査対象となった。また貸与金額は卒業後に返済し、途中退学する場合は保証人が全額を支払うことが、誓約証書をもって約束された。[*15]

貸与請願者は明治二二年一〇月三一日に三〇名おり、学習院終業まで最短者で七年、最長者で一四年と平均一一年かかることが明らかとなった。宮内省の裁定では年に五〇〇〇円を一〇年間下付するとの規定であったが、右の貸与額の総計は二万七〇〇〇円余りのため、約半額に近い残預金が見込まれた。ただし、学習院卒業まで一〇年以上を超える者が現状でいることや、来年度以降に申し出た場合には一〇年間の年限に見合わない理由から、貸与を受けられないという弊害が予想された。そこで年限を設けず予算額の五万円の範囲内で適宜運用できるような改正が求められている。[*16]

第四章で述べる旧堂上華族恵恤金の設置は、学習院の学資貸与者に影響を与えた。明治二二年一二月に学資金貸与が開始されてから、三一名のうち一七名が公家華族であった（表3―1参照）。彼らが恵恤金の利子分配金を得たため、明治二七年一二月六日に次年度の学期である明治二八年九月から学資貸与を廃止する方針が決められた。貸与対象者が減るため、貸与総額を五万円から三万円に引き下げている。ただし公家華族のなかには三名の子弟が学資貸与を受けている者もあり、その年間総計は二七〇余円という多額なため、高額費を要する年長者一名に限って卒業まで貸与の継続を認めた。この措置は、恵恤金の利子分配額が学費貸与返済で消費してしまうのを避けるためであった。[*17]

学習院高等学科から帝国大学に転入した者は、明治二九年六月に卒業まで年間一四〇円を上限とする学資貸与の継

表3-1　学費貸与華族（明治22年）

	東京在住華族	出身	備　考
1	植松雅行	公家	雅平の弟
2	植松雅尚	公家	雅平の3男
3	小倉祐三郎（公尭）	公家	長季の3男，後に子爵西四辻家継承
4	交野時正	公家	時万の次男，後に子爵
5	芝小路豊俊	奈良	男爵
6	奥田直恭	武家	子爵，信濃須坂1万5000石
7	奥田直常	武家	直恭の弟
8	奥田直暢	武家	子爵，越後村松3万石
9	竹腰正己	武家	男爵，美濃今尾3万石
10	本多　豊	武家	貞吉の弟
11	本多忠詮	武家	貞吉の弟
12	本多忠彦	武家	子爵，陸奥泉1万8000石
13	三宅誠之助	武家	康寧の弟
14	森詮道丸（忠恕）	武家	子爵，播磨赤穂2万石
15	森英太郎	武家	詮道丸の弟
	京都在住華族	出身	備　考
1	飛鳥井雅広	公家	雅望の長男
2	油小路隆定	公家	隆晃の孫
3	石野基道	公家	基佑の3男，後に子爵
4	梅渓通克	公家	通善の3男
5	愛宕通泰	公家	通則の弟
6	清岡長言	公家	長説の孫，後に子爵
7	久世光熙	公家	通章の弟
8	倉橋八代丸	公家	泰顕の次男
9	倉橋季丸	公家	泰顕の3男
10	倉橋梅丸（泰隆）	公家	泰顕の4男
11	倉橋泰昌	公家	泰顕の孫，後に子爵
12	清閑寺熙吉（基房）	公家	盛房の4男，後に子爵池尻家継承
13	高丘直季	公家	紀季の次男
14	高野保誠	公家	保健の長男，後に子爵
15	中園繁若	公家	実受の長男，後に子爵
16	西洞院信意	公家	信愛の長男，後に子爵
17	西洞院範善	公家	信愛の次男
18	日野西義麿	公家	光善の長男
19	日野西長輝	公家	光善の3男
20	町尻量雄（忠量）	公家	量衡の3男，後に子爵大岡家継承
21	町尻量彦	公家	量衡の4男
22	三室戸敬光	公家	雄光の曾孫，後に子爵
23	粟田口顕久	奈良	後に男爵
24	粟田口田鶴麿（孝豊）	奈良	定孝の次男，後に子爵芝山家継承
25	梶尾行和	奈良	行篤の長男，後に男爵
26	梶尾篤三郎	奈良	行篤の3男

27	松林為美	奈良	男爵
28	若王子文健	僧侶	遠文の長男，後に男爵
	地方在住華族	出身	備　考
1	北河原公平	奈良	公憲の次男，後に男爵
2	阿蘇惟教	神官	惟敦の次男
3	阿蘇惟章	神官	惟敦の弟
4	到津公煕	神官	公誼の次男，後に男爵
5	紀　俊	神官	俊尚の4男
6	松木章彦	神官	後に男爵
7	松木季彦	神官	美彦の次男

註)「例規録」宗秩寮，明治22年（宮内庁書陵部宮内公文書館所蔵），霞会館華族家系大成編輯委員会編『平成新修旧華族家系大成』上・下（吉川弘文館，1996年）から作成．

続が認められた。[*18] 明治三〇年六月には学習院でも爵位局に物価騰貴を理由として一人毎月三円の増額を願い出ており、これが翌三一年度から実施され、[*19] さらに明治三四年三月には同じく毎月三円の増額が叶っている。[*20] 学費貸与を受ける華族は、経済的に余裕のない奈良華族・神官華族・三万石以下の大名華族が占め、旧堂上公家華族は三名の子弟が学資貸与を受けていたうちの倉橋季丸に限られた（表3―2参照）。

学費貸与の学生の品行および学業の状況については、明治二六年六月に爵位局長から学習院長に対し、毎学期ごとに必ず報告するよう促していた。その結果、第一回目の報告で早くも「学業懈怠」と認められる者が五名もあらわれたため、学習院に該当学生および保証人を呼び出し、院長近衛篤麿および爵位局長代理の桂潜太郎が説諭を行う事態となった。学習院からの報告は右の一度にとどまり、爵位局も院内で取締が行われているものと見なして報告を求めなかった。ところが、明治三三年一〇月、北河原公平が貸与停止処分となる事件が発覚した。これにより学習院は学費貸与の対象学生を監督し、爵位局に毎月報告することが義務づけられた。[*21]

学費貸与額三万円の終了年限は明治四一年としていたが、同年九月からは学習院中等学科以上の学生は必ず寄宿することとなった。その経費負担の増大と、物価高騰による学費支出に苦しむ華族が少なからずいたため、明治四一年六月二日に宮内省は、あらためて同年から一〇年間五万円を限度とし、

表 3-2　学費貸与華族（明治 30 年・34 年）

		明治 30 年 6 月	明治 34 年 3 月	備　考
1	粟田口顕久	390 円 60 銭	387 円 25 銭	前掲
2	今園国貞		754 円 20 銭	奈良華族，男爵
3	押小路師保	769 円 35 銭	588 円 85 銭	大外記，男爵
4	北河原公平	529 円 90 銭		奈良華族，男爵
5	倉橋季丸	390 円 60 銭	387 円 25 銭	前掲
6	芝小路豊俊	682 円 30 銭		前掲
7	芝亭愛古	343 円 95 銭		奈良華族，男爵
8	松木章彦	570 円 10 銭	526 円 10 銭	前掲
9	松木季彦	841 円 65 銭	650 円 15 銭	前掲
10	壬生泰弘		1120 円 60 銭	官務，男爵
11	井上正国	841 円 35 銭	759 円 20 銭	後に子爵，常陸下妻 1 万石
12	井上正義	928 円 10 銭	876 円 55 銭	後に子爵，上総鶴舞 6 万石
13	奥田直恭	658 円 75 銭		前掲
14	奥田直常	848 円 35 銭	645 円 15 銭	前掲
15	丹羽氏正	560 円	387 円 25 銭	氏厚の弟
16	本多忠彦	757 円		前掲

註）前掲「例規録」宗秩寮，明治 30 年・34 年，『平成新修旧華族家系大成』上・下から作成．

困窮華族への学費貸与を行うことを決めた。学費貸与の対象者は、学習院長が認める学習院卒業後に帝国大学および陸海軍学校へ進学する者を含めていた。[*22] これにより、学習院初等学科は入学時に三〇円以内・毎月三円以下、中等学科は入学時に三〇円以内・毎月一八円以下、帝国大学進学者は毎月一五円以下、陸軍幼年学校転学者は転学時に三五円以内・毎月九円以下、候補生は毎月五円と貸与額が定められた。また返済方法は、卒業後に就職してから年間所得額の三〇分の一以上を返納し、卒業から三年を経ても就職できない者は年一五円を支払うというものであった。[*23]

(二)　京都公家華族の学費援助

東京在住の華族よりも経済事情の苦しい京都在住の公家華族たちには、学習院の学費とは別に学資援助が行われた。まず公家華族の女子を対象とした学資援助の制度を確認し、次に公家華族の絵画および詩歌の講習費用について見ることとする。明治二二年（一八八九）三月一二日に宮内省爵位局で取り決めた規程によれば、京都女子華族の学資援助金は毎年六月と一二月に華族会館分局を介して支給され、退学者には支給を停止し、一月以上学業を中止する者はその月分の学費を返上させ、退学・転校・学業中止および学期試験の成績は父兄か後見人より届出ていたことがわかる。[*24] もっとも配当金はすぐに決まらず、宮内省爵位局内では、華族の女子に対して中学科に二五円、高等小学科に二〇円、尋常小学科に一五円を毎年下賜するという甲案と、中学科・高等小学科・尋常小学科を区別せずに二〇円を毎年下賜し、その余剰金を華族会館分局に積立て中学科に進学した際に不足分を積立から出すという乙案とが出た。[*25] 四月一七日の下賜金心得書改正により、宮内大臣の裁定額を年間八〇〇円と定め、甲案が採用された。[*26]

宮内省から学資貸与を受けている華族の女子は、明治二五年六月二四日に特別な事情がない限り、京都府立尋常師範学校附属小学校、公立高等小学校、京都府立尋常師範学校附属中学校、府立高等女学校で修学するように求められた。[*27] それが第4節で詳述する旧堂上華族恵恤金の下賜が決まると、明治二七年九月から子爵以上の華族女子に対する学資金下賜の廃止が決まり、学資金下賜は旧堂上華族恵恤金の対象にならなかった奈良華族や神官華族の男爵に限られた。[*28] この指示は京都公家華族に一定の効果をもたらした。明治三三年四月一二日には学資金下賜を受ける者が奈良華族の男爵八家から九家に限られ、京都府内の尋常小学校が整備されたため、女子華族の通学を促す内達が取り消されている。[*29]

京都公家華族たちは、華族会館分局内に勉学施設である講習所と、[*30] 技芸修養を目的とした絵画講習所を設けていた。明治二一年から年額二四〇円を毎年六月と一二月に分け、絵画講習費用として下賜されることとなった。[*31] 明治二六年七月一五日には梅園実紀ら八名に、「皇太子殿下江被為進八枚折御屏風壱双、此画十六枚京都華族梅園実紀始八名江被仰付、今般浄写献上ニ付下賜」として、七〇〇円が下賜されている。[*32] 絵画講習を単なる趣味の領域にとどまらせず、皇室の実用品に用いることにより下賜金を渡すのも、宮内省が経済的に苦しむ彼らの立場を思ってのことに違いない。絵画講習費用は、物価騰貴を理由として明治三〇年九月一四日に年額三六〇円、[*33] 同三九年八月二九日には四〇年度から年額六〇〇円への増額が許可された。[*34]

京都在住男爵家の女子への学費と、華族会館分局への絵画講習費は、爵位局から分局へ送付され、両賜金の取扱は分局に委任された。その一方で京都在住華族たちの詩歌奨励費は、年額六〇〇円の下賜金を一〇回に分けて前主殿助宇田淵に送金している。それらを明治三〇年六月からは主殿寮出張所に送付先を移し、同所を介して分配するようにあらためた。[*35]その後も詩歌奨励費は宇田が管轄したが、彼が明治三三年に死去すると後継者がいなかったため、同年七月からは費用の取り扱いも主殿寮出張所が引き継いでいる。[*36]

ここに出てくる詩歌奨励費は、明治一二年一一月から毎年三六〇円が下賜された。[*37]同一六年一一月には毎月三〇円から四〇円に増額されて年間で四八〇円の賜金となり、[*38]同一七年からは年間で六〇〇円、毎月五〇円の増額願いが許可されている。[*39]明治二一年四月には詩歌奨励を目的とする向陽会が設立されるが、その後に詩の講習が実施されなくなったため、明治三四年一一月には宮内省に各月一〇〇円から五〇円とし、年額三〇〇円への賜金減額を申し出ていた。[*40]

それが明治三六年九月二九日に梅渓通治らは年額六〇〇円から一〇〇〇円への賜金増額を要求し、宮内省は一〇月一日に許可する。歌奨励費の増額は、「歌講頌稽古之事」、「語格其他歌文等講習之事」、「本会ニ参考書籍購求之事」など、和歌講習の内容を充実させるためのものであった。[*41]向陽会へは御歌所所員一名が出張し、和歌の指導を行っていたが、明治四〇年三月にはそれに代わる講師を招聘するなど経費が嵩むことから、年額二〇〇〇円へと増額されている。[*42]

また向陽会で臨時歌会を開催する場合には、明治二九年四月二三日に一三〇円、同三五年一二月一日に一〇〇円、同三七年一一月八日に二五〇円、同三九年四月一二日に七〇〇円、一〇月二五日に二〇〇円、同四〇年一〇月一八日に二〇〇円、同四一年一〇月六日に五〇〇円、同四二年一〇月二六日に二〇〇円、同四三年九月二九日に二〇〇円、同四四年五月一〇日に二〇〇円と、その度に賜金が行われた。[*43]
京都公家華族は経済的に恵まれていなかったとはいえ、東京の公家華族よりも手厚い賜金を受けていたことも事実である。

3 公家華族の困窮と要求

明治二三年（一八九〇）一一月二九日に帝国議会が開会されると、華族たちは貴族院議員としての役割が制度的に認められた。もっとも、公爵・侯爵の世襲議員に歳費がないのに対し、伯爵・子爵・男爵の互選議員には毎年八〇〇円の歳費が支給されるという差異があった。公爵・侯爵の武家華族は一〇万石以上の富裕者であったから、政府は彼らに歳費は必要ないと判断したと思われる。一方で歳費が出ないことにより困ったのが公家華族たちである。その代償として公爵七家に一家一〇万円と爵禄を定め、七〇万円のうち三六万八〇〇〇円が現金で下賜され、差額の五分利子が歳費の役目をはたした。ところが侯爵には爵禄もなかったため、明治二四年五月四日に嵯峨公勝・菊亭脩季・久我通久・醍醐忠順・広幡忠礼は、宮内大臣土方久元に歳費に代わる家禄支給を要求している。[*44]
これにより明治二三年八月二七日、嵯峨・菊亭・醍醐・広幡の各侯爵家に対して一〇〇〇円ずつ支給が決まるが、[*45]明治二四年度に限ったことであった。不満に感じた嵯峨たちは侯爵議員の責務をはたすことができないと主張するが、土方は公家の甘えに過ぎないと取り合わない。要求を諦めた醍醐は、他者のように馬車や人力車で登院できないから、弁当を抱えて徒歩で向うことを決意するようになっている。[*46]
歳費を得る資格を有する伯爵・子爵・男爵であっても、公家華族の全員が貴族院議員に当選できたわけではない。むしろ選から漏れるほうが多く、彼らは政府要職にも就けず、小額の公債証書による五分利子に頼って生活を送っていた。そのような状況を見かねた近衛篤麿は、明治二五年三月二七日に「旧堂上華族保護賜金」と題する文書を作成し、公家華族たちを救済するため、明治二七年の天皇と皇后の銀婚式である大婚二五年に際して「恵与金」の下賜を提案した。近衛が考える「恵与金」の管理方法は、負債のない者から下賜金で世襲財産を設定し、設定しない間は共有金として内蔵寮が管理する。元金の下げ渡しを申し出ても許容せず、また世襲財産を設定した株券や証書を質入しないよう盟約させる。というものであった。近衛が考える「恵与金」の分配方法は、仮に一九九万円を分配するとして、爵位に差異を設けず平等に分配する甲案、公侯爵を三万・伯爵を二万・子爵を一万と差異を設ける乙案、旧家筋を重視して四爵割合の等差をなるべくなくす丙案をあげていた。[*47]

このような提案に加えて近衛は、「旧堂上華族保護賜金」の対象者から三条と岩倉が漏れるのは不公平だと論じる。旧五摂家が総計一〇万円を下賜されているにもかかわらず、今回の対象にも含まれているのであるから、三条と岩倉を除くのは妥当ではないという。面白いのは「今回の事は、貧乏なるが故に救助さるゝの意にはあらざるべければなり。貧富の点より論ずれば、奈良華族は其尤も貧なるものなれば御救助の第一着及ぶべき筈なれども、そのこれなきは畢竟救助の御主旨にあらざるをしるべし」[*48]と、もっとも貧乏な奈良華族が対象となっていないのを取り上げ、今回の措置は公家の経済救助ではないという。

三条と岩倉を対象とすべき理由から導き出された意見とはいえ、矛盾に満ちていたことはいうまでもない。もっとも、武家華族や新華族との経済格差を埋める措置であったとしても、貧乏なのは公家華族に限られたわけではない。実際、後述するように武家華族の間から不満の声があがった事実からすると、これは経済救助ではなく皇室との由緒を重んじた措置であるとの論理武装が必要であったと考えられる。その結果、対象者は維新前からの旧堂上に限定され、彼らより貧窮する維新後に堂上格に列せられた奈良華族たちが除外されたのは皮肉であった。

だが、近衛は奈良華族たちを見捨てたわけではなく、「旧堂上華族保護賜金」に代わる措置を考えていた。仮に二〇〇万円とした場合、一年で五分利子一〇万円に相当する。初年度はその利子を配当せず、別に一〇万円を積み立てて、数年の後にその利子を奈良華族に配当させる考えでいた。[*49] 近衛の意見をもとに明治二五年四月、近衛・二条基弘・鷹司熙通・九条道孝は連名で宮内大臣土方久元宛に「旧公卿華族救助願書」を提出している。かなり長文なので重要と思われる部分を次に示す。

旧公卿華族の者も目下の如き窮乏日に迫り貧困月に甚だしき状態にては、前途国家に皇室に能く報効し得るや否や、甚だ懸念の仕合に有之候。然り而して社会の風潮を観察すれば、門地の虚勢は金力の実権に及ばず、華族が如何に高尚なる気風を有するも、又如何に勤王愛国の精神を有するも、金力の之が作用を助くるなくんば社会に立ち人と交際する事も能はざる次第に付、皇室の藩屛とならん事も、国家の用を為さんことも殆んど期すべからざるの望と謂はざるを得ず。之を要するに、旧公家華族に対しては是迄数回の聖諭も有之候得者、国家に皇室に報効し得る様、華族の体面を保たしめらるゝの御詮議有之候て可然次第に有之、又従来皇室と格別の御由緒も有之儀に付、旧来の御由緒に対しても何とか御待遇相成可然次第に有之、且つ華族全体の体面上より之を謂ふも、旧公卿華族の如き貧困者の存在する事は偶々華族全体の体面を汚すの恐れも少なからず、加之曩《さき》に勲功華族へ家禄、賞典禄等の有無に拘らず、華族の体面を維持せしめられんが為め金円を下賜せられ候次第も有之候に付、旧公卿華族を今日の儘に放任せらるゝ事は甚だ不権衡と存ぜられ候間、至急勲功華族と同一の御取扱有之候様何分の御詮議相成度、私共公爵華族の儀は曩に優渥なる御沙汰を蒙り候に付、今日黙過致し候儀は甚だ不本意と存じ候に付、敢て鄙見を開陳仕候。[*50]

公家華族の窮乏は日を増して甚だしい状況となり、皇室のために活躍できるかどうかわからないという。どんなに公家が高貴で「勤王愛国」の精神があっても、社会の上に立って人と交際するには資金がなくてはならない。華族は「皇室の藩屛」という役割をはたす義務と、皇室との由緒からも華族の体面を保持する必要があるものの、このままでは貧困する公家華族が華族の体面を傷つけるおそれがあると訴える。そして勲功華族である新華族には家名保続金が支給されているのに対し、公家華族にそのような措置がなされないのは不公平であると論じる。

この後には「保管方法見込書」があり、そこでは内蔵寮の資金管理に加え、宮内大臣の指名を受けた三名および五名の公家華族が委員となり、「利殖の方法」や「配当金額の割合」などに関与する方針が見て取れる。また資金が一〇〇万円の場合、侯爵に一万五〇〇〇円（年利子七五〇円）、伯爵に一万円（年利子五〇〇円）、子爵に五〇〇〇円（年利子二五〇円）を割り当て、残金の五分利子を学資金として利用することが提案されている。[*51]

旧堂上華族に下賜金を求めたのは公侯爵だけではなかった。伯爵以下の公家華族たちも下賜金を望んでいた。明治二六年一〇月には、公爵の近衛・二条、侯爵の西園寺公望に加え、伯爵の東久世通禧・広橋賢光、子爵の藤波言忠が連署し、伊藤博文宛に「恩典下賜」を求めている。皇室との由緒を理屈にするなど、その内容は公爵五家の「旧公卿華族救助願書」と大差はなかった。[*52]そして明治二六年一二月、京都公家華族である伯爵冷泉為紀・子爵の久世通章と舟橋遂賢は、近衛篤麿に宛て「旧堂上華族救助に関する意見書」を提出している。これも長文なので重要と思われる部分を次に示す。

二十年前の京都にては無之、米価を初め其他諸物価等も当時に較らべ候へば倍蓰《ばいし》いたし、而して今後京都市の繁盛に趣き候と共に益々上騰いたし可申は、経済の原理に照らし必然の事と被察候。且又社会の趨勢に従ひ、旧堂上華族と雖ども昔年の如く全く平民社会と隔離いたし、所謂《いわゆる》隠居主義と申様の姿にては到底相済不申、矢張四民同様に交際せざるを得ざる次第に有之、斯く社交も頻繁に相成候に付ては、交際費と申様のものも必要に相成、且華族の栄爵を担ふ以上は夫れ相応に門戸を張らざるを得ず、体面を修めざるを得ず、又当時流行の義捐金と申ものも、我々財産薄すき者も華族と申肩書を有し候以上は、是亦応分の金員は義務として義捐せざるを得ざる次第に御座候。其他所得税初め諸種の税金等、年々支出候ものは年一年に増加候も、反之収入に至りては負債其他前述の如く諸費相嵩み候為め、年一年減少いたし候。此勢にて推移致候はゞ、我々旧堂上華族の財産悉皆消尽致候も須臾《しゅゆ》の間に可有之と被存、我々共の皇室に対し御救助を仰望し奉るは、恰も大旱に農夫の雨を望み、轍の鮒の水を得ん事を欲するに異ならず[*53]。

京都市の繁栄にともない二〇年以上前に比べると物価は高騰し、社会状況も変化して公家華族が平民と乖離して生活するわけにもいかない。その交際費はもとより、華族の体面を示すには相応の門構えの邸宅に住み、現在流行している義捐金を出す必要がある。また所得税をはじめ諸税など年々支出が増す一方、従来の負債のしわ寄せから年収入は減少している。このままでは公家華族の家計破綻は必至である。我々が皇室に救助を願うのは、大旱に農民が雨の降るのを望み、轍の鮒が水を求めるのと同じだと論じる。右のように冷泉・久世・舟橋の三者は、公家華族に救助金を賜うことを希望するとともに、その正当性を主張したのである。

近衛を中心に組織された貴族院の研究会派である三曜会に属する久世は、明治二三年に貴族院議員に当選すると、東京と京都の間を往復している。「近衛篤麿日記」の明治二八年三月二七日条に「久世初の案内に付伊勢源に赴く。久世、舟橋、入江、竹内、若王子等なり。二条公も同席せり」とあるように[*54]、上京した京都公家華族の貴族院議員は、夜になると近衛を囲んで料亭で懇談することがあった。酒宴の席で公家華族の切迫する生活事情を吐露し、救助金が下賜されるよう取り計らって欲しいと、政界の有力者である近衛に依頼した可能性がないとはいえないだろう。

これまで述べてきたとおり、帝国議会開会後には異なる公家華族たちから似た主張が出ていることが見て取れる。それは武家華族や新華族との経済格差があるにもかかわらず、同じような活躍をしろといわれても無理だという不満のあらわれであった。そして皇室ともっとも近い存在である自分たちばかりが、なぜ苦しい生活状況をしいられなければならないのかという、本音が噴出したと見るのが自然である。

4　旧堂上華族恵恤金

旧堂上華族恵恤金は、明治二七年（一八九四）三月九日に大婚二五年の祝典に際して天皇の御手元金により設けられた。同日付で全七条の「旧堂上華族恵恤金規程」が定められ、七月一日から施行された。恵恤金の御沙汰書には、「旧堂上華族ハ歴世皇室ニ奉仕シ御由緒有之ニ付、今般特別ノ思召ヲ以テ宮廷費中其保護ニ充ツヘキ資金ヲ備ヘ恵与ノ方法相立ヘキ旨、御沙汰被為在候事」と書かれている。[*55] 旧堂上華族を対象とする恵恤金の設置は、彼らの先祖が代々皇室に仕え、浅からぬ由緒にもとづくものであったことがわかる。

これを受けて三月一七日には京都華族会館分局で総代選挙が行われ、伯爵からは冷泉為紀、子爵からは舟橋遂賢がそれぞれ選ばれ、両名は二〇日に御礼参内のため京都を出発した。[*56] 京都公家華族たちは非役有位者が少なくなかったため、恵恤金に感謝しなかった者はなかった。その代表者に恵恤金を要求した両名が選ばれたのは偶然ではないだろう。

この恵恤金の設置に際して公家華族たちが喜びを示す一方、他者から厳しい意見を受けたのも事実であった。京都の有力紙『日出新聞』には「賜金二百万円、諸卿は何を以て聖恩に酬ひ奉らんとするや、復た債鬼に窘《たしなめ》らるゝが如き恥辱なきを肝要とす」と掲載された。[*57] これは多額な資金を得ていかなる奉公をするのか、債権者から訴えられるような恥辱を受けないよう心がけるようにとの苦言である。また武家華族からは「旧大名華族中にも其貧困堂上方に過ぎ、朝夕の炊事だも意に任せざるの窮境に瀕するものあり、皇室の藩屛たり国の瞻望たるに於て些の甄別《けんべつ》なきに、一方は貧富押均して無上の優恩に浴し、一方は此の恵恩に漏るゝは朝廷の華族を優遇し給ふに於て聊か権衡を失するの憾《うらみ》なき能はず」という意見があがった。[*58]

武家華族のなかにも公家華族と同様に日々の生活に困窮する者があり、「皇室の藩屛」たる華族に差異はないにもかかわらず、朝廷から公家華族だけが恩恵を受け、武家華族にそれがないのは片落ちであり、華族に対する待遇上で怨嗟の声を抑えることはできないという。明治二七年四月一二日、武家華族九十余名の総代となった京極高典・新荘直陳・鳥居忠文・板倉勝達・米津政敏は、宮内大臣土方久元に旧堂上華族恵恤金に対する質問状を提出した。そこでは文官の公家と、武官の武家では職種に差異があるとはいえ、天皇に奉仕してきたことに変わりのないことが主張され、右の意見を展開するものであった[*59]。実際、三万石以下の武家華族は裕福とはいえなかったが、彼らを対象とする恵恤金の設置は実現していない。その理由は土方の京極らに対する回答に記されていると思われるが、管見の限り回答は見つからない。だが、本稿で考証してきた流れからすれば、恵恤金の設置基準は奉仕とともに出自による由緒が不可欠であったと推測できる。

旧堂上華族恵恤金の元資は皇室財産の「御資部」から一九九万円を分割し(「旧堂上華族恵恤金規程」第一条)、それを元に一五年間で利殖を図り、利子の五分の三を公・侯爵三、伯爵二、子爵一の割合で配当し、残り五分の二の金額を貯蓄する決まりであった(同上、第二条)[*60]。恵恤金の元資を華族の世襲財産にしなかったのは、負債を抱える公家華族の恵恤金を債権者から守るためであった。つまり、華族が世襲財産の創設や増加などを申請した場合、宮内大臣は所定の審査を踏まえて地方庁・銀行・会社に世襲財産とすべき旨を命じ、その旨を新聞や官報で公告しなければならない。公告から三〇日を経て故障を申し立てる者がなければ世襲財産として認定されるが、公告を目にした債権者が故障を申し立てて財産の差し押さえに出る可能性は高かった。それでは恵恤金の意味がないと判断したのである[*61]。

恵恤金利子の支給額を決めるため、明治二七年一二月一二日に旧堂上華族恵恤金調査委員会が開かれた。委員会では一九九万円を整理公債証書一三〇万五〇〇〇円(額面一〇三万五〇〇〇円)、鉄道公債証書五〇万九二一五円七銭六厘（額面四九万八〇〇〇円）、北海道炭礦鉄道会社社債券四〇万二三七八円二〇銭（額面四一万七〇〇〇円）に転換することが決められた。そして利子五分の三の金額を二万九八二一円九銭と見込み、それを公・侯爵三、伯爵二、子爵一の割合で配当し、五分の二の金額一万九八八〇円七二銭六厘と、円以下の端数は「貯蓄部」に組み込むこととした。一二月の最初の利子配当額は公侯爵の各家（一七名）に四四七円、伯爵の各家（三〇名）に二九八円、子爵の各家（八八名）に一四九円であった。[*62] 近衛篤麿の提案に比べると配当額は減り、三条と岩倉への支給も「財政富裕」との判断で対象からはずされた。[*63]

利子の支払いは六月と一二月に年額の半額ずつ配当され、明治二八年と二九年の配当額は三万三八八円、一回分の半額は公侯爵が四五六円、伯爵が三〇四円、子爵が一五二円と少し増え、三〇年からは配当額二万九八五〇円、公侯爵が四五〇円、伯爵が三〇〇円、子爵が一五〇円と端数が切り捨てられた。[*64] 元資および利子は宮内省内蔵頭と爵位局長が管理し、出納は内蔵寮が管轄した（「旧堂上華族恵恤金規程」第三条）。毎年六月と一二月には旧堂上華族恵恤金調査委員会が開かれたが、会議には委員長の宮内次官、委員の旧堂上華族に加え、内蔵頭・内事課長・調査課長が出席し、場合により爵位局長や帝室会計審査局長が参加した（表4参照）。

旧堂上華族恵恤金調査委員は、内蔵頭と爵位局長から毎年二度元資および利子の管理利殖方法の説明を受け、意見がある場合は宮内大臣に進言できた（「旧堂上華族恵恤金規程」第七条）。また宮内大臣の監督下に置かれた委員の役割は、問題を起こした華族に対する利子支給の廃止を調査することであった（同上、第六条）。華族の問題とは華族令に反する行為を指す。それにより爵位を喪失した者および華族礼遇停止処分を受けた者への支給は廃止された（同上、第五条）。それでは具体的に処分の対象となった公家華族はどのくらいいたのだろうか。この点は「旧堂上華族恵恤金」の支給が、彼らの社会問題を抑止する効果があったのかを考えることでもある。

旧堂上華族恵恤金の施行直後に礼遇停止となった公家華族が七名いるが、いずれも恵恤金の利子を得る前に「身代限」や家資分散宣告の処分を受けた者である。このうち維新後に堂上格に列せられた松崎万長・河辺隆次・松林為美の男爵三名は恵恤金の対象ではなく、明治二九年に松崎と松林、三〇年には河辺が爵位喪失となっている。礼遇停止および爵位喪失の比率において恵恤金の対象外が目立つことからすると、もっとも資産に乏しい彼らに恵恤金が支給されなかったことは皮肉な結果というしかない。それゆえ明治三〇年一二月、「会計保護収支部」から竹園康長ら一九名の奈良華族および神官華族の男爵に三〇五〇円、三一年には同二〇名に三三一〇円が恵与された。[*65] この後も

表4　旧堂上華族恵恤金調査会議の出席者

宮内次官（委員長）	花房義質	明治 27 年 3 月—28 年 6 月
	田中光顕	明治 28 年 12 月—30 年 6 月
	堤　正誼	明治 30 年 12 月—31 年 3 月
	川口武定	明治 31 年 6 月—34 年 6 月
	花房義質	明治 34 年 12 月—41 年 12 月
	渡辺千秋	明治 42 年 6 月—12 月
	河村金五郎	明治 43 年 6 月—45 年 6 月
委員	近衛篤麿	明治 27 年 3 月—37 年 1 月死去
	二条基弘	明治 37 年 12 月—45 年 6 月
	久我通久	明治 27 年 3 月—45 年 6 月
	西園寺公望	明治 27 年 3 月—45 年 6 月
	東久世通禧	明治 27 年 3 月—45 年 6 月
	広橋賢光	明治 27 年 3 月—42 年 12 月死去
	堀河康隆	明治 27 年 3 月—29 年 1 月死去
	竹屋光昭	明治 29 年 12 月—39 年 6 月
	高辻修長	明治 27 年 3 月—45 年 6 月
	藤波言忠	明治 27 年 3 月—45 年 6 月
	東園基愛	明治 41 年 6 月—45 年 6 月
	清水谷実英	明治 43 年 12 月—45 年 6 月
爵位局長（＊1）	岩倉具定	明治 27 年 3 月—42 年 6 月
	久我通久	明治 42 年 12 月—45 年 6 月
内蔵頭	白根専一	明治 27 年 3 月—28 年 6 月
	渡辺千秋	明治 28 年 12 月—42 年 12 月
	吉田醇一	明治 43 年 6 月—45 年 6 月
帝室会計審査局長官	田中光顕	明治 27 年 3 月—28 年 6 月
	花房義質	明治 28 年 12 月—36 年 6 月
	中山孝麿	明治 36 年 12 月—37 年 12 月
	斎藤桃太郎	明治 38 年 6 月—45 年 6 月
内事課長（＊2）	股野　琢	明治 27 年 3 月—30 年 6 月
	斎藤桃太郎	明治 30 年 12 月—36 年 12 月
	近藤久敬	明治 36 年 12 月—45 年 6 月
調査課長	山崎直胤	明治 27 年 3 月—30 年 6 月
	広橋賢光	明治 30 年 12 月—34 年 12 月
	足立正声	明治 35 年 6 月—39 年 12 月
	栗原広太	明治 40 年 6 月—45 年 6 月

註）「保護資金録」調査課，明治 27 年～ 45 年，「進退録」大臣官房秘書課，明治27年～45年（宮内庁書陵部宮内公文書館所蔵）から作成．（＊1）明治 41 年から爵位頭，明治 43 年から宗秩寮総裁，（＊2）明治 41 年から秘書課長．

表5　公家華族礼遇停止・爵位喪失一覧

身代限処分・家資分散宣告

対象者	処分年月日	処分理由	処分経過
交野時万	明治27年8月7日，礼遇停止	身代限処分	明治27年12月25日，解除
七条信義	明治27年8月7日，礼遇停止	身代限処分・家資分散宣告	明治41年4月20日，礼遇不享
河辺博長（●）	明治27年8月7日，礼遇停止	家資分散宣告	明治34年9月6日，解除
松崎万長（●）	明治27年8月7日，礼遇停止	家資分散宣告	明治29年10月22日，爵位喪失
松林為美（●）	明治27年8月7日，礼遇停止	家資分散宣告	明治27年8月6日，復権により執行せず
押小路実敬	明治27年8月7日，礼遇停止	家資分散宣告	明治29年12月4日，廃嫡
西大路隆修	明治27年8月24日，礼遇停止	家資分散宣告	明治28年8月18日，死亡，襲爵者未定
中院通規	明治29年7月17日，礼遇停止	家資分散宣告	明治39年2月9日，解除
河辺隆次（●）	明治29年11月28日，礼遇停止	家資分散宣告	明治30年3月31日，爵位喪失
穂波経藤	明治29年10月31日，礼遇停止	家資分散宣告	明治30年6月7日，解除
堤　清容院	明治30年11月8日，礼遇停止	家資分散宣告	明治31年5月3日，解除
鹿園実博（●）	明治32年3月30日，礼遇停止	破産宣告	明治41年4月20日，礼遇不享
大炊御門幾麿	明治37年5月31日，礼遇停止	家資分散宣告	

私書偽造・詐欺取財・委託金費消・家政紊乱

対象者	処分年月日	処分理由	処分経過
松林為美（●）	明治29年6月19日，礼遇停止	私書偽造	明治29年12月21日，爵位喪失
八条田鶴子	明治30年2月13日，礼遇停止	河辺隆次と共謀し，詐欺取財	明治37年12月13日，礼遇禁止
竹園康長（●）	明治32年8月14日，爵位喪失	陸軍看護手在職中に逃亡	
梅園実紀・実師・栄子	明治33年2月13日，礼遇停止	家政紊乱	明治35年2月20日，解除
北小路俊岳	明治33年7月21日，礼遇停止	私書偽造行使詐欺取財	明治34年3月1日，爵位喪失
竹屋光富	明治35年2月6日，礼遇停止	委託金費消	明治35年4月29日，家督相続人廃除
飛鳥井雅広	明治35年12月6日，礼遇停止	詐欺取財（当主は雅望）	明治36年2月24日，家督相続人廃除
飛鳥井雅忠	明治37年2月12日，礼遇停止	戸籍法違反（当主は雅望）	明治38年6月6日，礼遇禁止
穂波経藤	明治37年2月12日，礼遇停止	戸籍法違反	明治38年6月6日，爵位喪失
穂波経度	明治37年2月12日，礼遇停止	戸籍法違反	明治38年6月6日，礼遇禁止
高野宗順	明治45年2月16日，礼遇不享	詐欺	大正元年12月16日，刑確定
滋野井実麗	明治45年3月19日，礼遇不享	詐欺	大正2年1月27日，失爵

襲爵者未定

対象者	処分年月日	処分理由	処分経過
中御門経明	明治 31 年 12 月 14 日，礼遇停止	死亡	明治 32 年 10 月 20 日，経恭授爵
高丘礼季	明治 34 年 12 月 3 日，礼遇停止	死亡	明治 37 年 3 月 16 日，和季家督相続
中園繁若	明治 37 年 7 月 15 日，襲爵者未定	実受が死亡	明治 38 年 6 月繁若襲爵により支給
冷泉為紀	明治 38 年 11 月 24 日，襲爵者未定	死亡	明治 38 年 12 月 13 日，為系襲爵
飛鳥井雅望	明治 39 年 4 月 21 日，襲爵者未定	死亡	明治 42 年 12 月，恒麿襲爵により 1800 円支給
綾小路有良	明治 40 年 6 月 16 日，襲爵者未定	死亡	明治 40 年 6 月 27 日茂俊襲爵
烏丸光亨	明治 42 年 12 月 9 日，襲爵者未定	死亡	明治 42 年 12 月 17 日，光大襲爵
広橋賢光	明治 43 年 3 月 21 日，襲爵者未定	死亡	明治 43 年 7 月 12 日，真光襲爵
沢　宣量	明治 43 年 10 月 15 日，襲爵者未定	死亡	明治 44 年 1 月 12 日，宣武襲爵
山科言縄	明治 43 年 11 月 8 日，襲爵者未定	隠居	明治 44 年 5 月 20 日，言綏襲爵
錦小路在明	明治 44 年 11 月 24 日，襲爵者未定	死亡	明治 45 年 6 月 10 日，頼孝襲爵により 300 円支給
鷲尾隆聚	明治 45 年 3 月 4 日，襲爵者未定	死亡	大正 2 年 2 月 10 日，隆信襲爵

註）前掲「保護資金録」調査課，明治 27 年～ 45 年，「華族懲戒爵喪失者調」（同上，識別番号 62853）から作成. ●は恵恤金対象外の男爵を示す.

毎年一家に三〇〇円以内の恵与が行われたが、明治三二年には鹿園実博が礼遇停止、竹園が爵位喪失となっている（表5参照）。もう少し対応が早ければ、彼らの爵位喪失や礼遇停止の数は減ったかもしれない。

恵恤金の支給を受けた旧堂上華族でいうと、家資分散宣告の処分を受けたのは中院通規、穂波経藤、大炊御門幾麿に限られる。また犯罪事件は詐欺行為・戸籍法違反・委託金費消に大別でき、詐欺行為は八条田鶴子、北小路俊香、飛鳥井雅広、高野宗順、滋野井実麗、戸籍法違反は穂波経藤・経度、飛鳥井雅忠、委託金費消は竹屋光富がいた。八条は河辺の詐欺事件を幇助し、戸籍法違反の穂波経藤は家資分散宣告の処分を受けていたから、いずれも金目当ての犯行といってよい。梅園家の事件は、男女関係のもつれが原因であるが、その背後には金銭問題もかかわっていた（表5参照）。

右に取り上げた以外の理由としては、当主が死亡し跡を継ぐ者が決まらず、襲爵の手続きが遅れた場合が見て取れる。だが、これは意図的な犯罪や負債による華族の体面を傷つける行為とは異なるため、明治二八年一二月の会議決定により襲爵者が未定であっても支給された。中園や飛鳥井のように襲爵者が長期間決まらなかった場合は、支給額を「貯蓄部」に預け、襲爵者が決まった際に支給した。襲爵未定者を除くと、旧堂上華族恵恤金の施行後に問題を起こす公家華族の少なかったことがわかる。問題を起こした多くは恵恤金の対象者ではない男爵華族や、有爵者の家族による。旧堂上華族恵恤金は、このような統計上の結果から公家華族の負債や犯罪を抑止する効果があったと判断できる。

しかし、「旧堂上華族恵恤金規程」は公表されなかったため、華族たちで詳しい内容を知る者は少なかった。明確な時期は不明だが、文面の内容から明治四一年に書かれたと思われる「旧堂上華族恵恤金ノ性質ニ関スル件」という文書がある。これは宮内省の調査課長が皇室令整理委員会に提出した議題であり、要点は爵位喪失した者も旧堂上華族恵恤金が設置された明治二七年三月には有爵者であったのだから、一五年の満期を迎えた際には元資を分配する必要があるのではないかという疑問であった。これに対する皇室令整理委員会の意見は、規程は恵恤金の権利に関するものではなく、恵恤金の恵与の方法を定めているにすぎず、また一五年後に必ず元資および利子を華族たちに分配すると決まっているわけでもないという。[*66]明治三九年一二月の会議では、規程第五条が爵位を喪失した者への元資および利子の支給廃止と、礼遇停止処分者への停止解除まで元資および利子の停止とに区分する改正が決まった。[*67]だが、規程は委員内部に限られ、華族に周知させることはしなかった。

破産宣告や家資分散宣告の処分を未然に防ぐ事例として特筆すべきは、明治二九年一二月に旧堂上華族恵恤金の「貯蓄部」が、負債を抱える公家華族たちを保護するための貸付を行っていたことである。ここで貸付金を受けた華族は一三名いるが、彼らは明治二六年および二七年に二朱・三朱・六朱と異なる年利で二〇年賦の負債を抱えていた（表6参照）。それら負債償却を意図した貸付であり、久世通章と大原重朝を除く一一名は、明治三〇年五月に整理公債証書で全金返済している。[*68]久世は明治二六年一二月二三日に二四〇〇円を年三朱利子で借り、大原は明治二七年四月七日に一三七八円三〇銭を年六朱利子で借り、同二九年一二月から三四年六月まで毎年六月と一二月に五〇円、三四年一二月から同じく一〇〇円を返済する条件であった[*69]。旧堂上華族恵恤金の「貯蓄部」が貸付を実施した明治二九年一二月段階では、久世は一九八〇円、大原は七七四円の返済額が残っていた。

大原の返済は、明治三〇年に五〇円、同三四年に二八円四一銭一厘と支払いが途切れがちとなる[*70]。明治三五年五月に大原は、六月から同三七年まで毎半期五〇円、その後は毎半期一〇〇円を返済し、同四五年に完済予定のところ、同四〇年の年賦返済最終期まで返済を据置、毎期利子のみ支払うという返済猶予願を提出する[*71]。久世は、明治三〇年に八九円七〇銭、明治三一年から三五年まで毎年六〇円、同三六年から三八年まで毎年一二〇円と返済している[*72]。だが、明治三九年七月五日、久世は内蔵頭渡辺千秋に宛て「近来家政困難ヲ極メ候ニ付、此際右拝借金之儀特別御憐愍之御沙汰ヲ蒙リ候様御詮議被成下度」と返済免除を願い出た。これに呼応するかのように七月二九日には大原も同様の内願を行った[*73]。

これを宮内省がどのように処理したかというと、驚くべきことに久世の残金九〇〇円と、大原の残金六九一円二二銭六厘の棄捐を認めている[*74]。個人の債権者であれば督促から逃れることはできず提訴されたかもしれないが、彼らは幸運にも旧堂上華族恵恤金の貸付を踏み倒すことで礼遇停止になるような処分を受けずに済んだのである。この措置は旧堂上華族恵恤金調査委員の判断によるが、例外中の例外であり他言無用との念押しがあったと推測される。そのような措置が取られたことが公然になれば、全額返済

表6　恵恤金貯蓄部の貸付一覧

	貸付金額	返済金額	差引残額
清岡長説	250円	43円75銭	206円25銭
高丘紀季	250円	43円75銭	206円25銭
三室戸雄光	800円	140円	660円
六角博通	500円	87円50銭	412円50銭
倉橋泰顕	600円	105円	495円
町尻量衡	800円	140円	660円
梅園実紀	800円	140円	660円
油小路隆董	1461円60銭	147円8銭4厘	1314円51銭6厘
愛宕通則	550円	96円25銭	453円75銭
久世通章	2400円	420円	1980円
北小路随光	1000円	175円	825円
植松雅平	1378円30銭	127円46銭9厘	1250円83銭1厘
大原重朝	800円	26円	774円
合計	11589円90銭	1691円80銭3厘	9898円9銭7厘

註）「保護資金録」内蔵寮，明治30年（宮内庁書陵部宮内公文書館所蔵）から作成．

者からの苦情はもとより、甘えて多額な貸付金を申し込む者が後を絶たなくなるに違いない。「旧堂上華族恵恤金規程」にはない貸付金を行った背景には、負債償却を迫られた公家華族たちの逼迫した状況が考えられる。家名を保つための負債整理であったと仮定すれば、宮内省は当初から返済の見込みは余り期待していなかったかもしれない。いずれにせよ、礼遇停止となるような事件を起こさなければ、旧堂上公家華族は宮内省の手厚い保護下に置かれていたことが確認できる事例である。

例外措置とはいえ総額九八九八円の貸付金を用意し、不本意な結果ながら一五九一円の棄捐を認めたわけだから、旧堂上華族恵恤金にはそれに応じるだけの貯蓄があったことになる。そこで従来知られていない旧堂上華族恵恤金の構造について見る。旧堂上華族恵恤金の一九九万円は「元資部」と「恵恤部」に分けて管理された。元資から整理公債証書、東京市公債証書、大阪市公債証書、日本銀行株券などに投資して利潤を増やしていった。台湾精糖会社債券は一年で手放し、栃木県公債証書は初年度に約六万六〇〇〇円を投資したが、年々切り崩して最終年度に手放す際には約五〇〇〇円を残すだけとなっている。その一方で明治後年には正金銀行株券、北海道拓殖銀行債券、日本興業銀行債券、日本勧業銀行債券、日本製鋼所債券などに多額な投資を行った（表7参照）。いずれも政府保護下で急速に発展した金融機構と重工業会社であり、倒産の心配は少なかった。見込みがあれば投資し、利益が乏しいと思えば売却して他の社株を購入するという、運用方法に抜け目のないことがわかる。

「元資部」の年間利益のうち、五分の二を「貯蓄部」に貯蓄するとしていたが、明治三〇年度に「貯蓄部」から「恵恤部」が分離し、この「恵恤部」が五分の三にあたる恵恤金利子の分配を担当した。「恵恤部」でも約一一万円を整理公債証書、鉄道公債証書、軍事公債証書に投資して利潤を図り、その後の利益増加に応じて正金銀行株券や北海道関係株を購入している。元資部の利益繰越とともに初年度の繰越金約一一万円に対して、大正二年には約一六一万円となった（表7参照）。つまり旧堂上華族恵恤金は、一六年間に一五〇万円の繰越金を生み出したのである。

これだけの利潤を得ていたわけだから、旧堂上華族に対する利子分配金も増えなければおかしい。ところが、先述した明治三〇年の支給額はその後も継承され、額面が変更されることはなかった。その理由は、利子の増加にともない配当金を増額することは可能だが、利率が落ちれば配当額も減額せざるをえないから、将来的に国家経済が悪化する可能性を想定し、そのような場合にも従来と変わらない金額を配当するためであった。[*75]

表7　旧堂上華族恵恤金

元資部	初年度	投資額	最終年度	投資額
整理公債証書	明治 27 年	1058329 円	大正 2 年下	82480 円
鉄道公債証書	明治 27 年	509225 円	明治 30 年上	509225 円
北海道炭鉱鉄道会社債券	明治 27 年	422378 円	大正 2 年下	34250 円
東京市公債証書	明治 30 年上	313329 円	明治 39 年下	184985 円
大阪市公債証書	明治 30 年上	36900 円	大正 2 年下	197831 円
軍事公債証書	明治 28 年上	40079 円		
栃木県公債証書	明治 38 年上	65995 円	大正元年下	4925 円
台湾精糖会社債券	明治 40 年上	50000 円	明治 40 年下	50000 円
北海道鉄道会社債券	明治 37 年上	70000 円	明治 40 年下	70000 円
日本銀行株券	明治 30 年上	231000 円	大正 2 年下	297000 円
正金銀行株券	明治 30 年下	20009 円	大正 2 年下	117556 円
北海道拓殖銀行債券	明治 41 年上	70080 円	大正 2 年下	189805 円
日本興業銀行債券	明治 41 年上	14000 円	大正 2 年下	14000 円
日本勧業銀行債券	明治 44 年上	855000 円	大正 2 年下	857400 円
日本製鋼所債券	明治 44 年上	114000 円	大正 2 年下	114000 円
五分利公債	明治 42 年下	31620 円	大正 2 年下	31602 円

恵恤部	初年度	投資額	最終年度	投資額
整理公債証書	明治 30 年上	47759 円	大正 2 年下	206200 円
鉄道公債証書	明治 30 年上	21200 円	明治 31 年上	21200 円
軍事公債証書	明治 30 年上	40079 円	明治 43 年上	40079 円
五分利子公債	明治 31 年下	21200 円	明治 43 年下	5000 円
栃木県公債証書	明治 38 年上	70920 円	大正元年下	6895 円
北海道鉄道会社債券	明治 37 年上	80000 円	明治 40 年下	75000 円
北海道拓殖銀行債券	明治 39 年上	100000 円	大正 2 年下	212245 円
正金銀行株券	明治 33 年上	34352 円	大正 2 年下	356382 円
北海道炭鉱汽船会社株券	明治 35 年上	4230 円	大正 2 年下	42300 円
繰越高	明治 30 年上	109050 円	大正 2 年下	1613335 円

註）前掲「保護資金録」調査課，明治 27 年～大正 2 年から作成．

利益が上がった増加分を配当金に回さなかったから、「元資部」を上回る「恵恤部」の総資産を作り出せたといえる。

明治四一年一二月の会議では、翌四二年が旧堂上華族恵恤金の設置から一五年目にあたるため、元資を分配するか、さらに年限を設けて従来どおり管理するかが議論された。また一方では利子配当額を公・侯爵に一八〇〇円、伯爵に一二〇〇円、子爵に六〇〇円と、従来の倍額にすることが提案された。結局、明治四二年一月一日から期限を一五年延長するとともに利子配当金の倍額も決まった。[*76]

この変更にともなって明治四二年五月一九日には、奈良華族や神官華族へも恵恤金の支給を拡大する意見が出された。その冒頭では「是迄旧奈良僧侶及両局タリシ男爵ニシテ、従来最モ窮困ト認メラレタル者ニ対シ、家計ノ状況ニ応シ毎年一家ニ三百円以内ニ於テ相当ノ金額ヲ恵与シ、又旧奈良僧侶中元来特ニ薄禄ナリシ藤原姓ノ者ニシテ歎願シ来レルモノニ対シ、家計ノ状況ヲ問ハス平等ニ一家ニ百円宛ヲ恵与シ、其ノ家数二十家未満恵与金総額三千円未満ヲ以テ之ヲ実行シ来リ」と述べている。[*77] これは先述した奈良華族たちが恵恤金の対象外ではあったものの、彼らが明治三〇年から特別な措置を受けていたことを指す。

「保護部」は、利子配当の対象にはならない奈良華族や神官華族の家計状況を調査し、困窮と認めた場合には毎年一家に三〇〇円以下、藤原氏の奈良華族が歎願した場合には一家に一〇〇円の分配を行っていたのである。実際、明治四五年六月一四日の委員会では、貴族院議員の歳費を得ていた西五辻文仲と河辺博長が男爵議員の互選選挙に落選したため、両者に対する恵恤金三〇〇円支給が議題となっている。その審議過程では「従来恵恤ヲ被リ居レル梶野家、小松家等ト同様ノ家」とあり、[*78] すでに奈良華族の両家は恵恤金を受けていたことが見て取れる。毎年二〇家未満、総額三〇〇〇円未満という範囲内でのこととはいえ、奈良華族や神官華族も旧堂上華族恵恤金の恩恵を受けていたのである。

「保護部」が提出した文章には続きがあり、「今ヤ貯蓄部ノ収入ハ資金部ノ収入ニ稍々匹敵スヘキ多額ニ上リ、二部ノ収入ヲ合スルトキハ毎年優ニ一万円以上ヲ得ルニ至レルノミナラス、一方ニ於ケル旧堂上子爵以上ノ者ニ対スル恵恤部賜金ハ既ニ十五ケ年ノ満期ニ達シ、本年ヨリ従前ノ額ニ倍シ其ノ恵恤ヲ行ハル、ニ至レルヲ以テ当保護部ニ於ケル予期ノ計画ヲ実行スルモ亦此ノ際ヲ以テ最モ適当ノ時期ナリ（中略）別紙記載ノ二十一家（筆者註…奈良華族など）ニ対シ毎年一家ニ金三百円宛ヲ恵与セラルヘキモノトシ、而シテ其ノ他ノ者ニシテ仍恵与セラルヘキ理由ヲ認メラル、ニ於テハ時ニ臨ミ更ニ詮議ニ付シ、斎シク恵与ニ浴セシメントス」と述べられている。[*79]

そこでは本章で明らかにしてきた「貯蓄部」の総額が元資に達し、両部の年間利益が一万円を越すような豊富な財源に加え、恵恤金の期限である一五年の満期に達したことから利子配当額が倍額になったという。そして、この機会に際して奈良華族や神官華族たちに年額三〇〇円を与え、それ以外の公家華族にも必要が認められれば下賜するなど、恵恤金の範囲拡充を望んでいる。この要望は、明治四五年七月一一日に「男爵華族恵恤金」として設置された。「男爵華族恵恤金恩賜内則」全一一条は、旧堂上華族恵恤金の規程に準拠して作成され、年額三〇〇円を六月と一二月に分けて支給し、年総額の上限を一万二三〇〇円としていた。内則による支給は、大正三年（一九一四）一月一日から実施された。[*80]四半世紀を経て近衛篤麿の提案が実現したわけだが、この間に奈良華族二六家のうち五家が爵位を返上していた。

右は、明治四五年七月九日の「旧堂上華族保護資金令」（皇室令第三号）の公布に合わせた措置であった。紙幅の関係上、「旧堂上華族保護資金令」の条文内容の制定過程については立ち入らないが、大きな点を一つだけあげると当初の草案では「恩賜資金令」であったのが「保護資金令」へと修正されている。[*81]これは必ずしも旧堂上華族に恩賜したわけではなく、宮内省が資金を管理するものであることを意図していたように思われる。「旧堂上華族保護資金令」は全二八条からなり、従来不透明であった規定内容が明確にされた。管理や運営方法に大きな差異はなく、資金令の有効期間は「明治五六年一二月三一日」と設定していた。[*82]その後、期間は再び延長され、華族制度が解体されるまで継続する。

おわりに

宮内省は華族のなかでも公家華族たちに手厚い保護を繰り返し行ってきた。それらには、「華族御優待内規」による高齢華族に対する下賜金、京都華族の総代が上京する際の反物料、天皇との血縁関係などが深い華族を主な対象とする年金、華族の逝去に際して送られる祭粢料、学習院学費の貸与および京都華族女子への学費援助、京都華族に対する詩歌および絵画奨励費の下賜などが存在した。高齢華族に対する下賜金や祭粢料は公家華族に限られたものではなかった。だが、当初の高齢華族が公家華族に限られていることや、高額な祭粢料を含んでいる点からすると、公家華族への配慮が見て取れる。

そのような配慮は、武家華族との経済格差を埋める措置であったと考えられる。だが、宮内省から手厚い保護を受けながらも、当時の公家華族たちは武家との格差が著しいとの不満を持っていた。公爵には家名永続を意図した家禄が与えられ、伯爵以下の議員には歳費が支給されたものの、侯爵にはそれがなく、また議員に選ばれなかった伯爵以下の公家華族たちの生活は困窮を極めた。おりしも維新の功労により華族に列せられた新華族に家名永続金が支給されていたから、公家華族は自分たちにも同じような恩恵を受けるべきだと主張した。

この公家華族たちの要求を実現したのが、大婚二五年に際して天皇の御手元金から設置された旧堂上華族恵恤金であった。公家華族の窮乏を救う目的でありながら、それは天皇との歴史的由緒にもとづいての措置であったため、同じく窮乏する武家華族たちを対象とする恵恤金は設置されなかった。宮内省の管理下に置かれた旧堂上華族恵恤金は、その後公債証書の売買により資金を増加させた。維新後に旧堂上格に列せられた奈良華族や神官華族たちは恵恤金の対象外であったが、資金の増加により明治三〇年（一八九七）からは彼らにも一定額が支給された。そして明治四五年七月には「旧堂上華族保護資金令」が公布され、資金の内実が明確となった。それにともなって「男爵華族恵恤金」が設置されている。

恵恤金の対象とならなかった奈良華族たちの窮乏は著しく爵位返上者は五家におよんだ。対象であった公家華族のなかにも金銭問題から礼遇停止や礼遇禁止という処分を受ける者が現れた。その数は旧堂上華族恵恤金の設置により大幅に抑止できたと判断される。天皇および皇室と歴史的に由緒のある公家華族たちが没落し、「皇室の藩屏」という役割をはたせない状況が起きることは避けたかったに違いない。皇后を数多く輩出してきた旧五摂家や、天皇の皇子女を生んだ女官とその実家に、多額の年金が支給されているのは、右の理由の証左となっている。

旧諸侯である武家華族は天皇との由緒が少なく、また江戸時代を通して遠く離れて政治を行ってきた。維新の功労による新華族は、そのような距離に加えて血縁上でも無縁といえる。それらに対し、公家華族は天皇と由緒があり、代々近くで奉仕してきた。そのような距離間からすると、他者よりも優位な存在であったに違いない。だが、「皇室の藩屏」という役割をはたすのに欠かすことのできない経済力となると、もっとも不利な立場に置かれていたのである。宮内省の公家華族に対する手厚い保護は、この矛盾した相互関係の溝を埋める措置であったと判断できる。

註

＊1　この点については、拙稿「奈良華族の苦しい立場」（『青少年問題』六五〇、二〇一三年）でも指摘した。奈良華族とは、維新後に興福寺の住職から還俗し、堂上格に列せられて華族となり、華族令で男爵を授爵した者をいう。本稿でも奈良華族が登場するが、彼らの基本的事項に関しては、前掲拙稿を参照されたい。

＊2　岩井忠熊「明治前期の皇室財産と恩賜金」（『立命館文学』三八六〜三九〇合併号、一九七七年）。

＊3　酒巻芳男『華族制度の研究―在りし日の華族制度―』（霞会館、一九八七年）。

＊4　「麝香間祗候正二位綾小路有長八十九歳年賀ニ付思召ヲ以テ金品下賜ノ件」（「恩賜録」明治一三年、宮内庁書陵部宮内公文書館所

蔵、識別番号一九一―一)。
＊5　前掲註(3)三二〇―三二二頁。
＊6　同右、三二二頁。
＊7　『明治天皇紀』七、明治二一年六月八日条(吉川弘文館、一九七二年)八四頁。
＊8　『明治天皇紀』四、明治一〇年七月二六日条(吉川弘文館、一九七〇年)二二二頁。
＊9　「従一位正親町実徳へ従来下賜ノ年金増額ノ件」(前掲「恩賜録」明治二六年、識別番号二〇四―一)。
＊10　拙稿「明治前期の皇族御養育に関する基礎的考察―滋宮韶子内親王と嵯峨実愛を中心に―」(『立正史学』一〇七、二〇一〇年)参照。
＊11　「従五位二条基弘外三名へ学資トシテ毎月賜金ノ件」(前掲「恩賜録」明治一七年、識別番号一九五―二)。
＊12～15　「窮困華族学齢者学資金貸与ニ関スル件」(「例規録」宗秩寮、明治二二年、宮内庁書陵部宮内公文書館所蔵、識別番号二三三三〇)。
＊16　「窮困華族学齢者貸与学資金下附方改正ノ件」(同右)。
＊17　「元堂上華族ニ対シ保護資金御恵恤ニ付キ従来ノ学資貸与停廃ノ方法並返納方等稟議ノ件」(同右、明治二七年、識別番号二三三三三)。
＊18　「学習院貸費生ニシテ帝国大学入学者へ引続学資貸与ノ儀稟議ノ件」(同右、明治二九年、識別番号二三三三四)。
＊19　「貸費学生貸与金増額ノ件」(同右、明治三〇年、識別番号二三三三四)。
＊20　「貸費学生学資金ヲ増額シ学習院長へ回答ノ件」(同右、明治三四年、識別番号二三三三六)。
＊21　「華族貸費生取締ニ関シ学習院長へ令達ノ件」(同右、明治三三年、識別番号二三三三五)。
＊22　「華族学生貸費トシテ一ケ年五千円宛向フ十年間支出ノ件」(同右、明治四一年、識別番号二三三三七)。
＊23　「華族男子学生貸費及同返納金ニ関スル内則設定ノ件」(同右、明治二二年)。
＊24　「京都在住元堂上華族ノ女子教育費恩賜願へノ指令文案伺定ノ件」(同右、明治二三年)。
＊25　「京都元堂上華族ノ女子教育資金配当額更定ノ件」(同右、明治二二年)。
＊26　前掲註(24)。
＊27　「京都在住元堂上華族ノ女子ニシテ恩賜学資金拝受者ノ修学スヘキ学校ヲ指定シ父兄へ内達ノ件」(同右、明治二五年、識別番号二三三三二)。

*28 「元堂上華族へ保護資金御恵恤ニ付キ子爵家以上ノ女子ハ本年七月以降教育費ノ恩賜停廃方大臣へ伺定ノ件」(同右、明治二七年、二一三三三二)。

*29 「京都在住ノ元堂上華族ニシテ恩賜ヲ受クル女子ノ修学ニ関スル内達ハ尋常小学校完備ノ為解消ノ儀京都主殿寮出張所長へ通牒ノ件」(同右、明治三三年)。

*30 拙稿「京都公家華族の生活と政治意識―講習所を中心に―」(『地方史研究』三二七、二〇〇七年)参照。

*31 「京都在住元堂上華族絵画講習資金下賜期変更ノ件」(前掲「例規録」明治二二年)。

*32 「京都府華族梅園実紀外七名へ絵画御用仰付ラレニ付思召ヲ以テ賜金ノ件」(前掲「恩賜録」明治二六年、識別番号二〇四―二)。

*33 「京都華族絵画講習資増額ノ儀大臣へ伺ノ件」(前掲「例規録」宗秩寮、明治三〇年)。

*34 「華族絵画講習資増額下賜ノ件」(同右、明治三九年、識別番号二一三三七)。

*35 「京都華族女子教育費及絵画講習資ノ受授并入退学願書等ノ取扱ヲ主殿寮京都出張所長へ委託ノ件」(同右、明治三〇年)。

*36 「京都府華族詩歌奨励下賜金ヲ京都府華族歌道奨励下賜金ト改メ管理者ヲ定ムルノ儀稟議ノ件」(同右、明治三四年)。

*37 「京都府華族歌道及詩文章修業ニ付教師雇入等ノ手当トシテ御手許ヨリ三ケ年間年々賜金ノ件」(前掲「恩賜録」明治一三年、識別番号一九一―一)、「京都府華族歌道修業ノ為教師傭入等ノ手当トシテ去十二年ヨリ御手許金下賜ノ処特別ノ思召ヲ以テ更ニ三ケ年間年々賜金ノ件」(同上、明治一五年、識別番号一九三―二)。

*38 「京都府華族歌道修業ノ為教師傭入等ノ手当トシテ十五年十一月以降毎月賜金ノ処特別ノ思召ヲ以テ増額ノ件」(同右、明治一六年、識別番号一九四―四)。

*39 「京都府華族歌詩修業奨励賜金増額ノ件」(前掲「例規録」宗秩寮、明治一七年、識別番号二一三三六)。

*40 「学習院大学科学科々程度変更ノ場合予メ内閣へハ内議スヘキ旨総理大臣へ回答ノ件」(同右、明治三四年)。

*41 「京都府華族歌道奨励下賜金自今年額増額ノ儀稟議ノ件」(同右、明治三六年、識別番号二一三三六)。

*42 「歌道奨励賜金増額并支出方法改定ノ件」(同右、明治四〇年、識別番号二一三三七)二号。

*43 『明治天皇紀』九、明治二九年四月二三日条(吉川弘文館、一九七三年)五九頁、同上、一〇、明治三五年一二月一日条、明治三七年一一月八日条(吉川弘文館、一九七四年)三三〇頁、九一九頁、同上、一一、明治三九年四月一二日条、一〇月二五日条、明治四〇年一〇月一八日条(吉川弘文館、一九七五年)五三一頁、六二六頁、八一四頁、同上、一二、明治四一年一〇月六日条、明治四二年一〇月二六日条、明治四三年九月二九日条、明治四四年五月一〇日条(吉川弘文館、一九七五年)一一八頁、二九四頁、

四八〇頁、六〇四頁。

＊44　拙稿「公家華族の経済的困窮と打開策―侯爵菊亭脩季の挑戦―」（松尾正人編『中央大学図書館所蔵　幕末・明治期名家書翰草稿―史料と研究―』中央大学近代史研究会、二〇〇九年）参照。

＊45　「従四位侯爵嵯峨公勝外三名へ特別ノ思召ヲ以テ内賜金ノ件」（前掲「恩賜録」明治二三年、識別番号二八一一二）。

＊46　前掲註（44）参照。

＊47〜49　近衛篤麿日記刊行会編『近衛篤麿日記（付属文書）』（鹿島研究所出版会、一九六九年）六〇六―六〇七頁。

＊50　同右、八三頁。同文書は、伊藤博文編『帝室制度資料』下（原書房、一九七〇年復刻版、二七三―二七六頁）にも掲載されている。

＊51　同右『近衛篤麿日記（付属文書）』八四頁。

＊52　「内願書ノ件」（「旧堂上華族保護金沿革」宮内庁書陵部宮内公文書館所蔵、識別番号六一四六八）。

＊53　前掲註（47）八六―八七頁。

＊54　近衛篤麿日記刊行会編『近衛篤麿日記』一、明治二八年三月二七日条（鹿島研究所出版会、一九六八年）二〇頁。

＊55　『明治天皇紀』八、明治二七年三月九日条（吉川弘文館、一九七三年）三九〇頁。

＊56　『日出新聞』明治二七年三月一八日付。

＊57　同右、明治二七年三月一七日付。

＊58　同右、明治二七年三月二九日付。

＊59　同右、明治二七年四月一三日・一四日付。

＊60　「恵恤金規程ノ件」（前掲「旧堂上華族保護金沿革」）。

＊61　『日出新聞』明治二七年三月一八日付。

＊62　「明治二十七年下半季恵恤金調査委員会経過要領具申ノ件」（「保護資金録」調査課、明治二七年―明治三二年、宮内庁書陵部宮内公文書館所蔵、識別番号一二六三）。

＊63　『日出新聞』明治二七年三月二二日付。

＊64　「明治二十八年上半季恵恤金調査委員会経過要領具申ノ件」、「明治二十九年上半季恵恤金調査委員会経過要領具申ノ件」、「明治三十年上半季恵恤金調査委員会経過要領具申ノ件」（前掲「保護資金録」調査課、明治二七年―明治三二年）。

＊65　「旧堂上華族恩賜金会計保護収支部決算書」（「保護資金録」内蔵寮、明治三〇年、宮内庁書陵部宮内公文書館所蔵、識別番号

二三八三〇)、「旧堂上華族恩賜金会計保護収支部決算書」(同上、明治三一年、識別番号二三八三一)。

*66 「恩賜金ノ性質ノ件」(前掲「旧堂上華族保護金沿革」)。同じ文書は「旧堂上華族恩賜資金令立案材料」(宮内庁書陵部宮内公文書館所蔵、識別番号九三七二六)にもある。皇室令整理委員会は、皇室典範の不備を補う諸制度の制定を目的に設置された帝室制度調査局が立案上奏した諸法案のうち、公布に至らないものの再調査および関連諸規則の起草を任務とした。委員会は宮内省の一室で週に一回開かれ、委員には岡野敬次郎、奥田義人、栗原広太、森泰二郎がおり、明治四四年三月一日に廃止された(『岡野敬次郎伝』六樹会、一九二六年、一三〇―一三一頁)。「皇室会計令・皇室会計令施行規則・旧堂上華族保護資金令・旧堂上華族保護資金令施行規則」(宮内庁書陵部宮内公文書館所蔵、識別番号九三六七五)から鑑みるに、この議案が皇室令整理委員会に回されているのは、皇室会計令と旧堂上華族保護資金令の公布に向けて調整を必要としたからと思われる。

*67 前掲註(60)。

*68 「旧堂上華族恩賜金会計保護部貸付金ノ内清岡長説外十名ニ係ル分整理公債証書ヲ以テ返入ニ付受入ノ件」(前掲「保護資金録」内蔵寮、明治三〇年)。

*69 「旧堂上華族恩賜金会計保護貯蓄部貸付金調書ノ件」(同右、明治三〇年)。

*70 「旧堂上華族恩賜金会計保護貯蓄部貸付金ノ内返入ニ付受入ノ件」(同右、明治三〇年)、同上(同右、明治三四年、識別番号二三八三一)。

*71 「旧堂上華族恩賜金会計保護部貸付金ノ内大原重朝ニ係ル分返納猶予ノ件」(同右、明治三五年、識別番号二三八三二)。

*72 「旧堂上華族恩賜金会計保護貯蓄部貸付金ノ内返入ニ付受入ノ件」(同右、明治三一年―三四年、識別番号二三八三一)、「旧堂上華族恩賜金会計保護貯蓄部貸付金ノ内返入ニ付受入ノ件」(同右、明治三五年―三七年、識別番号二三八三二)、「旧堂上華族恩賜金会計保護貯蓄部貸付金ノ内返入ニ付受入ノ件」(同右、明治三八年、識別番号二三八三三)。

*73~74 「旧堂上華族恩賜金会計保護部貯蓄貸付金ノ内元利共棄捐ノ件」(同右、明治三九年、識別番号二三八三三)。

*75 前掲(54)、明治三〇年六月二三日条、二三六頁、二四〇頁。

*76 「旧堂上華族恵恤金規程中改正ノ件」(「経済会議録」明治四一年、宮内庁書陵部宮内公文書館所蔵、識別番号二一七五五―三)、「旧堂上華族恤金規程中改正の件」(「旧堂上華族恩賜金拝受人名恵恤金規程改定」(識別番号六二八五一)。

*77 「旧堂上華族恩賜金恵与増額ノ件」(「旧堂上華族保護賜金書類」宮内庁書陵部宮内公文書館所蔵、識別番号六二七八七)。

*78 「男爵西五辻文仲・男爵河辺博長ニ対シ旧堂上華族恩賜金下賜ノ件」(同右)。

＊79　前掲註（77）。
＊80　前掲註（3）四二七―四二八頁。
＊81　「旧堂上華族保護資金令案」（宮内庁書陵部宮内公文書館所蔵、識別番号九四一四八）、「旧堂上華族保護資金令」（識別番号九四一五八）。
＊82　『官報』明治四五年、皇室令第三号。

三　明治後期町村資金蓄積政策と監督行政

中西啓太

はじめに

近代日本の地方自治制度は明治二一年（一八八八）公布の市制・町村制で安定的な枠組みを得たが、[*1]地域社会で実際に行政を執る町村長・吏員や、様々な議決権を持つ町村会の議員ら町村運営の担い手は、基本的には現地住民であった。そのため、中央で立案した政策をいかに町村に実行させるかは重要な問題だと考えられる。先行研究では町村は内務省・府県・郡による厳しい監督下にあったとするが、主に法令の検討からの指摘である。[*2]町村長の実態研究なども進んでおり、[*3]行政機構内の上下関係や抑圧などの説明では不十分だろう。一方、上部機関の側も一体に描かれがちであったが、各地方で指導や奨励を行う府県・郡と、中央で地方行政全体を所管する内務省とでは、「監督」の性質が大きく異なると予想される。特に、直接町村に相対する前者の「監督」は、一方的な圧力ではなく双方向的な交渉を通じて政策実施を目指す過程ではないだろうか。この点を検討するため、町村条例に注目する。町村会の議決と、内務省・府県が許可できる範囲との間で折衝が行われることから、監督行政を動態的に捉えられるだろう。

具体的には、町村における資金蓄積政策を取り上げる。町村の財政基盤の脆弱さは近代日本の特徴だが、[*4] 理念上は基本財産からの収入が主要財源とされており、[*5] 特に明治後期、内務省は基本財産蓄積条例の制定を重視していた。内務省地方局長から各府県知事に宛てた明治三四年（一九〇一）一〇月一日付「地甲第七〇号」では、「市町村基本財産蓄積奨励ノ件ニ就テハ従来本省大臣ヨリ屡訓令相成候処……基本財産ハ明治三十一年度末現在額ヲ明治二十七年度末現在額ニ対比スレハ却テ減少ノ状ヲ呈セル府県往々有之ハ誠ニ遺憾ノ次第ニ有之候……蓄積奨励方ニ付テハ常ニ御留意相成候事ト被存候得共、尚一層誘導ヲ加ヘラレ候様致度、今ヤ条例ヲ以テ之カ蓄積ヲ図レル市町村ナキニアラスト雖モ其数僅ニ六百二十二アルニ過キス〔全一万三四三七市町村中—筆者〕殊ニ未タ一モ之カ設定ナキ府県往々有之（別紙第三号参看）其他議決ヲ以テ蓄積ヲ図レル市町村ナキニアラスト雖モ、惟フニ其数多カラサルノミナラス議決ハ其改廃ヲ容易ニスルヲ得ヘキニ依リ事情ノ許ス限リハ成ルヘク条例ヲ以テ規定セシメラレ度、就テハ標準条例案（別紙第四号）為御参考及回付候条、可然御取計相成度」[*6] と、基本財産の現状を危惧し、許認可権の下にあるため規制の強い条例に基づいて蓄積させる方針が示された。

一方、三二年（一八九九）制定の罹災救助基金法に基づき、災害に備えた罹災救助資金の蓄積も並行して推進されていた。つまり、明治三〇年代以降には二つの資金蓄積政策が同時に行われており、町村にとっては、資金造成のための支出により、言うなれば可処分所得が強制的に縮減させられる状態になる。こうした中央省庁の政策構想と地域社会の財政状況との間で、府県・郡はどのような機能を果たしたのだろうか。また、この時期に資金蓄積が推進されたことは、町村財政上にどのような意義を持ったのだろうか。

ところで、本稿の分析でも中心となる日露戦後期については、特に地方改良運動が盛んに取り上げられてきた。中でも宮地正人氏が内務官僚の政策意図を解明しつつ地方における取り組みも示し、[*7] 以後事例は豊富に蓄積されている。[*8] しかし、中央の構想・施策と地方の呼応についてそれぞれ事例が示されるのみで、両者の連関や相互作用は描かれていない。そのため、町村の事業が政策意図と比して十分だったのか、あるいは町村の面従腹背ではないのか、など不明瞭な点を残す[*9]。これに対し、ある政策の地方における実施過程を、事例提示に留まらず、地方行政機構内の相互作用から描き出すことが第一の課題となる。監督行政の実態を把握することがそのために重要となる[*10]。また、地方改良運動は、その成果や後の時期との関係も明確にされていない[*11]。これに対し、本稿で取り上げる資金蓄積政策について、その結果や意義まで考察することが第二の課題となる。宮地氏は基本財産蓄積条例については内務省が作成した模範例を示し、「蓄積しうる財源は、たかが知れているのだ[*12]」と述べるのみだが、実際の数値から検討し、位置づけを試みる。なお、本稿では埼玉・群馬両県を比較しつつ考察する。「地甲第七〇号」付属参考資料によると、三四年段階で内務省が把握していた基本財産蓄積条例制定数は、群馬県はすでに全市町村の半数近い約九〇であったのに対し、埼玉県はゼロと対照的な二県である[*13]。

以下、1と2ではそれぞれ基本財産と罹災救助資金について制度と両県の施策を概観し、3では両県の条例制定状況を把握する。4では制定された条文を、5では郡長による奨励を分析し、中央の構想と地方における実施の中間に県・郡が介在する意義を考察する。また6では実際に町村が蓄積した資金の状況を分析し、第一次世界大戦という大きな変化が予想される時期を前にした町村資金蓄積政策の到達点とその意義を考察する。

1　基本財産蓄積の制度と各県の施策

町村制第八一条第一項には「町村ハ不動産、積立金穀等ヲ以テ基本財産ト為シ之ヲ維持スルノ義務アリ」とあり、その方法を定めるのが基本財産蓄積条例である。関連する訓令で管見の限り最も早い例が、内務・大蔵両大臣から各府県に出された明治二七年（一八九四）七月七日付「訓令第五〇一号」である。「凡ソ市町村ノ費用ハ財産ヨリ生スル収入ヲ以テ之ニ充テ猶ホ足ラサル場合ニ於テ初メテ課税ニ依リ之ヲ支弁スルモノ」との理念に基づき財産蓄積を奨励する一方、住民の負担増による国税収入への影響や町村内対立の惹起を懸念し「奨励スルト同時ニ又大ニ慎重ヲ加ヘサル可ラス」と蓄積に用いる税を制限した。[*14] 三一年（一八九八）には事務・事業の増大や災害時の人民救済のために「過当ノ課税ヲ要シ為メニ紛擾ヲ醸シ或ハ公債ヲ起シテ累ヲ後年ニ貽スノ止ムヲ得サルニ至ル」市町村があることを指摘し、「此際一層注意ヲ加ヘ一方ニ於テ市町村公共事業ノ伸張ヲ図ルト同時ニ一方ニ於テハ其ノ状況ノ許ス限リ基本財産蓄積ノ法ヲ奨励シ以テ市町村経済ノ基礎ヲ鞏固ニスルコトヲ勉メラルヘシ」としている。[*15]

以上からは地方の経済状況を考慮した慎重さがうかがえるが、翌三二年に積極方針に転じる。「経済ノ状況モ異ナル所有之」と、二七年「訓令第五〇一号」の課税制限を廃し、一層の蓄積を奨励したのである。[*16] この財源の制限が撤廃された上で、先述の三四年「地甲第七〇号」で条例重視の方針が示されることになる。

なお、大蔵大臣連名の訓令は、税の制限に関連する場合のみであった。財政に関係する条例のうち、基本財産蓄積条例には町村制に大蔵大臣の許認可権が無い[*17]ことからも、基本財産の蓄積は内務省が主導したと言える。五、六〇年後に財産収入で経常費を満たす額という蓄積額の目安が埼玉県の例では示された[*18]ように長期的構想で、不要公課村を目指した理念的な性格の政策と言える。それでは、指示を受けた県の動きを見ていこう。

埼玉県は、「地甲第七〇号」付属の「標準条例案」をほぼそのまま踏襲した「基本財産蓄積条例準則」を三五年（一九〇二）に作成し、郡を通じて条例制定を奨励した。[*19]「準則」第一条は蓄積を行う年数を規定し、第二条は町村制第八一条第二項に基本財産への蓄積が明記されている「使用目的ヲ定」めていない臨時収入以外に蓄積する財源として、「基本財産ヨリ生スル収入」「歳計剰余金」「国税徴収法及府県税徴収法ニ依リ収入スル交付金」「戸籍法ニ依リ収入スル手数料」などを列挙している。以下「蓄積財源」と総称する。第三条は前条以外に、町村費から支出して蓄積する金額を規定している。以下「定額蓄積」と呼ぶ。この第二・三条の規定は、町村にとっては短期的な負担に、中央にとっては政策の成果に関わるため、争点化しやすいだろう。このほか町村債発行から償還完了まで第二・三条の蓄積を停止することなどを規定している。

以上のように埼玉県は内務省の指示をほぼ踏襲した模範例を配付したが、群馬県ではこうした動きは管見の限り見られず、学校基本財産蓄積条例の準則が三九年（一九〇六）の郡市長会議史料として残るのみである。[*20] 基本財産蓄積条例に関しては、内務省から全国へ指示があったにもかかわらず、県により奨励方法に差異が存在した。

2　罹災救助資金蓄積の制度と各県の施策

災害時の罹災者救済とそれに備えた資金蓄積は、明治一三年（一八八〇）制定の備荒儲蓄法が規定していた。中央・各府県にそれぞれ資金を備えたが、二〇年代の災害頻発で同法の年限を前に中央備荒儲蓄金は底を尽きかけていた。[*21] そこで、第二次松方内閣の二九年（一八九六）一二月に罹災救助基金法案が閣議提出され、三二年三月公布に至った。[*22] これに伴い中央備荒儲蓄金は国庫へ編入され、地方備荒儲蓄金は各府県罹災救助基金へ移行した。さらに第一五条で、郡市町村が罹災救助の方法を定め蓄積を行う場合、府県会議決と大蔵・内務両大臣の許可を受けて府県基金から補助できると定められ、郡市町村でも罹災救助資金が蓄積されることとなったのである。[*23] 同法の制定理由では、中央備荒儲蓄金は自治の精神に不適合で、「各府県ヲシテ救助基金ノ独立ヲ謀リ自治体ノ行動ヲ完フスル」ために廃止するとし、[*24] いつまでも国庫の救助を仰いでいては地方の自治独立が叶わないと議会でも説明された。[*25] このように罹災救助資金の蓄積は、災害への備えという面から地方の財政基盤の強化・独立を意図した政策であった。[*26] 県による制度整備を見ていこう。

埼玉県では三四年に補助規則が制定され、一〇年間の補助期間中、年五〇円以上・合計五〇〇円以上を蓄積する町村に対し、年蓄積額の五割相当額を毎年支給した。[27] そして、県監督規程第五条「郡町村ハ罹災救助資金ノ貯蓄並ニ管理及ヒ支出ノ方法ヲ設定シ知事ノ許可ヲ受クヘシ」に基づき、町村に「罹災救助資金貯蓄及管理並支出方法規程」を定めさせた。[28] 以下では罹災救助資金蓄積規程と略記する。

これに際し埼玉県は、「其規定ハ可成同一体ニスル方便宜宜ト存候ニ付、別紙概則取調及御送付候条、町村ヲシテ可成右ニ準拠為致候様御取計相成度此段申進候也」[29] と、ひな形である「概則」を各郡に送付した。「概則」の元となったのは、「町村ニ於ケル救助資金ノ貯蓄並管理及ヒ支出方法等ニ関シテハ、之レカ手続ヲ設定シ知事ノ許可ヲ受クヘキ筈ニ有之候ニ付テハ、予メ概則ヲ示シ郡内町村区々ニ渉ラサル様致度、即別紙ノ通概則草按仕候、右ハ設定許可申請ニ当リ御詮議ノ上差支無之歟、一応御意見承知致度此段及御問合候也」[30] という南埼玉郡長の上申である。この「草按」と後に配付された「概則」はほぼ同じ条文だが、前者は「罹災救助資金ハ（五百円）トシ、明治三十四年度ヨリ明治四十三年度迄十ヶ年間ニ之レヲ積立ツルモノトス」[31] と蓄積金額・期間を定めたのに対し、後者は「罹災救助資金ハ一ヶ年度金（五拾）円トシ、明治三十四年度ヨリ明治四十三年度迄十ヶ年度ニ金（五百）円ヲ積立ツルモノトス」[32] と修正した。細かな変更だが、各年の金額を明記することで、堅実な蓄積を志向したと言える。

対して群馬県では条例により罹災救助資金の蓄積が行われた。しかし、その政策初期においては、基本財産と罹災救助資金が明確に区別されていなかったと思われる。罹災救助基金法公布直後の三二年五月二〇日付の訓示では「基本財産ヲ設ケテ其利子ヲ将来歳出ノ資ニ充ツル、是法ノ市町村ノ義務トシタル所ナルノミナラス、非常ノ凶荒不慮ノ災害ニ備フルコト亦極メテ緊要ナリトス、依テ此際一層注意ヲ加ヘ之レカ蓄積ヲ勧誘奨励セラルヘシ」[33] と、不要公課村を目指す目的と災害に備える目的とが併記された。条例標準も添付されたが、「救済金蓄積条例」の表題で、罹災救助の目的のみが規定されている。[34] さらに同年七月の郡市長会でも「本月一日ヨリ施行ノ罹災救助基金法第二条ニ於テ該基金ヲ以テ救助スル範囲ハ……従来備荒儲蓄法ニヨリタル火災救助ノ如キハ殆ント此基金ヲ以テ救助セラルヘキ範囲外ト為リ其他少数人民ノ蒙レル諸種災害ノ救助亦多ク此範囲ニ属セサルニ至リ……郡市町村ニ於テ予メ救済ノ資ヲ貯蓄スルハ刻下最モ必要ナル措置ナリトス、而シテ同法第十五条ニ於テ郡市町村カ罹災救助ノ方法ヲ設ケ資金ヲ貯蓄スルトキハ罹災救助基金ヨリ補助セラルルコトヲ規定セシムルハ畢竟郡市町村ヲシテ隣保相救済スルノ美風ヲ拡充発達セシメントスルノ旨趣ニ外ナラサルヘシ、此故ニ町村ニ救助費ノ予算ナキモノ若ハ予算アルモ前記救済ニ充ツルニ足ラサルモノハ之ヲ設定増補セシムル等相当措置相成度、之ト同時ニ基本財産蓄積条例ノ設定御勧誘相成度」[*35]と訓示され、県罹災救助基金では対象外となる規模の災害への支出を想定している。

これらは内務省が本格的に基本財産蓄積条例の奨励に乗り出す以前の訓示だが、目的に応じた財産の区別がまだ不明確と考えられ、財産蓄積はすなわち災害へ備えるためという地方の発想も示唆される。後述するように、群馬・埼玉ともに、基本財産蓄積条例よりも罹災救助資金蓄積条例・規程が先行して制定される背景だろう。

以上のように、町村における罹災救助資金の蓄積政策では、県により規程・条例という実施手法の差異が存在した。罹災救助基金法は細かい施行は府県に任せており、中央省庁からの指導も見られないことから、各県の判断と考えられる。各町村における政策実施過程にはどのように影響するのだろうか。政策奨励の違いと合わせ、次節以降で考察する。

3　県の政策奨励と条例制定状況

埼玉・群馬両県の文書館が所蔵する行政文書を用い、明治年間の基本財産蓄積条例・罹災救助資金蓄積条例（規程）について悉皆調査を行った。[*36]各町村が初めて制定した年を郡ごとにまとめた表1・2から両県の全体的な傾向を把握し、議論の前提としたい。

まず表1の埼玉県では、基本財産蓄積条例については県が準則を配付した翌年の明治三六年（一九〇三）まで制定は無く、日露戦争が始まる翌三七年以降停滞した。制定が特に進むのは四一年（一九〇八）からだが、この要因として同年六月一日付で知事から各郡長に発せられた「地発第三〇二号」が指摘できる。県下で数十町村しか条例を設けていない状況を問題視し、昨年水害にあった地域は財政難に苦しんでいるが「平素ニ於テ急ニ応スルノ備ヲ為サヾリシニ因ルモノニシテ、基本財産蓄積ノ必要アル以テ視ルヘキナリ」と、必ず年内に各町村に制定させること、困難な町村には上申書を郡長の意見を添えて提出させることを指示した[37]。強い指示の背景には、地方改良運動をリードした内務官僚の一人である中川望が、この一ヵ月あまり知事に次ぐ役職の書記官[38]に就いていたことがある。

埼玉県に赴任した中川は「基本財産蓄積の甚だ少ないことを発見」し、県庁の施策を問いただした。県側は「内務省から出た通牒訓示に就て更に詳しい県知事の訓令も出し、標準規定も示してあつて、各町村に行き渡つて居るが、どういふ訳か其結果は甚だ悪い」としたが、中川は内務省の指示を伝達しただけの「所謂郵便配り」と批判し、対策として発されたのがこの「地発第三〇二号」だという[39]。つまり、急激な制定町村増加の背景には、内務官僚からの強い圧力があったのである。しかし、制定数が増加したのは一時的で、明治年間に制定を済ませた町村は二三六町村と約六割に留まった。

対照的に、罹災救助資金蓄積規程は埼玉県が制度を整備した三四年だけで約三分の一の町村が制

基本財産蓄積条例）

M44	M45	設定済	未設定
0 (3)	 1	37 (4) 54	29 12
1 (16) 15	0 (6)	57 (24) 62	5 0
3 (5)	1 (1)	19 (6) 27	9 1
3 (1)	1 (1)	19 (2) 15	15 19
0 (7)	0 (3)	20 (10) 20	0 0
1	0 (4)	37 (8) 41	3 0
0 (2) 1	1 (3)	22 (5) 28	27 21
	 1	12 (13) 34	30 8
1 1	 4	13 31	18 0
9 (35) 17	4 (18) 6	236 (72) 312	136 60

『明 2227』『明 2233』『明 2243』『明
『明 2284 の 2』『明 2285』『明 3360』
200』より作成.

組合の場合は 1 として集計.
るため，各 1 としてカウント.

表1　埼玉県明治年間町村基本財産蓄積条例・罹災救助資金蓄積規程郡別制定数（かっこ内は学校

郡	M34	M35	M36	M37	M38	M39	M40	M41	M42	M43
北足立　66			9	1				5	10 (1)	12
罹災救助	4	42	7							
入　間　62			12 (1)	2 (1)				4	33	5
罹災救助	28	9	10							
比　企　28			3					3	5	4
罹災救助	13	3	4			6	1			
秩　父　34			9						4	2
罹災救助	7	4	3			1				
児　玉　20			6				1	13		
罹災救助	6	14								
大　里　40					2	7		10	17	0 (4)
罹災救助	38	2					1			
北埼玉　49			2	1			1	2	7	8
罹災救助	11	5	7						2	2
南埼玉　42			6		1	1		1	2 (7)	1 (6)
罹災救助	5	23	4				1			
北葛飾　31			4		1				1	6
罹災救助	16	4	2				4			
計　372	0	0	51 (1)	4 (1)	4	8	2	38	78 (8)	38 (10)
罹災救助	128	106	37	0	0	7	7	0	2	2

出典）埼玉県立文書館所蔵行政文書『明2199』『明2200』『明2201』『明2214』『明2215』『明2221』
2251』『明2252』『明2253』『明2263』『明2264』『明2266』『明2267』『明2268』『明2284の1』
『明3369』『明3370』『明3374』『明3375』『大17』『大18』『大19』『大20』『大27』『大127』『大

註1）初めて制定した条例を集計．改正はカウントせず．

註2）学校基本財産蓄積条例は学区ごとに制定する例があるが，行政村単位で1として集計．学校

註3）弥藤吾村は妻沼村と組合を結成しているが，罹災救助に関してはそれぞれ規程を制定してい

定し、その後も順調で明治年間で三一二町村が制定を済ませた。うち八割強は日露戦争前である。また、表1からは、郡ごとに制定ペース・制定数に違いがあることが分かり、一定の地域性が予想される。

群馬県は、「はじめに」で見たように三四年現在で内務省に基本財産蓄積条例制定数を約九〇町村と把握されていた。しかし表2によると、大半は罹災救助資金蓄積条例である。両資金は支出目的が異なるが、当時内務省は区別しなかったため群馬県は「成績優秀」な県と認識されたのだろう。*40 実態を捉えるため、両条例を分けて把握する。

まず町村制初期に基本財産蓄積条例の制定が見られるが、地域的に限定されている。条文も、蓄積目標額

を定め、村会議決により金穀物品を徴収するという曖昧な内容であった[41]。

三三年（一九〇〇）から日露戦争にかけては罹災救助資金蓄積条例の制定が集中した。三三年に補助規程が制定されたこと[42]から、県の制度整備が促したと言える。内務省が評価したのもこの時期の条例制定であり、明治年間では

財産蓄積条例）

M38	M39	M40	M41	M42	M43	M44	M45	設定済	未設定
0(1) 1		2(9)		5	5(2) 2	1(4)	1(1)	16(17) 8	1 9
1 1	 2	4 6	0(1) 2	3 1	1	2	5	19(1) 33	18 4
		1						4 18	14 0
						0(1)	2 1	2(2) 17	21 6
1							1	10 9	8 9
						1	2	9(3) 14	5 0
			 1		3	7(1)	3	14(1) 18	1 0
				1			1	4 3	8 9
							1	2 3	11 10
								0 3	22 19
0(1)		1 2		 1	1	10 5	2(1) 1	16(3) 11	0 5
							1(1)	1(1) 1	
									1 1
2(2) 2	0 2	8(9) 8	0(1) 3	9 2	10(2) 2	21(6) 5	19(3) 2	97(28) 138	111 70

『996』『998』『1046』『1086』『1135』『2466』『1284』『1338』『1425』『1728』『1796』

校組合の場合は1として集計.

表2　群馬県明治年間市町村基本財産・罹災救助資金蓄積条例郡別制定数（かっこ内は学校基本

郡	M22	M23	M24～28	M29	M30～31	M32	M33	M34	M35	M36	M37
勢多郡　17				1							1
罹災救助							4	1			
群馬郡　37									1	2	
罹災救助							8	2	4	6	1
多野郡　18									1	1	1
罹災救助							14	3			1
北甘楽郡　23								0 (1)			
罹災救助							9	4	2	1	
碓氷郡　18	7	1									
罹災救助							5	1	1		2
吾妻郡　14	1		無し		無し				1 (1)	4 (2)	
罹災救助							8	5		1	
利根郡　16										1	
罹災救助							12	4	1		
山田郡　12									1	1	
罹災救助							2	1			
新田郡　13						1					
罹災救助							3				
邑楽郡　22											
罹災救助							3				
佐波郡　16									0 (1)	1	1
罹災救助									1		1
前橋市											
罹災救助							1				
高崎市											
罹災救助											
計　208	8	1		1		1	0	0 (1)	4 (2)	10 (2)	3
罹災救助	0	0		0		0	69	21	9	8	5

出典）群馬県立文書館所蔵明治期行政文書『2149』『2153』『484』『636』『829』『869』『906』『942』より作成．

註1）初めて制定した基本財産蓄積条例を集計．改正はカウントせず．

註2）学校基本財産蓄積条例は学区ごとに制定する例があるが，行政村単位で1として集計．学

註3）利根郡は明治41年に久賀村と湯ノ原村が合併し，新治村となって17→16町村．

一三八市町村が制定した。

基本財産蓄積条例は、「地甲第七〇号」を受けた三四年以降増加するが、埼玉県のように制定が集中した時期は見出せない。四四年（一九一一）からやや増加傾向にあるが、同年の郡市長会議で郡別の「蓄積条例ヲ設ケタル町村数」表を示した訓示が行われており、[*43]具体的な成績に基づく指導の効果と考えられる。しかし明治年間での制定は九七市町村と、半数以下に留まった。内務省からの高い評価とは逆に、政策はあまり進捗していない。

先述のように、埼玉県で基本財産蓄積条例の制定が急増した契機は、内務官僚中川望の赴任に伴う強い圧力であった。対照的に群馬県は「成績優秀」と認識されたことから、圧力が弱かったのではないか。準則の配付が史料上確認できないことからも、県庁も強くは奨励を行わなかったと推測できる。こうした県の姿勢の差異は、町村における資金蓄積政策の展開にどのように表れるだろうか。政策の成果に関わる蓄積金額の規定に注目し、比較分析する。なお、紙幅の関係から各市町村条例・規程の規定をすべて表掲することは避け、適宜提示するに留める。

4　蓄積金額規定の比較

両県ともに条例・規程制定が積極的であった罹災救助資金から、金額規定を見ていこう。[*44]県から補助金が支給されたため、まずその効果を検討する。

埼玉県では、表1によると三四～三六年に多くの町村が制定した後、県補助規則改正により補助期間が延長された[*45]四四年に再びピークがあり、効果が予想される。補助条件は年五〇円以上・合計五〇〇円以上の蓄積で、三四年制定の一二八町村でこれを下回る例は無い。うち八八町村は年五〇円の蓄積を一〇年間行うとしており、補助条件の最低基準に合わせる例が一般的であった。しかし補助期間が残り一〇年を切った三五年以降は、年額五〇円では合計五〇〇円に満たない。対応をうかがうために、同年で最も制定が多い北足立郡の例を表3にまとめた。これを見ると、補助条件を大きく超える蓄積額を規定する例もあるが、多くは微調整により補助条件の最低基準に合わせている。翌三六年にも、同郡で制定した七町村中五町村は、年額六二円五〇銭と期間中に計五〇〇円となるよう規定していることから、補助金を意識する町村は多く、制定が促されたと言える。

表3　北足立郡明治35年制定罹災救助資金蓄積規程

年蓄積額	補助期間中蓄積予定額	町村
55円56銭	500円4銭	平方村
55円60銭	500円40銭	木崎村
56円	504円	蕨町など12町村
57円	513円	新郷村
60円	540円	谷田村など8町村
100円	900円	大門村など7町村
M35～42は50円，M43は100円	500円	川口町など6町村
M35は100円，M36～43は50円	500円	加納村
M35～42は55円50銭，M43は56円	500円	馬宮村
M35～42は56円，M43は52円	500円	大宮町
M35は50円，M36～43は60円	530円	指扇村
M35は33円，M36～43は100円	833円	植水村
M35のみで550円		浦和町

出典）埼玉県立文書館所蔵行政文書『明2185』より作成．

一方、県側は、先述のように定額を堅実に蓄積させることを重視した。たとえば三六年制定の比企郡三保谷村の例[*46]では、「一ヶ年度金五十円以上トシ、明治三十六年度ヨリ同四十三年度迄八ヶ年度ニ金五百円ヲ積立ツルモノトス」と補助条件を満たすようにしつつも蓄積年額を曖昧にしたことに対し、「右ニテハ規程上不穏当ニ付、一ヶ年度五十円トシ四十三年度迄八ヶ年度ヲ四十五年度迄十ヶ年度ト更正シ、之ニ、但本村経済ノ都合ニ依リテハ一ヶ年度ノ積立額ヲ増加シ積立年間ヲ短縮スルコトヲ得、トスル如キ変例ヲ付ケ加ヘ可然ト被存候」と年額の確定を優先した。しかし地域的特徴も見られ、南埼玉・北葛飾郡に限り例外的な規定が認可された。たとえば一〇年間で計五〇〇円を蓄積する、と各年の最低蓄積額を規定しない例[*47]や、三五年に五〇円を、三六～四三年は各五〇円以上を蓄積し計五〇〇円とする、と「以上」が削除されない例[*48]など、他郡では認められていない曖昧さが修正されていない。地域性の勘案と評価できるだろうか。

表4　群馬県明治年間基本財産蓄積条例金額規定市町村数

蓄積財源						
財産収入	歳計剰余金	国権税徴収交付金	各種手数料	不用品払代	寄付金など臨時収入	規定無し
83（2）	32（24）	72（24）	58（5）	20（1）	12	1

定額蓄積					
規定市町村数	うち				規定無し
	固定額平均	最低額平均	最高額平均	村会決議	
37	88円	68円	346円	10	51

出典）表2に同じ.

註 1）明治 20 年代制定に制定されたが「地甲第 70 号」以降にも改正されず，規定が比較困難な条例と，植林規定のみの条例は除き，88 市町村の規定をまとめた.

註 2）金額以外の数値は条例にそれぞれの規定を設けた市町村数．カッコ内は，うち全額ではなく蓄積額を限定する規定を設けた市町村数.

註 3）固定額平均は定額を規定した 13 市町村の平均，最低・最高額平均は金額に幅を設けた 14 町村の平均（小数点以下四捨五入）.

このように、埼玉県における罹災救助資金蓄積政策では、一定の原則を確立しつつ地域性に応じた監督指導が行われており、表1に見られる順調な制定につながったと言える。

一方群馬県の罹災救助資金蓄積条例は、金額規定は郡・時期などから特徴を見出すことが困難である。

まず、蓄積年額に幅を設ける例が一一〇市町村と大半を占め、このほかも「〇〇円以上」とする例が多い。最低蓄積額は約四〇円、最高蓄積額は約一六〇円が平均である。ただし、群馬県の補助条件は年三〇円以上の蓄積[*49]だが、最低蓄積額の設定がこれを下回る例も見られる。蓄積期間は、大半が年数を規定せず目標額（「蓄積限度」）を定めており、平均は約三五〇〇円だが、最低で三〇〇円、最高で一〇万円とかなりの差異がある。

金額設定を改正する例は、蓄積金額の幅を広げることで市町村の裁量を大きくしたと言える。たとえば、群馬郡久留馬村は四二年（一九〇九）に蓄積額を一〇〇〜五〇〇円から三〇〜五〇〇円に改正した。県側は「旧条例ト大差ナキモノト認メラル、ニ付、改正ノ理由詳細具申セシメラレタシ」としたが、村は蓄積額が「本村現況ノ資力ニ比シ多額ノ傾向ニ有之」ためとし、許可された[*50]。こうした改正にも特に地域性は見出せない。しかし上記の事例から、改正は県・郡の指導ではなく、町村の個別事情のためと考えられる。

指導を行ったが、成功しなかった例を見てみよう。多野郡新町は蓄積年額四二～一〇〇円という規定で三三年に制定したが、三七年に財産収入・歳計剰余金・国県税徴収交付金・手数料などに加え、町会決議により一〇〇円以上を町費から蓄積する、と改正した。税外収入などの蓄積財源と、町村費からの定額蓄積による「地甲第七〇号」の基本財産蓄積条例準則に近い。この一件文書には「群馬県回議用紙」罫紙の史料が付属しており、新町改正条例を参考のため各郡市長へ配付することが提議され、朱色で「三十七年一月十三日配布」と記入されている。[*51] 模範例を提示する指導方法だが、準じたと思われる条例は一例のみで、それも部分的であった。[*52] 中川望の回想にあった「郵便配り」状態と言える。

また、基本財産蓄積条例の規定をまとめた表4によると、財産収入以外の財源は、蓄積しない例や額を限定した例も少なくない。定額蓄積も、行わない例や「村会決議額」として明文を置かない例が多い。準則が無いためか、画一性や蓄積の厳密性が低いのである。一方、二で見たように三九年に準則が制定された学校基本財産蓄積条例は、以降に制定・改正された二五市町村中一六市町村が準則と全く同一の規定で、比較的画一性が高い。県レベルでの制度的枠づけの重要性が示唆されるのである。

以上のように、政策奨励の姿勢や制度構築に差異が見られた埼玉・群馬両県には、町村での政策展開状況においても量的・質的な差異が生じていた。

ただし、埼玉県では準則が配付されたにもかかわらず、基本財産蓄積条例については町村側の消極性が表1からうかがえる。しかしその中でも、四〇年代には制定町村数が急増した。内務官僚中川望が関与した訓令もあったが、果たしてそれだけで条例制定推進は可能であろうか。また、この訓令以前から順調で、早くに全町村が制定する児玉郡のような例もある。そこで次節では、制定促進の裏では、町村と直接相対する郡長が何らかの役割を果たしたのではないかと予想し、基本財産蓄積条例の制定数が増加する時期・地域に注目して分析を行う。

5　埼玉県における基本財産蓄積条例と郡による奨励

埼玉県で初めて基本財産蓄積条例が制定された明治三六年は、大里郡以外の全郡で制定があったが、県作成の準則から外れる規定も多い。特に定額蓄積は、規定を設けない例が三〇町村と多いだけでなく、北埼玉郡下忍村のように「前条〔蓄積財源――引用者〕ノ外当該年度ノ情況ニヨリ村費ヨリ毎年度金若干円ヲ基本財産トシテ蓄積スルモノトス」といった曖昧な規定も許可された[*53]。日露戦争中の三七、八年には条例制定はあまり無く、経費緊縮のためか、災害・事変時に蓄積停止可能とする改正が見られた程度であった[*54]。

制定数が大きく増加するのは四一年からだが、同年の増加は児玉・大里郡が中心である。

児玉郡は県全体のピークである四二年以前に全町村が制定した。しかし、定額蓄積を行わない町村は五、「〇〇円に不足の分」と蓄積額の膨張を防ぐように規定した町村は一〇ある。定額蓄積を規定した五村も、うち四村の蓄積財源は財産収入のみであった。財政負担が過大にならない規定を認めることで、早期の条例制定を実現したと評価できる。三三年一二月から四一年三月まで児玉郡長を務めた東郷重清の奨励手法だろう。四一年中に白倉通倫に交代するが、彼の前任地北葛飾郡は、表1のように基本財産蓄積条例の制定が少なく、定額蓄積もほとんど規定されなかったことから、転任直後は前任者の方針をひとまず採用したと推測できる[*55]。

大里郡ではこの年から、町村名と蓄積金額以外の条文がすべて活版刷りで印字された書類が用いられた[*56]。印字書類登場以降二七町村中一九町村が、県準則に「不用品払代」を加えた蓄積財源と「二〇円以上」の定額蓄積と規定しており、他郡と比べ画一性が高い。

このように、制定促進の裏には郡単位での何らかの施策が存在した。件数増加が顕著になる四二年以降ではどうだろうか。特に制定が順調な北足立・入間郡の例を見てみよう。

北足立郡では早川光蔵が三二年以降明治年間は一貫して郡長を務めた。四二年六月一八日には、郡内町村長を郡役所に集め、条例制定を指示した後、八月一〇日付「庶発第一五二号」で「未タ該手続執行不相成」とし、同郡独自の条例準則や県内他郡の制定状況を示しつつ奨励した。[*57] この独自準則は、県準則と異なり、歳計剰余金の蓄積を半額

表5　埼玉県明治年間基本財産蓄積条例金額規定町村数

	蓄積財源						定額蓄積				規定無し
	財産収入	歳計剰余金	国権税徴収交付金	各種手数料	不用品払代	寄付金など臨時収入	規定町村数	うち 貯蓄額平均	不足の分	村会決議	
北足立	36	31（21）	33（1）	33	1	1	35	41円	125円	0	2
入間	57	41（36）	54（3）	55	19	0	39	39円	0	0	18
比企	19	14（6）	17	18	6	2	15	38円	0	0	4
秩父	16	15（4）	16	17	13	8	8	37円	0	0	9
児玉	20	11（2）	12	12	0	1	15	66円	80円	0	5
大里	37	28（2）	30	37	36	0	33	23円	0	0	4
北埼玉	22	12（5）	17（4）	18（2）	12（1）	1	20	81円	0	1	2
南埼玉	7	9	4	8	1	2	5	22円	0	2	7
北葛飾	13	11（5）	8	9	0	2	3	13円	0	0	10
合計	227	172（81）	191（8）	207（2）	88（1）	17	173	41円	93円	3	61

出典）表1に同じ.

註1）金額以外の数値は条例にそれぞれの規定を設けた市町村数．カッコ内は，うち全額ではなく蓄積額を限定する規定を設けた市町村数.

註2）「蓄積額平均」は定額を規定した町村の平均（ただし「以上」は無視して計算），「不足の分」は「〇〇円に不足の分」と規定した町村の平均（小数点以下四捨五入）.

註3）最初に制定された際の規定のみをまとめた．植林規定のみの秩父郡の二村は除く.

とし、災害・事変時などの蓄積停止の対象にも含めたことが特徴で、特に後者は、県準則に四五年（一九一二）の改正で反映された。[*58] 蓄積規定を郡ごとにまとめた表5を見ると、歳計剰余金は全額の蓄積は行わない町村が特に多いが、四五年における児玉郡四町村の改正からその事情がうかがえる。いずれも歳計剰余金を蓄積財源から削除する改正だが、理由書によると、歳計剰余金をすべて基本財産に編入すると年度初めの経費支払いに支障が出るという。[*59] 単なる財政窮乏だけでなく町村運営上の問題が存したのであり、北足立郡はこうした事情に配慮した施策をとっていた。

しかし、この独自準則も県に了解をとった史料は確認できないが、町村に対する個別の指導でも県との間の連絡不足が見られる。四三年（一九一〇）同郡木崎村・大和田町の条例案に対し、今年度から蓄積を始めないことに県が疑義を呈した。町村側は、今年度は罹災救助資金を積み立てるため基本財産は四四年から蓄積したい、と説明し条例は許可されたが、県庁を訪れた北足立郡書記に尋ねたところ、蓄積開始を遅らせた条例案は郡長の指示であったことが判明したという。[*60] 郡長の施策を県は把握しておらず、郡長からも伝えていないのである。

一方、入間郡長市川春太郎は県に提出された史料からその施策がうかがえる。町村の条例許可稟請に郡長が添えて県に送付する副申書は形式的なものが多いのに対し、たとえば市川が就任した翌年の四二年入間郡古谷村・水谷村条例案の副申書には「右二ヶ村ハ曩ニ条例設定ノ議決ヲ為シ稟請書提出シ来リ候へ共、其規定ニ依レハ蓄積額寡少ナリシヲ以テ再考セシメ来リ候モノニ係リ、尚過般該村長ヲ召喚シ篤ト説示ノ上再考セシメ候結果更ニ提出シタル次第ニ有之、而シテ其蓄積額ハ尚ホ少額ナルカ如シト雖モ同村現時ノ経済状態トシテ不得止儀ト相認メ候ニ付、将来適当ノ時機ヲ見計ヒ増額的改正ヲ為サシムル見込ニ有之候条、御許可相成候様御配計相成度」[*61]と、村長を熱心に説諭したことが記された。また入間郡にのみ、蓄積額を過少とする県の訂正指示に対し、これ以上は困難として村が制定延期を上申すると、県が郡長に説諭を求め、制定に至るという過程が見られる。[*62]

表5によると入間郡は定額蓄積を行なわない町村が特に多いが、実は大半が四二年以前で、同年以降は二村のみと

変化している。一方で、歳計剰余金を全額蓄積する町村は一貫して少なく、制限は平均して三分の一程度で、最も低くて一割の蓄積でも許可された。ここでも、ある種の取引が示唆される。また、同郡高麗村の例では、県からの修正指示に対して条例制定延期を申し出た村側に対し郡長が「村長ヲ召喚シ其必要ナルコトヲ説テ再考セシメ」て条例を制定させたが、「本村ニ於テハ歳計剰余金ヲ蓄積スルコト、ナスハ予算整理上ノ関係モ有之、且該剰余金ナルモノハ其金額ノ不確定ナルヲ以テ之ヲ削除シ、第三条ニ於テ元拾円以上ト議決セシヲ増嵩シテ金五拾円以上トナシタルモノニ有之[*63]」と、蓄積財源からの歳計剰余金削除と定額蓄積増額が交換されたことが明らかである。

はじめにで述べたように、近代日本の地方行政は抑圧性を強調する評価がなされてきた。しかし、以上の分析からはやや異なる郡長像が明らかになった。内務省とその意向を受けた県の方針と、個別町村の事情との間で、それぞれが細かくも広大な裁量権をもって独自に調整を行い、政策を進行させる姿勢である。四五年の埼玉県基本財産蓄積条例準則の改正に際しては各郡長に諮問が行われており、本稿で見てきたような郡長の柔軟な調整は、中央から見て望ましいものであったかどうかは別として、地方行政を機能させるためには不可欠であったと言えるだろう[*64]。

6　資金蓄積の成果と意義

ここまで蓄積を進めるための市町村における制度整備を見てきたが、これらの資金は実際にどれほど蓄積されたのだろうか。財産額は県がまとめて内務省へ報告しているが、報告の元となった市町村ごとの数値が県庁文書として残る。参照できた年度は両県で異なるが、表6~9を作成した。以下これらによりながら資金蓄積政策の結果を分析する。

まず表6・8の基本財産額は、大正期に入り建物価格が大きく減少した。明治四四年の町村制全文改正で町村基本財産は「収益ノ為[*65]」のものと限定されたため、従来計上されていた町村役場などの建物や敷地が除外された影響だ

表6　群馬県市町村基本財産（単位：円，小数点以下四捨五入）

総額	土地価格	建物価格	諸公債証書株券価格	現　金	其他諸品価格	計	市町村数
M35.12	161796	728246	60400	94398	52141	1096981	（205 市町村）
	（7073）	（41928）	（5129）	（16291）	（50）	（70470）	（14 市町村）
M40.3	318665	657637	105641	76693	8949	1167586	（195 市町村）
	（38240）	（107510）	（18701）	（20191）	（2025）	（186668）	（29 市町村）
T6.3	554208	32974	272567	228294	670	1066260	（199 市町村）
	（404719）	（32424）	（239884）	（198551）	（670）	（876248）	（151 市町村）
一市町村当たり							
M35.12	789	3552	294	460	254	5351	
	（505）	（2995）	（366）	（1164）	（4）	（5034）	
M40.3	1634	3372	542	393	46	5988	
	（1319）	（3707）	（645）	（696）	（70）	（6437）	
T6.3	2672	166	1370	1147	3	5358	
	（2680）	（215）	（1588）	（1315）	（4）	（5803）	

出典）群馬県立文書館所蔵明治期行政文書『981』・『1222』・大正期行政文書『307』より作成.
註1）カッコ内は各時点において基本財産蓄積条例制定済みの市町村の数値.
註2）土地価格には立木価格を含む.
註3）群馬県では現金は在金・郵便貯金などの区別無く一括集計されている.

ろう。[66] それでも土地価格は増加したのは、地方改良運動研究で注目されてきた部落有林野統一政策などの成果だろうか。[67]

しかし、それ以上に顕著なのが諸公債証書株券と現金関係の増額である。罹災救助資金も合わせると大正期にはかなりの額に達しており、町村財政における意義は大きいだろう。また、一町村当たり額はほとんどの場合基

表7　群馬県市町村罹災救助資金（単位：円，小数点以下四捨五入）

総額	諸公債証書株券価格	現　金	計	市町村数
M35.12	0	4496	4496	（13 市町村）
M40.3	15198	45705	60903	（118 市町村）
T6.3	189471	92646	282117	（165 市町村）
一市町村当たり				
M35.12	0	346	346	
M40.3	129	387	387	
T6.3	1148	561	561	

出典）表6に同じ.
註）罹災救助資金蓄積条例未制定だが計上されている市町村はごく少数のため，まとめて表掲した.

表8　埼玉県町村基本財産（単位：円，小数点以下四捨五入）

総額	土地価格	建物価格	諸公債証書株券価格	郵便貯金	現　金	其他諸品価格	計	町村数
M35.3	76720	213726	10261	509	29775	6789	338029	(161町村)
M42.3	182878	507959	16223	1831	35578	2341	746810	(235町村)
	(29910)	(137289)	(9226)	(363)	(17542)	(686)	(195016)	(68町村)
T5.3	228065	20028	240875	115524	46339	19798	670629	(311町村)
	(216502)	(16442)	(235765)	(109203)	(41452)	(18923)	(638287)	(264町村)
一市町村当たり								
M35.3	477	1327	64	3	185	42	2100	
M42.3	778	2162	69	8	151	10	3178	
	(440)	(2019)	(136)	(5)	(258)	(10)	(2868)	
T5.3	733	64	775	371	149	64	2156	
	(820)	(62)	(893)	(414)	(157)	(72)	(2418)	

出典）埼玉県立文書館所蔵行政文書『明2205』・『明2258』・『大731』より作成.

註1）カッコ内は各時点において基本財産蓄積条例制定済みの町村の数値．M35.3は無し.

註2）土地価格には立木価格を含む.

註3）原史料で「現金」はM35.3・M42.3は郵便貯金・銀行預金・在金に分けられているが，T5.3では郵便貯金・その他に集計方法が変わるため，これに従いM35.3・M42.3は銀行預金・在金の合計額を，T5.3はその他の額を「現金」として表掲した.

本財産蓄積条例制定済町村の方が多額であることや、埼玉県ではもともと少額であったが明治四二年から大正五年（一九一六）の間に大きく伸び、基本財産蓄積条例の制定が盛んになった時期と重なることから、条例の影響がうかがえる。

埼玉県を例に見ると、基本財産の管理について明治三六年に内務省の通牒を受けて準則が作成された。現金については特に「国債証券・農工銀行株券若クハ土地ヲ購入スル迄ノ間郵便貯金又ハ銀行預ケト為シ利殖ス」とし、[*68] 日露戦争時には基本財産の確実な管理方法として国債購入が呼びかけられた。[*69] 罹災救助資金の運用も、当初は国債・地方債証券、大蔵省預金、郵便貯金、銀行預金が認められ、明治三六年県監督規程改正で農工・勧業・興業銀行株券・債券も可能となり、四三年改正で一旦国債証券・郵便貯金に限定されるものの、四五年には農工・勧業銀行債券が再び認められた。[*70] ただし銀行預金は再認可されない。町村で蓄積する資金を各種債券や郵便貯金に誘導する狙いがあり、町村も対応して頻繁に罹災救助資金規定を改正していた[*71]ため、実際に成果をあげたと評価できる。

表9　埼玉県町村罹災救助資金（単位：円，小数点以下四捨五入）

総額	諸公債証書株券価格	郵便貯金	現金	其他諸品価格	計	町村数
M35.3	385	259	12970	0	4496	（120町村）
M42.3	74175	6060	95994	75	60903	（283町村）
T5.3	361790	134452	17793	14922	282117	（331町村）
一市町村当たり						
M35.3	3	2	108	0	346	
M42.3	262	21	339	0	387	
T5.3	1093	406	54	45	561	

出典）表8に同じ.

註）M42.3の穀物価格325円は割愛した．合計には含む.

もう一点特徴的な変化として、埼玉県で明治四二年から大正五年にかけて罹災救助資金の現金が大きく減少したことが指摘できる。明治四三年の大水害に伴う罹災救助の支出と考えられるが[*72]、その状況下でも郵便貯金は罹災救助資金・基本財産ともに大きく増加しており、蓄積が重視されていたことが示唆される。この点を考えるため表10を作成した。

ここで数値をあげた三つの時期で、埼玉県の郵便貯金総額は約三倍ずつ増加したが、町村資金中の郵便貯金総額は、約一〇倍・三〇倍と急増した。明治四二年から大正五年にかけての県全体の郵便貯金増加額のうち、町村資金による増加が占める割合を増加寄与率として表に示したが、全体で約一割にあたる。特に北埼玉郡や比企郡など域内の郵便貯金総額がやや少ない郡では、町村資金蓄積が郵便貯金の大きな増加要因であったことが指摘できる。郵便貯金は日清戦後から日露戦争にかけて貯蓄主体が大衆的に再編され、日露戦後には政府の政策との関わりで拡大し、各地方でも奨励されたことが指摘されているが[*73]、町村は自ら貯蓄主体としても重要な役割を担ったのである。この時期に町村の郵便貯金蓄積が積極化した背景として、明治四二年に制度化された大蔵省預金部資金の地方還元がある[*74]。郵便貯金を主な原資とする預金部資金を地方経済振興のため勧業・農工銀行を介して低利供給する制度で、四二年五月の逓信・大蔵・内務次官合同通牒で「四十二年度以降自然ノ発展ニ基ク郵便貯金増加額……ノ四分ノ一幷本奨励ノ結果ニ因ル同増加額……ノ二分ノ一ヲ下ラサル範囲内[*75]」が供給量として定められた。つまり、郵便貯金の増加は中央省庁の政策から要請されただけでなく、各地方にとっても利益があったのである。

以上見てきた埼玉県全町村の基本財産と罹災救助資金は、合計すると大正四年度の全町村歳入決算額合計の約四割に匹敵し、蓄積の成果は一定程度評価できる。しかし、直接に町村財政に寄与する財産収入は、歳入の二%程度と僅少であった[*76]。

しかし基本財産は、長期蓄積し利子収入を得るという内務省の政策意図から外れ、学校建築などの臨時支出に際して取り崩すという利用方法が先行研究で指摘されている[*77]。

埼玉県を例に制度面を確認すると、基本財産からの充用について、四三年に内務省地方局長から、市町村などが事業費に基本財産や各種資金を転用する場合があるが「自今基本財産ハ仮令起債ヲ要スルカ如キ場合ト雖之ヲ費消セサルコトニ致度、尤モ天災事変其他特殊ノ事由ノ為特ニ多額ノ経費ヲ要スルニ当リ其ノ財源ヲ課税又ハ起債ニ求ムルコト財政上最モ不得策ナル場合ニ限リ確実ナル積戻ノ方法ヲ設定シ許可ヲ受クルニ於テハ基本財産ヲ運用スルコトヲ妨ケサル」と通牒があ

表10　町村基本財産・罹災救助資金中郵便貯金額
（単位：円，小数点以下は四捨五入）

郡		M35.3	M42.3	T5.3	M42.3→T5.3 増加寄与率
北足立	町村資金	11	1431	39820	
	郵貯総額	154834	589913	1400483	4.7%
入　間	町村資金	79	2885	49577	
	郵貯総額	71073	169889	648919	9.7%
比　企	町村資金	197	0	12394	
	郵貯総額	33727	58019	144884	14.3%
秩　父	町村資金	302	1285	19494	
	郵貯総額	26395	80278	255474	10.4%
児　玉	町村資金	30	600	8541	
	郵貯総額	22626	71251	192015	6.6%
大　里	町村資金	0	0	42061	
	郵貯総額	67158	168097	470013	13.9%
北埼玉	町村資金	0	222	33253	
	郵貯総額	33039	92306	242575	22.0%
南埼玉	町村資金	0	745	24566	
	郵貯総額	54906	180549	428458	9.6%
北葛飾	町村資金	150	724	20268	
	郵貯総額	60689	189257	457721	7.3%
合計	町村資金	747	7892	249976	
	郵貯総額	526212	1599561	4240542	9.2%

出典）表8の埼玉県立文書館所蔵行政文書と各年の『埼玉県統計書』より作成．

註1）「町村資金」は各郡内全町村の基本財産・罹災救助資金のうち郵便貯金額の合計．「郵貯総額」は各郡の郵便貯金額年度末現在高．

註2）増加寄与率は期間中の郵便貯金全体の増加額のうち，町村資金中の郵便貯金の増加額が占める割合を示す．

り、埼玉県では「財産充用及積戻方法準則」とともに各郡長に伝えられた。数年据え置き後、五分利積み戻しが基準である。[*78] 基本財産などの転用を戒めているが、下線部が拡大解釈されうるため「近来其趣旨ヲ誤解シ少額ナル事業費等ニ対シ充用セント企ツル向有之斯クテハ財産尊重ノ観念ヲ薄カラシメ基本財産ノ造成ヲ緊要トスルノ今日其弊ノ及フ処容易ナラス候条、今後ハ万不得止場合ノ外之ヲ充用セシメサル様監督ヲ加ヘラレ度依命通牒ス」と県から各郡長に監督の徹底が指示された。[*79] そのためか当初充用の例は決して多くはない。しかし、明治年間には先述の四三年水害を理由に充用する例が大半であった。税収が落ち込む中、復旧工事予算には県だけでなく町村も公債発行を行い、大蔵省預金部が引き受けたが、特に町村教育費に対しては利子分も国庫から補助がなされた。しかし「町村立小学校経常費〔教員俸給や各種校費の支払い―引用者〕ニノミ使用スル」よう文部省から指示されたため、[*80] この利子補助付き資金は被災校舎の修築費などには使用できなかった。これに対し、罹災救助資金を取り崩して充用・補填する例が三件見られる。[*81] また、南埼玉郡粕壁町は追加予算の水防費一〇八一円を基本財産充用で全額支弁した。[*82] 後年には、たとえば大正七年には二〇件ほど充用が許可されているように、利用される例が増えていった。[*83]

このように、町村で展開された資金蓄積政策は、緊急時の補填用資金を町村に用意させたという、本来の政策意図を離れた点で意義を持ったのである。

おわりに

本稿は明治三〇年代以降展開された町村における資金蓄積政策を題材に、中央省庁が立案した政策が県・郡による指導・奨励を介し、個別事情を抱える町村によっていかに実施されるのかを捉えることを試みた。内務省との関係性を含めて県により制度整備や奨励の姿勢が異なり、各郡長も細かくも広大な裁量権を持って働きかけ、町村を促したことが明らかになった。厳しい監督による官僚的統治という抑圧的姿勢ではなく、県・郡が柔軟な調整機能を発揮することで政策実施が図られたのである。このように、明治期に成立した地方行政機構は、それぞれに調整能力を持つ主体が中央で立案された政策が実行されるまでに重層的に介在し、相互に影響を与えていた。各町村の個別事情の主張も含め、地方行政機構の縦の関係性は、双方向的なものとして捉え直される必要があるのではないか。

また、以上の過程を通じて実施された資金蓄積の成果も分析した。各町村は第一次大戦期に至るまでの十数年で一定の蓄積を達成したが、肝心の財産収入はまだ僅少で、不要公課村実現を目指す内務省の構想から見れば十分な効果を上げていないと言える。しかし、この時期にはすでに、直接的には緊急時に取り崩して使用できる資金を町村が用意できたこと、間接的には各地域の郵便貯金増加に寄与し預金部資金が還元されうる量の増額に貢献できたことが指摘できる。理念的な内務省の構想と比較して、地方側にとってより早期に、より現実的な利益をもたらしたと言える。近代を通じ、地方に向けて様々な政策が構想されたが、こうした方向の歪みをもたらしうる機構を通じて実施されていくことが注意されるべきだろう。

註

＊1　松沢裕作『明治地方自治体制の起源』（東京大学出版会、二〇〇九年）参照。

＊2　たとえば、大島太郎『日本地方行財政史序説』（未来社、一九六八年）、山中永之佑『近代日本地方自治制と国家』（弘文堂、一九九九年）など参照。こうした強い官僚的統治と地方の有力者層による支配とが結合関係にあったとする。日露戦後期の監督強化については、特に大島美津子『明治国家と地域社会』（岩波書店、一九九四年）二六一〜三一六頁参照。

＊3　石川一三夫『近代日本の名望家と自治』（木鐸社、一九八七年）は名誉職自治制の理念と実態のズレを、高久嶺之介『近代日本の地域社会と名望家』（柏書房、一九九七年）は地方の有力者層の能動性を指摘した。特に後者の、委任事務以外で町村が持ちえた自由度と「上級機関との対抗を含めた相互作用」（一一頁）という視角に本稿は大きな示唆を受けている。

＊4　藤田武夫『日本地方財政發展史』（河出書房、一九四八年）など参照。

＊5　町村制第八八条第二項では、町村運営には財産収入・手数料・使用料・過怠金・その他法律勅令による収入を充て、不足する場合に町村税・夫役現品を徴収できると規定される。以下町村制のみを引用し、市制は省略する。条文は山中永之佑ほか編『近代日本地方自治立法資料集成　二　明治中期』（弘文堂、一九九四年）を参照し、引用註は割愛する。

＊6　「町村基本財産蓄積ニ関スル条例設定ニ関スル内訓及通牒」（埼玉県立文書館所蔵行政文書『明二一八三』。以下、同館所蔵行政文書はSと略記）。以下、引用史料中の傍線は筆者による。

＊7　宮地正人『日露戦後政治史の研究』（東京大学出版会、一九七三年）参照。

＊8　自治体史において多く取り上げられるほか、研究論文ではたとえば宇佐美正史「村有林経営と行政村」（『岐阜経済大学論集』第四〇巻第二号、二〇〇七年）が、「不要公課」を実現した「模範村」を事例に、行財政運営における村有林経営の位置づけを分析した。「不要公課」実現には特殊な条件（事例の蛭川村の土地は九割が林野）が必要であることも、本論文は示したと言える。

＊9　また、地域の有力者層が地方改良運動的な事業に取り組むことが、必ずしも国家に「統合」されたことを示すわけではないという点は、拙稿「所得調査委員と日露戦後の地域社会」（『史学雑誌』第一二〇編第四号、二〇一一年）で検討した。

＊10　大石嘉一郎『近代日本の地方自治』（東京大学出版会、一九九〇年）一六二〜一六三頁は町村長会議における指示などを比較し「各県・郡の実態に応じた各知事・郡長の自由裁量があったことがうかがわれる」としたが、この点を実際の政策過程から確認したい。

＊11　山中永之佑『日本近代国家と地方統治』（敬文堂、一九九四年）三八一〜三九六頁では和歌山県における地方改良運動と民力涵養運動の事例をあげ、農山漁村経済更正運動など同種の運動が繰り返されることが指摘する一方、地域社会からの批判も示した。

＊12　前掲宮地書三六頁。ただし、条例に規定する財源は歳計剰余金や手数料などしか示されておらず、後述する町村費から一定額を毎年蓄積する規定は把握されていない。

＊13　本稿の範囲では、町村組合も一行政村として数えると、埼玉県は全三七三町村（九郡）、群馬県は全二市二〇七町村（一一郡）である。ただし、埼玉県は明治四〇年の保谷村東京府移管により、群馬県は四一年の久賀村・湯ノ原村合併によりそれぞれ一村減少する。

＊14　「内務大蔵両大臣訓令第五〇一号」（前掲『自治立法資料集成　二』一三三〜一三四頁）。制限超過の地租付加税（当時は地租五分の一が上限。町村制第一二六条）や新設の特別税を基本財産蓄積に用いるのは「地租ノ七分ノ二ヲ超過スルヲ限度」と税率に上限を設けた。

＊15　一八九八年七月九日付「内務大臣訓令第六三〇号」（同前二〇八頁）。

＊16　一八九九年六月二六日付「内務大蔵両大臣訓令第六三三号」（同前三五七頁）。

＊17　町村制第一二六条参照。

＊18　「基本財産財産蓄積条例ノ設定及既設条例ノ改正ニ対シ取扱方標準各郡長へ通牒」（S『大二四』）。

＊19　『埼玉県報』一九〇二年四月二五日付。

＊20　「訓示事項　明治三十九年十一月十三、十四日」（群馬県立文書館所蔵明治期行政文書『二四四八』。以下、同館所蔵行政文書はGと略記）。郡市長会議の準備史料がまとめられた同『二四三五』にも「諮問事項」として所収。蓄積年限を五〇年とし、蓄積財源として生徒・卒業生の報恩寄附金・学校基本財産から生じる収入・有志者の寄附金をあげている。学校基本財産は個人の「篤志」による蓄積が重視され、町村からの支出で蓄積され財政一般に充てられる町村基本財産とはやや性格が異なると指摘されていること（前原健二「戦前日本における行政町村と小学校」『東京大学教育学部紀要』第二六号、一九八六年）や、埼玉県では明治四四年以降条例の史料を欠くことなどから、本稿では深くは立ち入らない。

＊21　明治財政史編纂会編『明治財政史　第一〇巻　預金・恩賞諸禄・罹災救助基金』（丸善、一九〇五年）八五二頁参照。

＊22　明治三〇年の第一〇議会に提出されるが地租滞納者への補助・貸与規定が批判されて衆議院で否決された。この点を削除し罹災者の直接的救助に目的を限定したものが、解散を挟んだ第一三議会で原案通り可決される。以上の経緯は「罹災救助基金法案否決ノ件」（国立公文書館所蔵『公文雑纂・明治三〇年・第一九巻・大蔵省』本館-2A-013-00・纂00419100）、『帝国議会衆議院委員会議録　明治編九　第一〇議会』一九一頁、「罹災救助基金法案（衆議院解散ノ為メ議了ニ至ラサリシモノ）」（国立公文書館所蔵『公文雑纂・明治三一年・第一七巻・大蔵省二』本館-2A-013-00・纂00452100）、『帝国議会衆議院議事速記録　明治編一五　第一三議会・下』六九一頁、『帝国議会貴族院議事速記録　明治編一五　第一三議会・下』七三二頁参照。

＊23　そのほか、罹災者救助の支出額が基金の一〇〇分の五を超えた場合、超過額の三分の一を国が補助すること、基金額が基準に満たない府県に、国が年一五万円を一〇年間分配することや、支出対象や運用方法を規定する。施行細則は各府県が設け、大蔵・内務両大臣の許可を受けることとされた（前掲『明治財政史　第一〇巻』八四九～九一八頁参照）。

＊24　前掲「罹災救助基金法案（衆議院解散ノ為メ議了ニ至ラサリシモノ）」および「罹災救助基金法ヲ定ム」（国立公文書館所蔵『公文類聚・第二三編・明治三二年・第三五巻・社寺・神社・雑載、賞恤・褒賞・恩給・賑恤』本館-2A-011-00・類00868100）所収の理由書参照。

＊25　前掲『衆議院委員会議録　明治篇九　第一〇議会』一八九頁の大蔵省国債局長駒井重格発言。一方、議員からは中央での積み立て

も行うべきという意見も見られた（『帝国議会衆議院議事速記録　明治篇一二　第一三議会』五五九頁の堀内賢郎発言）。

＊26　罹災救助基金法に関する閣議提出書類はすべて大蔵省罫紙であり、同法は大蔵省の主導と考えられる。ただし、町村で罹災救助資金を蓄積させる政策の由来は判断が難しい。年不詳一〇月二三日付内務省県治局長江木千之宛井上馨書簡（東京大学社会科学研究所所蔵『江木千之・江木翼関係文書』所収、〈東京大学社会科学研究所〉『社会科学研究』第二六巻第二号、一九七五年の伊藤隆氏による史料紹介参照。井上が内務大臣であれば明治二六年）に「今日御咄申候新消極的攻略に付而は只今総理大臣より大蔵大臣え相渡し置候写受取候故御一読之上次官えも御廻し置被下度候。只中央儲場のみは良策に無之、是非とも地方えも儲蓄せし〔め〕されは後害を救ふに不足のみならず、地方人民をして中央え依頼心之競争を生せしめ後来之変態を生し国庫人困難に至らん事を予想候」とある。最初に閣議提出された法案から郡市町村への補助規定があることからも、日清戦前に合意が成立していた方針が戦争後に実現されたのだろう。

＊27　『埼玉県報』一九〇一年三月一日付。たとえば年五〇円の蓄積を一〇年間続けた場合、毎年二五円が支給され、最終的に合計七五〇円が蓄積されることになる。なお、以下では郡での資金蓄積については割愛し、市町村に議論を絞る。

＊28　同前。規程とは条例と同じく町村の法規だが、町村制に明文は存在しない。郡長宛の指示に「許可稟請書中村会ノ議決ヲ経タル旨記載ナキ分モ有之候処、右ハ役場内諸規程ト異ルモノニ付、村会ノ議決ヲ経タルハ勿論ノ義ト存候得共、可成明記アルヲ要シ候間、以後御進達ノ分ハ御注意相成候様致度、此段申添候也」（「入間郡霞ケ関村罹災救助資金貯蓄及管理並支出方法規程設定ノ件許可指令」S『明二一七〇』）とあるように条例と同じ手続きを経て制定されるが、史料上内務省に報告された形跡は無い。

＊29　一九〇一年五月二日付「収第八一六号ノ三」（「町村罹災救助資金貯蓄及管理並支出方法規程ノ件各郡長へ申牒」同前）。

＊30　同前所収の一九〇一年三月一四日付埼玉県宛南埼玉郡「一発第四七号」。

＊31　同前。

＊32　前掲「収第八一六号ノ三」。

＊33　「市町村基本財産ノ蓄積ニ関スル件訓示」（G『八二七』）。

＊34　この条例標準は、歳計剰余金や国県税徴収交付金などを蓄積財源としており、先述の「地甲第七〇号」の基本財産蓄積条例の標準と類似する。「別紙救済金蓄積条例ハ他府県ニ於テ施行スルモノ、内最モ適当ト認メタルモノ」とあることから、「地甲第七〇号」の標準も各府県の例を元に作成されたのだろう。ただし、先取りして群馬県で実際に制定された罹災救助資金蓄積条例と標準を比較すると、「蓄積スヘキ金額ハ毎年何円以上何円以下ノ範囲内ニ於テ毎年度市町村会ノ議決ヲ以テ其額ヲ定ム」という条項は踏襲される

が、蓄積財源を定めた例はほぼ無く、標準に必ずしも従っていない。埼玉県の罹災救助資金蓄積規程とは対照的である。

＊35「基本財産増設条例標準郡市長会デ訓示ノ件」（前掲『八二七』）。

＊36 市町村条例は制定・改正に際し、内務大臣の許可を得るため県を通じて書類が送られる（基本財産蓄積条例は明治三九年から府県知事に許可権が委譲。「勅令第一九〇号」『官報』一九〇六年七月二〇日付参照）ので、許可稟請書・条文・制定理由書などが県庁文書に残る。埼玉県では四四年以降学校基本財産蓄積条例の史料を欠くが、制定・改正の許可文書のみ現存するため、参考のため表1・2に数値を掲げた。なお、市町村条例一般については拙稿「明治後期地方行政の再編」（『日本歴史』第七八八号、二〇一四年）参照。

＊37「町村基本財産蓄積ニ付訓令及各郡長へ通牒」（S『明二二四三』）。なお、制定困難な町村の上申書は管見の限り見られず、実態は不明である。

＊38 明治二三年「地方官官制改正」（前掲『自治資料二』六六八～六七〇頁）。

＊39 中川望「自治と経済」内務省地方局編『地方改良事業講演集　上巻』（内務省地方局、一九〇九年）二四一～二四二頁。

＊40 三六年にも内務省から「地発第一八〇号」が発せられており、三五年一〇月までの府県別基本財産蓄積条例制定状況が表で示された。それによると群馬県は一三三町村制定で、筆者の把握とはややズレがあるが、全国的に高い数字である。なお、この表では埼玉は唯一ゼロの県であり（「各府県ニ於テ市町村基本財産蓄積ニ関スル条例ニ関シ取調表地方局長ヨリ送付ノ件」S『明二二〇〇』）、罹災救助資金の蓄積は規程で行ったため内務省に報告されず、把握されていないと分かる。また、三九年地方官会議で示された「条例ヲ設定シテ財産ノ蓄積ヲ図レル町村ノ数管内町村数ノ二分一以上ニ達セル」一四県にも群馬は含まれる（「明治三八年　郡市長会訓示及諮問案」前掲『二四三五』）。

＊41 G『二一四九』・『二一五三』。

＊42『群馬県報』一九〇〇年一月二二日付。詳しい補助の規定は後述する。

＊43「明治四四年　郡市長会議ニ関スル書類」（G『二六八三』）。

＊44 以下での条例・規程の蓄積金額規定の出典は表1・2に同じ。個別事例を引用する場合を除き、註は割愛する。

＊45『埼玉県報』一九一一年一月二七日付。四三年までの補助期間が五年間延長された。

＊46「比企郡三保谷村罹災救助資金貯蓄及管理並支出方法規程設定ノ件許可指令」（S『明二二〇四』）。

＊47「北葛飾郡富多村罹災救助資金貯蓄及管理並支出方法規程設定ノ件許可指令」（前掲『明二一七〇』）。類似の例として、明治四〇年

制定南埼玉郡八条村が、四〇年に六〇円蓄積し、四一～四三年の三年間で計四四〇円を蓄積することで、合計五〇〇円を蓄積する、と定めている（「南埼玉郡八条村罹災救助資金貯蓄及管理並支出方法規程設定ノ件許可指令」同前『明二一八六』）。

＊48 南埼玉郡三五年制定二三町村中一四町村がこの規定で認可されている。

＊49 『群馬県報』一九〇〇年一月二二日付。年一〇〇円以上蓄積の市・三〇円以上蓄積の町村に年蓄積額の四割にあたる補助金を毎年支給する。期間は一〇年間。

＊50 「罹災救助資金蓄積条例許可稟請」（G『一三三八』）。増額した例をあげると、四四年に利根郡新治村が、蓄積限度七〇〇〇円の蓄積には現在の規定では時間がかかると三〇～一〇〇円から一〇〇～五〇〇円に引き上げ、吾妻郡岩島村も、制定以来の村行政の発展を理由に五〇～二〇〇円から五〇～五〇〇円に引き上げた（「罹災救助資金蓄積条例改正ノ件」同前『一七二八』）。

＊51 「罹災救助資金蓄積条例改正ノ件」（同前『一〇四六』）。

＊52 碓氷郡東横野村の例（「罹災救助資金蓄積条例許可稟請」同前）。蓄積財源は国県税徴収交付金・手数料のみで、定額蓄積は規定されていない。

＊53 「北埼玉郡下忍村基本財産蓄積条例ノ件同郡長へ通牒」（S『明二二〇一』）。

＊54 たとえば入間郡三芳村は明治三七年一月に条例制定許可を受けたが、日露戦争勃発直後の三月にこの条項を追加する改正を稟請した（「入間郡三芳村基本財産蓄積条例ノ件」および「入間郡三芳村基本財産蓄積条例中追加ノ件」同前『明二三一六』）。

＊55 各郡長の在籍期間などは各年の『職員録（乙）』参照。以下では註を割愛する。

＊56 「大里郡用土村条例基本財産蓄積ノ件許可」（前掲『明二二四三』）が初出。また、罹災救助資金蓄積規程については、大里郡に限らず活版刷りやガリ版刷りで共通の稟請書類を用いている郡が多く見られ、県監督規程改正に合わせた町村規程の改正についても同様である。これらの書類は郡ごとに異なるため、郡単位の施策だと考えられる。

＊57 「北足立郡内間木村基本財産蓄積条例許可」（S『明二二五三』）に「参考書」として付属。

＊58 『埼玉県報』一九一二年七月九日付。県の準則は、災害・事変時の蓄積停止の対象から第二条（蓄積財源すべて）を除外する改正を行っていた（同前一九〇八年一二月二五日付）が、財産収入と寄附金を除く蓄積財源が停止の対象に戻された。

＊59 「児玉郡大沢村長幡村神保原村東児玉村基本財産財産蓄積条例中改正許可」（前掲『大一八』）など。

＊60 「北足立郡木崎村大和田町条例基本財産蓄積ノ件許可」（同前『明二二六三』）。なお、この事態は県庁で問題視されたようで、副申を詳細に行うよう求める「町村基本財産蓄積条例案ノ件ニ関シ北足立郡長へ照会案伺」という史料がこの一件に含まれる。しかし発

信者となる内務部長の決裁印が史料中に見られないため、廃案されたと考えられる。

＊61　「入間郡古谷村基本財産蓄積条例許可」（前掲『明二二五三』）。

＊62　「入間郡東金子村基本財産蓄積条例許可」（同前）が初出である。入間郡では同様の事例が明治四二、三年に五例ほど見られる。

＊63　「入間郡高麗村条例基本財産蓄積許可」（同前）。同様の事例として同郡高麗川村が、歳計剰余金五分の一蓄積とあったのを削除し、定額蓄積を二〇円から一〇〇円に増額している例（「入間郡高麗川村基本財産蓄積条例許可」前掲『明二二五三』）などが見られる。

＊64　「町村基本財産財産蓄積条例準則改正ノ件」（S『大一九』）。また、谷口裕信「地方改良下の郡改革」（『ヒストリア』第一九八号、二〇〇六年）は日露戦後に郡制廃止論が盛り上がりながら実施まで時間を要した理由に、地方改良運動が郡長の改良でもあった点をあげたが、郡長が持つ調整能力が地方行政の運営に重要であった点も要因として考えられるのではないか。

＊65　改正町村制第八九条（山中永之佑ほか編『近代日本地方自治立法資料集成　三　明治後期』弘文堂、一九九五年参照）。

＊66　表8の出典である『明二二〇五』には基本財産の前年度比増減の理由が書かれているが、役場や学校校舎、隔離病舎などの建築やそのための敷地購入などがあげられる例は多い。四四年改正によりいずれも基本財産に含まれなくなる。

＊67　前掲宮地書など参照。

＊68　「町村基本財産管理方法訓令」（S『明二二〇五』）。同年三月二三日付「地甲第一九号」を受けたもの。

＊69　「町村基本財産管理方ニ関シ核郡長へ通牒地甲第七三号之通牒ニ依ル」（同前『明五七九九』）。

＊70　『埼玉県報』一九〇三年六月五日付、一九一〇年七月一二日付、一九一二年三月一日付。

＊71　前掲表1の出典史料で罹災救助資金蓄積規定の改正をカウントすると、約八〇〇件にのぼる。

＊72　『新編埼玉県史　通史編五　近代一』（埼玉県、一九八八年）八一六～八二一頁参照。

＊73　杉浦勢之「大衆的零細貯蓄機関としての郵便貯金の成立」（『社会経済史学』第五二編第四号、一九八六年）、同「日露戦後の郵便貯金の展開と貯蓄奨励政策」（『社会経済史学』第五六編第一号、一九九〇年）、田中光「二〇世紀初頭における郵便貯金と大衆貯蓄行動」（『歴史と経済』第二一四号、二〇一二年）など参照。

＊74　当該時期の大蔵省預金部資金の制度整備と地方還元の事例については田中光「大蔵省預金部資金の地方還元機能」（『社会経済史学』第七八編第一号、二〇一二年）、同「大蔵省預金部資金の地方還元と地域金融ルートの編成」（『史学雑誌』第一二一編第四号、二〇一二年）参照。

＊75　同前参照。史料引用は「秘第一二三号ノ二」（日本勧業銀行『低利資金ニ関スル命令通達書綴』所収）より。

＊76　比較に用いた歳入決算額や財産収入額は『埼玉県統計書』一九一六年を参照。

＊77　金澤史男『自治と分権の歴史的文脈』（青木書店、二〇一〇年）二〇一～二〇五頁では長野県埴科郡五加村の例、坂本忠次『日本における地方行財政の展開』（御茶の水書房、一九八九年）三四二～三四四頁では岡山県邑久郡牛窓町の例があげられ、いずれも基本財産を取り崩して学校建築費に充てている。

＊78　一九一〇年八月二七日付「内務省地第六〇一四号」（「町村基本財産充用及積戻ノ件地方局長通牒ニ付各郡長へ通牒」S『明二二六七』参照）。

＊79　一九一一年八月八日付「発第五〇五号」（「天災事変其他ノ場合ニ於テ町村基本財産其他ノ財産ヲ充用ノ件ニ付各郡長へ通牒」同前『明二二七九』）。

＊80　同前『明二二七二』所収の各件参照。また前掲註72も参照。

＊81　児玉郡藤田村の例では、小学校改築費一二〇〇円が全額支弁された（「児玉郡藤田村罹災救助資金充用処分ノ件許可指令」同前『大一五』）。

＊82　「南埼玉郡粕壁町基本財産充用処分許可」（同前『明二二六八』）。

＊83　S『大八〇三』『大八九六』『大九四二』『大九四二』・『大九八二』所収の各件参照。

【付記】本稿は、日本学術振興会平成二四・二五年度科学研究費補助金（特別研究員奨励費）の成果の一部である。

四　帝国議会における租税の請願

――衆議院を事例として――

今村千文

はじめに

帝国議会が開かれてからの租税に関する研究は、地租、営業税などの個別問題を取り上げ、新聞記事などを駆使して、減税側の立場を中心として政党や代議士との動きを関連させた研究が多い。[*1] しかしながら、租税史という立場から見た場合、立法行政の立場からの分析も必要であろう。

納税者と立法行政を結びつける一つの手段として請願が挙げられる。[*2] 大日本帝国憲法では第三〇条で「日本臣民ハ相当ノ敬礼ヲ守リ別ニ定ムル所ノ規定ニ従ヒ請願ヲ為スコトヲ得」として「臣民」に請願権を認めた。また第五〇条では「両議院ハ臣民ヨリ呈出スル請願書ヲ受クルコトヲ得」と帝国議会に請願書を受理する権利が認められた。だが、憲法義解では第五〇条の説明の冒頭で「臣民は至尊に請願し、又は行政官衙に請願し、議院に請願すること、総て其の意に随ふことを得」と議会だけでなく、天皇や行政にも請願をすることができると説明されていたが、当初、大正六年（一九一七）の請願令公布まで、天皇と行政への請願の提出手順は明確ではなく、戦前期、請願受理機関として唯一一貫して存在していたのは、帝国議会だけであった。

本稿では、帝国議会、特に衆議院への請願の提出傾向を主な対象とし、租税史の立場からどのようなことが見渡せるのか、ということを確認することを目的とする。なお本稿では、租税に関する請願の提出状況から、扱う時期を第一回議会（山県内閣）から第八一回議会（東条内閣）までを対象とする。

1　衆議院における請願の取扱

(一)　議院法および衆議院規則における請願の処理過程

まず、議院法衆議院規則での請願に関する規定を確認しよう。

議院法の第一三章で両院共通の規定がされている。請願委員会が所属議員から紹介された請願書を受け取った後、審査し、提出された請願書が規定に合っていなかった場合、却下するとした。この規定とは請願の内容を審査した結果ではなく、住所・職業・年齢および自署捺印の有無といった体裁に関するチェックが行われた。禁止条項として、まず請願書は「総テ哀願ノ体式ヲ用ウヘシ若請願ノ名義ニ依ラス若ハ其ノ体式ニ違フモノハ各議院之ヲ受クルコトヲ得ス（六八条）」とされた。また、「法律ニ依リ法人ト認メラレタル者ヲ除ク外総代ノ名義ヲ以テスル請願（六六条）」、「憲法ヲ変更スルノ請願（六七条）」「請願書ニシテ皇室ニ対シ不敬ノ語ヲ用ヰ政府又ハ議院ニ対シ侮辱ノ語ヲ用ヰルモノ（六九条）」や「司法及行政裁判ニ干預スルノ請願」は両議院共に受け付けることはできないとされた。

請願委員会では週に一度、請願文書表を作成し、本会議でその内容を報告することが義務づけられ、その通常の報告とは別に請願委員が特別報告、もしくは議員三〇人以上による要求があった場合、両院ではその事件を会議に付すとされた（六四条）[*3]。ここで始めて、採択をするべきかどうかということが討議されるのである。そこでは「各議院ニ於テ請願ノ採択スヘキコトヲ議決シタルトキハ意見書ヲ附シ其ノ請願書ヲ政府ニ送付シ時宜ニ依リ報告ヲ求ムルコトヲ得（六五条）」と、政府への質問権も認められた。

衆議院規則における請願に関する規定の内容は、提出された請願書の審査手順や受理する請願書の書式など、より実際的な規定がされた。内容は、請願者は請願書に住所身分職業年齢を記入し、かつ自署捺印をしなければならず、代書の場合は必ずその旨を記述した上で、署名捺印したものでなければ受理をせず（一四七条）、法人として請願する場合は総代が署名をし、法人の印章で捺印することとされた（一四八条）。請願書は原則日本語で書き、外国語を用いる場合は必ず邦訳を付すことを義務づけられた（一四九条）。請願書を紹介する議員はその表紙に、紹介議員氏名を記入しなければならず（一五〇条）、基本的に提出順に審査をするのだが（一五一条）、急を要する場合には至急の審査を議長に要求し、それを受けた議長は討論を経ずにその採決をし、時日を限って請願委員会に付託をすることができた（一五二条）。委員会は毎週一回請願文書表を作成、議長に提出し、議長はこれを印刷して議員に配布した（一五三、一五四条）。請願委員会の審査は「議院ノ会議ニ付スルヲ要セス」（この決定に対して一週間以内に議員から会議に付す要求がなければ、この委員会の決定が確定となる）と「議院ノ会議ニ付スヘシ」（議院での特別の報告を要する）とに区別して、議院に報告することとされた（一五五、一五六、一五七条）。以上の手続きを踏んで、処理をすることと決められたのである[*4]。

なお、実際の請願委員会では、分科会に分けられて、各省庁担当分を振り分けて、そこでまず請願の内容を審査し、結果について請願委員会に報告するようになっており、租税に関する請願は大蔵省司法省を担当する第二分科会が担当した。

(二) 第二節 議院法、衆議院規則での規定以外の処理

以上が、議院法や衆議院規則に規定された請願の処理である。しかしながら、実際にはこの規定以外の方法で処理されることが多い。それについても、確認しておこう。

政府へ参考送付 政府へ参考送付という選択は、第一回議会で、既に本会議で議員から議案が出されており、それと重複することを避け参考として送付したためと、院議に付す必要ありと委員会で判断したが会期が切迫した為に直接政府へ送付したためという二つの理由で本会議を経ないで直接政府へ送付されたことから始まる。[*5]

特別委員会へ参考送付 この議決は、第二回議会からなされるようになった。請願と同様の問題の特別委員会が開かれていた場合、そこでの審議の参考として送付されたのである。会によっては、特別委員会で参考とされたのち、さらに政府へ送付されていたようである。

法律案起草 これは、請願委員長が請願の内容を汲んで法律案を起草、本会議に提出するというものである。第二二回議会で、請願委員長の竹越與三郎(政友会、群馬県)が「ドウモ従来ノ請願ハ委員会ニ於テ採択スルト決シテ、本議会ニ於テ又其説ヲ容レテモ、其決着ガナクシテ更ニ議会ガ採択シタニ過ギズシテ、其結果ノナイト云フコトガ往々アルト云フヨリモ、尽ク結果ナクシテアレバアルダケアルト云フニ過ギナイ、尽ダ人民ノ請願ノ趣旨ヲ没却スル訳デ、如何ニモ国民ニ対シテ気ノ毒ナコト、思ヒマス、何トカ請願ヲ有効ナラシメル方法ハナイカト思フテ居ッタ所デアリマス」[*6]という趣旨から提案した「法律ノ制定ニ関スル請願取扱規則」が決議されたことによる。しかしなが

ら、この処理がされたのは第二三回、二四回、二五回、二六回、二七回、二八回、三〇回、三一回、そして第三七回議会のみである。[*7] この措置を取られた請願の中に租税に関する請願はない。最も多いのは、家禄賞典禄に関する請願である。この請願は、初期議会期より多く提出されていた。

また、このほかにも、すでに採択なりの議決をされた請願と同内容の請願について、「採択と看做す」という判断を加えられることもあった。[*8] これは、第三六回議会以降、第七九回議会までほぼコンスタントに取られた処理である。[*9]

2　請願件数の分析

(一)　全省庁への請願

まずは、衆議院に提出された請願の全体を俯瞰しておく。表1は、『衆議院議事摘要』(以下、『摘要』と省略)と『衆議院報告』(以下、『報告』と省略)から抽出したものである。

受理件数が一〇〇〇件を超えるのを一つの目安として捉えると、いくつかの波がみえてくる。まずは、第一～五回議会まで。次が、第一四、一五議会の波で、次に第二六～二七回議会、第三六～三七回、第四〇～四六回、第五〇～五二回、第五六回、第五九回、第六四～六五回、第六七回、第七四、七五回である。

受理件数が多いが、それらが全て採択されたかというと、必ずしもそうではなく、政府への参考送付や議決を要せずという判断を下されることも多い。本稿の課題である租税に関する請願の分析を行う前に、衆議院に提出された請願の全体について、少し触れておく。

最も受理件数が多いのは、第一四回議会で、五〇〇〇件を超えている。この請願の大多数が「仏教ヲ公認教ト為ス

表１　全体の請願結果表

	受理件数	法律案起草	採択	採択とみなす	不採択	政府へ参考送付	議決を要せず	却下又は取下げ	未了
第１回	1526				54	1042			417 (13)
第２回	1370				408	146		1	562 (253)
第３回	642				170	17		1	448 (6)
第４回	2808		23		199 (25)	392	1996	1	(172)
第５回	1093		2		55	371			662 (1) (2)
第６回	486				62 (1)	345			24 (54)
第７回	17				5	12			
第８回	421		79		164 (4)	160		4	1 (9)
第９回	662		192		133 (8)	313		15	1
第10回	823		346		115	354			3 (5)
第11回	23								23
第12回	156				28	128	(27)	1	77 (51)
第13回	667		13		351 (1)	248		32	146
第14回	5722		30		5411	288			(1)
第15回	1229		72		860				9
第16回	347		66		178		(4)	6	93
第17回	199								199
第18回	193		3		122		(34)	1	10 (23)
第19回	10								10
第20回	45		1		14	26			4
第21回	212		11		125 (2)	49	(5)	1	19
第22回	952		299		143 (32)	122	198 (32)	1	125
第23回	694	35	48		58	466	48 (17)	2	20
第24回	594	62	120		119 (1)	132	14 (15)	2	129
第25回	583	26	173		74	232	34 (28)	15	1
第26回	4028	1	121		54	1854	1890 (91)	4	13
第27回	1342	4	564		68	475	144 (76)	2	9
第28回	702	5	286		13	239	28 (130)	1	
第29回									
第30回	283	2	142		18	105	5 (10)	2	
第31回	1302	2	244		9	432	5 (360)	4	101 (144)
第32回									
第33回	21		11			9			1
第34回	7		3			2	(1)		1
第35回	418					9			186 (223)
第36回	1027		200	233	62 (1)	70			2 (516)
第37回	3005	122	2207	533	5 (1)	109		1	27
第38回	630								630
第39回	698		229	396	1	71			1
第40回	1432		586	531	12 (2)	288	9	3	1
第41回	2097		577	1294	7	193			26

第42回	1663		108	39	3	23			892(598)
第43回	440		275	55	92	12			4(2)
第44回	3340		2515	313	27	477			8
第45回	2005		1422	182	22	357			22
第46回	2814		1105	525	40	1138			10
第47回	57		25		7	21			4
第48回	190								190
第49回	445		400	5	2	30			7(1)
第50回	1126		476	375	11	385		2	5
第51回	1274		741	213	3	203			4(110)
第52回	1058		708	104	53	176		3	14
第53回	6				1				1(4)
第54回	179								179
第55回	163					36			11(116)
第56回	1043		536	226	45	174			11(52)
第57回	41								41
第58回	560			29	12	48		1	1(470)
第59回	2270		1683	208	185	184		4	8(1)
第60回	134								134
第61回	9								9
第62回	911		604	241	2	48		1	15
第63回	786		420	5	2	359		1	8
第64回	2395		908	553	675	97		2	5 (171)
第65回	3475		898	2317	36	167		1	6 (90)
第66回	100		79	5		6			10
第67回	4007		864	950	42	2143		5	10(1)
第68回	104							16	88
第69回	704		310	249	2	84	54		6
第70回									
第71回	377		328			49			
第72回	32		32						
第73回	941		649	170	89	31		1	4
第74回	1367		1188	4	72	54		4	4(44)
第75回	1266		886	214	1	160		4	(1)
第76回	676		537	1	(1)	133		1	3(1)
第77回	13		13						
第78回	0								
第79回	575		436	10		127		2	
第80回	0								
第81回	411		348		1	56		6	
第82回	2								2
第83回	0								
第84回	379		339			38		2	
第85回	33		32					1	

（ ）内は，本会議で不採択，議決不要，未了となったものの数をあらわす.

ノ件」の四七九七件であり「院議ニ付スヲ要セス」と判断されている。

第四四回は、義務教育費国庫補助に関する請願が最も多く一五五六件、次の第四五回でも小学校教員俸給国庫補助の請願が四〇二、義務教育費国庫補助に関する請願が二八九件と義務教育費への国庫負担に関する請願が多くなっている。さらに第四六回以降の特徴として、金鵄勲章年金増額に関する請願が二七六件、軍人恩給法改正に関する請願が二二六件と、恩給に関する請願が増えてきていることが挙げられる。たとえば、第五二回でも恩給関係は合わせて一二六件となっている。

また、昭和恐慌以降、農村部の経済が悪化すると、それに関する請願が増えてくる。たとえば、第六五回の場合は、肥料国営に関する請願が一八一六件となっている。第六七回は、産繭処理統制法に関する請願（賛成が一一〇五件、反対が八四四件）、第七四回は農村部落団体活動助成金交付を求める請願が二五四件、国民負担不均衡是正を求める請願が二四八件である。

㈡　租税に関する請願の概観

それでは、租税に関する請願にしぼった結果は、どのようになるのであろうか。より詳しい結果を得るために、請願委員会での結果を表したのが表2、提出者の地域を表したのが表3である。紙幅の関係から、全ての税目は採録せず、地租、地価修正、災害関係、酒税、営業税、所得税、煙草税（第二〇回以降は、専売制度に関するものを採録）、織物税、そして徴収関係に限って採録した。なお、今回の数値は『摘要』および『報告』に採録された請願件名から各税目に振り分けたため、件名だけでは判断できないこともあり、誤差が生じていることを付記する。

基本的に、時代が下るにつれ、租税に関する請願の数が減っている傾向にあるようである。特に一つの目安となるのが、第三七回議会であろう。それ以降は、一〇〇〇件を超える会期はない。また、時代が下るにつれ「院議ニ付ス

表2　租税に関する請願の請願委員会における議決結果

	地租	地価修正	災害関係	酒税	営業税	所得税	煙草税（含引渡価格，試験場設置）	織物税	徴収
第1議会	政189，未35，不要1	政382，未2		政26，未14			未4		
第2議会	院23，未10	院32，不要275，特44，未178		院31，不要1，未20			不要28，未満16		院2，未47
第3議会	不要1，未18	不要71，未39		不要5，未7			未2		未3
第4議会	院2，本不要3	不要3，本不要1919	不要55	院1，不要14，本不要2			不要4，本不要3	不要1	
第5議会	政62，未35	政249					不要7		
第6議会	不要1，特193	不要5，特16		政8，不要1					
第8議会	不要6，特3	政1，不要3	不要3	院2，特3					
第9議会		政4		政1，不要1，特37			不要3		
第10議会	特1	政3	院204，特6	政2	不要29	不要3			
第13議会	不要78	政3，不要7	不要9	政1，不要26	院1，不要1		政8，不要7		
第14議会	不要467	政1，院2，不要4		政37，不要2	院4		政2		
第15議会		政1，院1，不要2	政28	院1		政4	政4，院2		
第16議会		院2，不要1	不要24	不要7			不要2		
第18議会	不要42								
第20議会				政1，院1		不要1	政3，不要3		
第21議会	不要12	政1，不要1	院2，不要12			政1，院3，不要1	院1，不要7	不要10	
第22議会		政1，院23，不要5	院205，既不要129		院41，既不要37		院33	政5，不要1	
第23議会		政6，院7，既不要2	院1	政2，院1			政3，不要5	政1	
第24議会	院5	政5，院1，不要2		政16，不要1	政4		政1，院1	不要1	
第25議会	政2，院1	院8	政1，院1	政1，院1	政1，院2				政1
第26議会	政1616，院77，その他374	政4，不要2，本不要5	不要1，本不要12	不要1，本不要12	不要91，本不要17	政2	院8，本不要18	不要7	不要2，本不要1
第27議会		政9，院2	政159，院1，不要2，本不要23	政159，院1，特2，本不要1	政9				特45，本不要4
第28議会	政3	院94		政1，院13，不要1	政2，院4	政2，院1		政4，院4	

	地租	地価修正	災害関係	酒税	営業税	所得税	煙草税（含引渡価格，試験場設置）	織物税	徴収
第30議会		院3		政4，院9	特17		院2		
第31議会	政67，院3，不要1，本不要5	政21，院1		院67	政186			政15	院3
第33議会		院1		不要1					
第35議会						院1			
第36議会	院520	院3			政4	院1		政3	
第37議会	院1827，特20	院283	院1	院5，不要1	政5，院6	院2	院1	院5	
第40議会	政1	院497	政1	政4，院1	政4，院2	院2	院24	不要1	
第41議会		院5		政12，院3	政4，院1	政1，院3	政1，院10，特4		
第42議会		院1		政9，院8					
第43議会	院1			政1，院1，不要1	政4	不要1	院1		
第44議会		政1		政3，院2，不要7			政1，院5	院1	
第45議会	政37，特11	院4		政12，不要9	政107，特5	政5，院2	政1，院2	政1	
第46議会	政39	院5		政1，不要8，院1	政130		政5，院420	政6	
第47議会				不要7				政1	
第49議会			政1		政1		政1，院1		
第50議会	院1	院2	政2	院1	政2		政1		
第51議会	院2			政1	院1，政1	院1	院8，政3	院1，政3	政1
第52議会	院2，不要49	院4		政1	政2	院1	院9，政4	政1	院1
第53議会									
第54議会									
第55議会							院1，政2		
第56議会									
第57議会									
第58議会									
第59議会									
第60議会									
第62議会	政25			院1，不要1					院1
第63議会	院1，政149			院1，政1	政2	政2			
第64議会	既1	院1	院1	院2，不要1	院4		院2，政10，不要1	既5	
第65議会	政2，不要10			院3，既1，不要2	院2		院2		院2

	地租	地価修正	災害関係	酒税	営業税	所得税	煙草税（含引渡価格，試験場設置）	織物税	徴収
第66議会									
第67議会	院1，政19			院3			院1，取下1		院12
第68議会	未議了2								未議了1
第69議会			既214	政1			院2		
第70議会					院1	院23，既29	院2	院択2	院4
第71議会		院12（雪国地方土地賃貸価格調査）		政1			政2		
第72議会			院6						
第73議会	院1，政1		院2，未了1	院19，政府147		院1			院1
第74議会			院5			院1	院2		院250，既1，政1，未議了1
第75議会			院6，既201			院1			院1
第76議会						院1			院1
第77議会			院1	院1					
第78議会									
第79議会			院1	院4					
第80議会									
第81議会				院4，政38					院2

院…院議に付す，政…政府へ参考送付，特…特別委員会へ参考送付，不要…院議に付す必要なし．

必要ナシ」という判断が少なっていくのも特徴といえよう。

税目による分析

①地租関係

税目でみると、やはり最も多いのが地租および地価修正に関する請願で、次に多いのが災害による租税の減免を求める請願であるが、この多くも地租に関連した請願とみなすことができよう。会期で区切ってみると、地租軽減論や地価修正論が議会で活発に論議されていた初期議会期（第一回〜第六回）、地租増徴が断行された第一四回、宅地地価修正法および地租条例改正法が成立した第二六回などである。

なお、第二六回の地租に関する請願で「その他」とされているのは、「一部ハ政府ニ参考トシ一部ハ特別委員ニ送付スヘキモノト議決セシモノ」と判断されたものである。

もう一つ、地租・地価修正に関する請願の特徴として挙げられるのが、全国的に提出されるが、西日本、特に東海、関西地方での提出が顕著なことである。また、一県からの提出が多く固まっていることも特徴である。

②所得税・営業税

次に多いのが営業税に関する請願である。しかしながら、明治期までは不要と判断されることが多い。提出地域を見ても、東京、大阪、神奈川、愛知、兵庫など大都市圏を抱える都市部に集中しているのが確認できる。提出数が伸びたのは第二二回からであり、これは日露戦争に起因した非常特別税法によって一五〇％（前年の第一次増徴分を含む）増徴されたことに対する請願である。これをきっかけにして、営業税に関する請願が続くようになっている。営業税に関する請願が最も多く出されたのは第三一回であり、これはすべて政府へ参考送付することとされた。

所得税に関しては、あまり活発な動きは認められない。唯一、二桁の請願数となったのは、第七〇回のみである。これは、産業組合に所得税を課税することに反対する請願である。

③酒税その他

酒税に関しては、受理件数が多くない。なお、酒税関係で不要と判断された請願の多くが、禁酒法制定関係の請願であり、この禁酒法関係の請願は推進派、反対派共に積極的に請願が提出されていた。第七三回で数が増えるのは、酒類販売免許制度の促進に関する請願のためである。つまり、酒税に関しては酒造家の連合よりも、販売業者の連合による動きが顕著に表れるといえよう。

煙草税に関しては、第二〇回以降は専売制度となり、葉煙草の買い取り価格などに関する請願が中心となっている。そのため、提出地域も葉煙草の栽培が盛んな地域が中心となっている。なお、徴収および税制改正関係で昭和期に数が増えるのは、課税の平等を求める請願をここに入れたためである。昭和に入ってから、地方救済のため国民負担の平等を求める請願が多く寄せられていた。

表3　主な請願の主要な提出県

	地租	地価修正	災害関係	酒税	営業税	所得税	煙草税	織物税	徴収関係
第1議会	千葉104, 愛知19, 兵庫11, 茨城・青森各8, 栃木・福島各7, 岐阜・福井・和歌山各6	岡山140, 千葉86, 兵庫25, 静岡22, 三重19, 愛知18, 岐阜・広島各10					東京・大阪・島根各1		
第2議会	神奈川12, 千葉5, 福岡4, 福井3, 栃木2	三重131, 神奈川78, 高知72, 香川50, 徳島37, 静岡31, 長崎25, 兵庫20, 山梨18, 広島15, 愛知10					埼玉13, 神奈川・群馬・栃木各3, 山形・岡山・和歌山各2		神奈川48, 滋賀・福井各1
第3議会	福井10, 福島2, 長崎・新潟・石川・愛媛・福岡・佐賀各1	兵庫38, 徳島33, 静岡14, 岐阜6, 長野3							
第4議会	茨城・栃木・山梨・長野・石川各1	愛知295, 静岡294, 大阪224, 三重207, 滋賀191, 岡山175, 広島128, 香川78	愛知47, 静岡9	千葉・山形・福井・各1(自家用料酒廃止の件では福島3, 佐賀1)					
第5議会	神奈川・千葉・石川・各2, 京都・福島各1	滋賀196, 静岡37, 埼玉32, 香川11							
第6議会	愛知173, 岐阜20	大阪16, 長野2, 三重・岐阜・山形各1		兵庫・長崎・三重・広島各1					
第7議会									
第8議会	徳島9	長崎, 奈良, 三重, 岐阜		兵庫・新潟・群馬・静岡・					

	地租	地価修正	災害関係	酒税	営業税	所得税	煙草税	織物税	徴収関係
		各1		福岡各1					
第9議会									
第10議会		愛知154, 大阪33, 滋賀11, 新潟6, 三重3, 京都・岐阜・福井・石川各1			三重・愛知各3, 北海島・京都・静岡・岐阜各2				
第11議会									
第12議会									
第13議会	群馬5, 京都・大阪・福岡各4, 東京・三重・石川各2	山梨3, 徳島2, 長崎・奈良・三重・岐阜・長野・福井・各1	茨城6, 群馬5, 栃木4, 埼玉2	岩手23, 宮城・秋田各1		東京・京都・石川各1	東京・大阪各3, 広島1		
第14議会	兵庫145, 滋賀61, 香川40, 大阪・愛知各39, 新潟・青森各33, 徳島12	茨城・香川各2, 兵庫・長野・徳島各1	徳島11, 岡山8, 岐阜3, 福井1	栃木・宮城・青森各1	京都・大阪・愛知・徳島各1		秋田25, 岩手10, 島根1		
第15議会		兵庫2, 三重・広島各1	徳島17, 静岡3, 京都2, 三重・滋賀・和歌山・佐賀・宮崎各1	徳島1		新潟2, 愛知・福岡各1	栃木2, 神奈川・高知各1		
第16議会		兵庫2, 三重1	徳島24	秋田3, 千葉・栃木・青森・石川各1			東京・大分各1		
第17議会									
第18議会	埼玉28, 群馬13, 栃木1		青森22, 岩手6, 栃木5, 千葉3, 富山2, 福島・宮城・徳島各1						
第19議会									
第20議会			静岡1	東京1		静岡1	東京・大阪・		

	地租	地価修正	災害関係	酒税	営業税	所得税	煙草税	織物税	徴収関係
							神奈川・栃木・三重・長野・宮城・広島・鹿児島各1		
第21議会	岐阜4,東京・愛知・三重・山形・青森・滋賀・広島・高知各1	群馬15, 栃木1	佐賀7, 静岡・沖縄各1			長崎・愛知・岐阜・福岡各1	京都2, 東京・大阪・岡山・徳島各1	愛知3,東京・京都・茨城・静岡・和歌山・高知・福岡各1	
第22議会		群馬17, 北海道5, 三重2, 岐阜・山形・広島各1	宮城161, 岩手158, 埼玉6, 福島3, 群馬2		大阪15, 北海道7, 埼玉5, 千葉・静岡・長野・広島各4, 群馬・栃木各3		栃木・徳島各3, 長崎・新潟・茨城・静岡・福島・福岡各2	山梨2, 東京・京都・神奈川・岐阜各1	
第23議会		群馬8, 兵庫2, 山形・北海道各1	青森6, 福島4, 秋田1				東京・群馬・栃木・静岡・和歌山・岡山・徳島・鹿児島各1		
第24議会									
第25議会									
第26議会	兵庫284, 静岡252, 福島210, 京都200, 福井196, 広島191, 滋賀185, 和歌山181, 愛知116, 青森100	北海道, 東京, 兵庫, 滋賀各2, 栃木1	茨城13	兵庫, 群馬各1		島根, 岡山各1			東京3
第27議会		山形8, 埼玉・宮城・滋賀各1	埼玉138, 茨城23	東京・兵庫・群馬・山形・佐賀各1			神奈川23, 静岡, 岡山, 鹿児島各1		群馬48, 愛知1
第28議会	東京・山形・秋田各1	三重38, 広島6, 滋賀1		岐阜6, 岡山・広島各2, 大阪・群馬・山形・宮城・宮崎各1	東京・神奈川各2, 福岡・高知各1	大阪・神奈川・広島各1		京都・大阪・広島・愛媛各1	

	地租	地価修正	災害関係	酒税	営業税	所得税	煙草税	織物税	徴収関係
第30議会		新潟・埼玉各1		京都2, 兵庫・群馬各1	東京4, 大阪・神奈川・兵庫・新潟・埼玉各1		茨城1		
第31議会	徳島62, 福島2, 滋賀・岩手・青森・秋田・富山各1	福島13, 山形7, 群馬2, 兵庫・静岡・広島各1		長野・秋田各5, 大阪4, 京都・兵庫・新潟・北海道各3	東京・神奈川各2, 福岡・高知各1 静岡各15, 千葉・岐阜・福島・山口各8, 兵庫・栃木・滋賀各7, 愛知5			大阪8, 和歌山1	埼玉2, 大分1
第33議会		静岡1		秋田1					
第35議会	群馬3								
第36議会	大阪272, 愛知232, 滋賀11, 新潟1	山形2, 新潟1			東京3			東京3	
第37議会	愛知299, 広島284, 福岡250, 山口193, 三重106, 高知97, 新潟93, 徳島76, 埼玉50	広島282, 山形・富山各1		北海道2, 宮城・秋田各1	東京・愛知各2, 新潟・茨城各1			京都・兵庫・愛知・福井各1	
第38議会									
第39議会									
第40議会		大阪237, 滋賀141, 奈良114		東京・神奈川各1	兵庫2, 東京・京都・鳥取各1		埼玉25		
第41議会		山形4, 東京・三重各1		神奈川2, 東京・京都各1	京都・大阪・栃木各2, 東京・新潟・福島・秋田・富山・島根・福岡各1	京都・大阪・栃木各2, 東京・新潟・福島・秋田・富山・島根・福岡各1	福島・徳島各2 新潟・栃木・岩手・鹿児島各1		
第42議会		山形4		神奈川3, 京都・北海道各1	東京・青森各1				島根2
第43議会				群馬・岡山	東京4, 大阪・富山各1				

	地租	地価修正	災害関係	酒税	営業税	所得税	煙草税	織物税	徴収関係
				各1（ただし酒類醸造販売禁止の請願）					
第44議会				群馬・鳥取各1（同上）	東京2，鳥取1		徳島4		
第45議会	兵庫15，岡山9，福井6，京都・高知各3，大阪・岐阜・福島・秋田各2	山形3		群馬8，東京3，愛媛1（同上）	東京54，岐阜10，富山6，大阪・新潟・岡山・高知各3	秋田5			
第46議会	福島30，熊本4	山形4		群馬8（同上）	兵庫34，山口27，東京17，三重14，北海道9，愛知・岐阜各8，広島5			三重・愛知・各2，長崎・岐阜各1	
第47議会									
第48議会									
第49議会									
第50議会									
第51議会		山形2					鹿児島8		大分2，新潟1
第52議会		福島，滋賀・岡山各1					栃木・岡山各3，福島・鹿児島各1		

第55回以降は，ただ「租税ニ関スル請願」もしくは「大蔵省へ提出サレタ請願」として一括で挙げられたため，それ以降は採録をしていない．

以上、租税に関する請願について数的な見地からいえそうなことは、まず、地租および地価修正に関する請願が圧倒的に多いことが挙げられる。そして、その請願の提出地域については、ほぼ全国にわたっていることもいえよう。一方で、明治大正の日本の租税収入の一翼を担っていた酒税に関しては、数的には盛り上がりが欠けていることが挙げられる。

会期による分析　これまでは、税目による数値の変化を確認した。それでは、大きく数値が変化した会期にはどのようなことがあったのか、特に租税に関する請願が一〇〇〇件を超えた会期を中心に、その背景を確認したい。

①初期議会期（第一回〜第六回）

周知のとおり、帝国議会の開会当初は、地租の軽減をめぐって政府と議会（民党）が厳しく対峙していた。初期議会期の帝国議会での議論の中心は、地租軽減あるいは地価修正などが代表する民力休養論にあった。黒田氏は、この時期の地価修正運動を、代議士と院外団体との関係の変化で三段階に分けている。[*10] 特に第二回議会以降は、地価修正請願運動が活発化していき、第四回議会でピークを迎えるが日清戦争の勃発とともに運動が下火となり、日清戦争後の戦後経営をめぐって地租増否論争に包摂されていった。

②第二二回議会

第二二回議会は、日露戦争が終結した年に開かれた。租税に関してここで問題となったのは、日露戦争中の戦費調達のために出された非常特別税法の第一条「臨時事件ニ因リ生シタル経費ヲ支弁スル為メ本法ニ依リ租税ヲ増徴シ若ハ賦課シ又ハ印紙ヲ増貼シ若ハ貼用セシム」および第二七条「平和克復ニ至リタルトキハ其翌年末日マテニ本法ヲ廃止ス」という条文を廃止することであった。[*11] つまり、日論戦争のための臨時増税をそのまま固定化しようというものであり、衆議院貴族院ともに強い反対論が沸き起こった。[*12] 政府は、この非常特別税法の継続のため、官民から委員を選んで税法調査会を設置し、二カ年を期して一般税法の調査および税制の整理を行うことを声明した。この税法調査会は、貴族院により設置が否定されたため、代わりに大蔵省内に、大蔵本省・専売局・税務監督局の吏員一一人からなる税法審査委員会が設置された。[*13] 以後、数年間にわたり税制の整理が問題となってくる。この第二二回以降、租税に関する請願が増えてくるのは、ここに原因を求めることができよう。

③第二四、二五回議会

第二四回議会は、日露戦後経営からの財政立て直しから、大幅な税制改正が行われた会期である。先にも触れたが明治三九年四月より、大蔵本省・専売局・税務監督局吏員の合計一一人から税法審査委員会が組織され、日露戦争時からの非常税の見直しなどが審査されるようになった。[*14] これをさらに深化させた調査が求められ、翌年三月には税法整理案審査会が設置され、税法審査委員会が作成した成案を審議し、この成案を受けて政府は各種租税の整理に関する整理案と増税案を帝国議会に提出したのである。[*15] これが第一次租税整理である。

しかし、衆議院では、租税整理案については不充分であるとして否決し、増税案については、財政上の要請から必要として可決した。[*16] 可決された増税案は、酒税法中改正法律案、酒精及酒精含有飲料税法中改正法律案、麦酒税法中改正法律案、砂糖消費税法中改正法律案、関税定率法輸入税表中改正法律案の諸改正案および、石油消費税の新設である。[*17]

また、この酒税等の増税に関連して、沖縄県及東京府小笠原島伊豆七島ニ於ケル酒造税ニ関スル法律、沖縄県酒類出港税則中改正法律、酒母、醪及麹取締法中改正法律、練乳原料砂糖戻税法、地方税制限ニ関スル法律が成立している。一方、地租条例中改正法律案（政府提出、撤回）、災害地地租特別処分法案（政府提出、不成立）、宅地地価修正法案（政府提出、撤回）、所得税法中改正法律案（政府提出、不成立）、営業税法中改正法律案（政府提出、不成立）織物消費税法案（政府提出、不成立）非常特別税法中改正法律案（衆議院提出、不成立）、塩専売法廃止法律案（衆議院提出、不成立）などが議題に上ったが、これらの法案は衆議院で、塩専売、織物消費税、通行税の三税廃止がなされず姑息で、根本的な整理となっていない、との理由から否決された。[*18]

第二五回議会では、明治四一年七月に西園寺内閣が退陣し、桂内閣が成立した。この内閣でも、財政整理が喫緊の課題とされた。また当時の軽重浮薄な風潮を戒めるため、戊申証書が出されている。

成立した税法案は、国債ノ利子所得税免除ニ関スル法律案（政府の公債価格引上げ政策の一環として出された。公債の利子に関しては一切所得税を免除するというもの[*19]）、砂鉱法案（政府提出）および登録税法中改正法律案（政府提出）、印紙犯罪処罰法案（政府提出）、および輸入原料砂糖戻税法中改正法律案（政府提出）、輸出菓子糖果原料砂糖戻税法案（政府提出）、砂糖消費税法中改正法律案（政府提出）などである。[*20] 一方、衆議院で否決された税法案は、宅地地価修正法案、地租条例中改正法律案、内地製糖輸出奨励金下付ニ関スル法律案、関税定率法輸入税表中改正法律案、臨時砂糖消費税法、砂糖専売法案であり、これらはいずれも衆議院が提出するも、不成立となったものである。[*21]

④第二六回議会

第一次租税整理が否決されたにも関わらず、増税案だけが施行されたため、国民の税負担は加重、不公平感を深める結果となった。これを軽減するために、第二次租税整理が計画されることとなった。[*22]

この税制整理案の概要を述べると、①地租については、まず宅地の地価を修正し、地租率を二．五％、それ以外の地目の地租率を四．七％とし、②営業税については、営業種目及び課税標準の見直しを行ったうえで、多くの営業種目については税率を軽減することなどである。この第二次租税整理案が提出されたのが、第二六回議会である。

第二六回議会で成立した租税に関する法案は、まず地租関係の法律として地租条例中改正法律案（政府提出）、宅地地価修正法案（政府提出）である。第二四回のところでみたように、すでに明治三九年（一九〇六）に設置された税法審査委員会で地租の整理が問題となっていた。[*23] そのため、地租および地価修正に関する請願が急激に伸びたのである。法律の内容は、地租条例改正については、地租率が宅地は二．五％、田畑が四．七％、その他の地目については五．五％へ改められた。[*24] 宅地地価修正法は、郡村宅地および市街宅地の地価の基準を賃貸価格の一〇倍へと変更したものである。[*25]

営業税に関しては、先に第二二回議会の非常特別税法による増徴をきっかけに、請願数が増えたことに触れた。営業税に関しては、営業税全廃同盟会、悪税廃止期成会など各団体が設立され、全国的に演説会や決起大会などが開かれており、それに呼応するように請願の数も増えている。[*26] 地租と同様に、営業税に関しても税法審査委員会設置以降、営業税法改正が取りざたされている。税法整理案審査会の意見を反映した改正案は第二四回議会で衆議院で否決されており、さらに調査研究を加えた第二次整理案が第二六回議会に提出された[*27]。衆議院の修正を経て改正された営業税は、業名により課税標準や税率が見直され、課税の公平が図られ、非常特別税法による増税額分を引き下げるという内容であった[*28]。

つまり、地租や地価修正に関する請願の推移をこの第二四～二六回の間でみた場合、最初に法案が提出された場合よりも、それが否決されたため、より強く成立を求める場合に数が増える傾向にあるということができよう。

⑤第二七回、第二八回議会

第二七回議会で論議の的となった法律案は、工場法案や蚕糸業法案などであり、租税に関して活発な議論の的となった法律案はあまりなかった[*29]。しかしながら、租税に関する請願を見てみると、酒税に関する請願が多くなっているのがわかる。

第二八回議会では日露戦後の税制整理が一段落したため、第二八回議会で提出された租税に関する請願は、小康状態となっている。

⑥第三一回議会

第二七回以来租税に関する請願がピークを示すのが、第三一回議会である。この会期では、大規模な行財政整理が行われ、国庫に余裕が生じたため、税制整理を行い、国民負担の軽減を図ろうという背景があった[*30]。この会期で成立した税法案は、営業税法中改正法律案（政府提出）、相続税法中改正法案（政府提出）、地租条例中改正法律案（衆議院提出）、国税徴収法中改正法律案（衆議院提出）で、軽減額は営業税八〇〇万円、相続税一九〇万円、地租二五〇〇万円、国税徴収手数料交付金二四〇万円であった[*31]。

営業税は、先の日露戦後の税制整理の際には、負担の軽減よりも負担の公平に主眼が置かれていたが、より負担の軽減を求める声が挙がった。これに対し、政府は明治四四年に臨時制度整理局を設置し、行財政整理とさらなる税制整理に関する調査が行われた。[*32] この臨時制度整理局の提案を受けて、政府は課税標準の見直しや税率の引下げ等を行う営業税法改正法案を所得税の減税法案とともに第三〇回議会に提出するが、貴族院において会期が満了となり成立しなかった。この税法改正案を成立させるべく第三一回議会に提出されたのである。[*33] この法案提出を受けて、営業税を「悪税」の最たるものとし、軽減だけではなく廃止をも要求する営業税の廃減税運動が、全国で起こった。[*34] この運動の一環として、帝国議会にも営業税関係の請願が多数提出されたのである。

このように政府は所得税および営業税の減税の法案を第三〇回議会に提出したのだが、この動きは、地租軽減をも誘発することとなる。衆議院が田畑の地租率を四．七％から四．五％に引き下げる地租条例改正法律案を提出し、成立した。[*35]

一方、所得税については、明治末から次第に日本の租税体系での重要性が増したため、非常特別税法からの負担増を見直し、負担の軽減及び賦課の公平を目的とした税法改正案が政府から第三〇回議会に出された。[*36] 超過累進税率が採用されると共に税率が見直され、第三種については、免税点が引き下げられるなどの減税が図られたこの法案は可決された。[*37] しかしながら、注目に値するのがこの期間、地租や営業税に関する請願が激増したのに対し、所得税に関する請願が出されていないことである。これは、地租や営業税が組織だって廃減税請願運動を行うのに対し、所得税、特に個人を対象とした第三種所得税は、そのような活動を行いにくいためと考えられる。

⑦第三六、第三七回議会

第一次世界大戦の勃発により、経済が混乱するや、地租に関する請願が再び増加している。これは、世界大戦の勃発の影響で、米価が暴落したため、それまでの米価昂騰の反動が農家を直撃したためである。このため、政府は大正四年（一九一五）一二月に、田租第一期分を大正四年分に限り、延納することを認める法律を出している。[*38]

なお、地租率は何度か見直しが行われてきたが、地価については宅地を除くと明治三二年以来行われておらず、実態と乖離したものとなったため、特に田畑の地価の根本的な修正を求める声が挙がっていた。この声にこたえる形で大正七年からの三か年間の継続事業として、田畑の地価修正の準備調査を行うことが第四〇回議会で決定された[*39]。この決定を促すように、地価修正に関する請願が第四〇回議会で激増している。

⑧第四五、四六回議会、第六三回議会

第一次世界大戦終結ののち、ワシントン会議によって海軍軍縮が行われることとなった。これにより、海軍費が縮小されることとなり、その分を減税による国民負担軽減に回すよう求める声が挙がり、特に営業税廃止を求める運動が活発となった[*40]。特に第四六回議会においては、営業税に関する請願が地租・地価修正に関する請願よりも提出数が多い[*41]。

第四六回議会の招集と同時期に、政府は臨時財政経済調査会[*42]の答申に則ったものとは別の形で応急的整理として所得税・営業税・売薬税・印紙税の改正および石油消費税の廃止を目的とした各税法改正案を提出した。結局、地租の軽減はならなかったが、営業税は法改正により、課税標準から建物賃貸価格を除外することとなり、実質的な減税が行われた[*43]。

世界恐慌の影響から、農村の疲弊が深刻となり、第六三回議会は「農村救済の議会」といわれている[*44]。請願に関しても「農家負債三ヶ年据置」や「肥料資金反当一円補助」などの請願運動が活発に行われた[*45]。これに刺激される形で、地租に関する請願が伸びてきたものと考えられる。

3　衆議院での議論——第二六回議会を素材として——

(一)　地租条例ほか五法律案改正案特別委員会での議論

それでは、租税の問題と請願は衆議院でどのように扱われていたのであろうか。第二六回議会を素材として特に地租軽減を中心に検討を加える。第二六回を検討対象とした理由は、①日露戦争以来の税制整理案が一応の決着をみたこと、②租税に関する請願が地租（地価修正）を中心に積極的に出されていたためである。

まず、政府は当時の経済状況をどのように把握し、税制整理問題にあたろうとしていたのだろうか。[*46] 米価は日露戦争を挟んで乱高下しており、特に二六回議会当時の明治四二、四三年は米価の低落が問題視され、それに苦しむ農家負担軽減の点から、地租の軽減論が叫ばれるようになった。[*47] この地租軽減をめぐって、衆議院では「民党」系列の憲政本党や又新会が積極的に動き、「吏党」系列の中央倶楽部は地租軽減よりも営業税の軽減に力を入れていた。一方で、第一党の立憲政友会では、院外団体などは強硬に地租軽減を要求するのに対し、原敬はその要求を抑え、桂首相と妥協を図ろうと模索していた。

このような空気での第二六回議会では、衆議院の地租条例ほか五法律改正案の特別委員会で阿部徳三郎（政友会、岩手県）が、

此戦後国民ノ負担ガ非常ニ増加致シマシテ、殊ニ此農民ガ近時非常ナ窮乏ノ地位ニ陥ッテ、購買力ヲ失ッテ居ルト云フ悲惨ナル状況ト、ソレカラ官吏ノ生活状態ガ農民ノ苦痛ヲ感ズル、ソレニ比シテ其苦痛ノ程度ガ政府ノ見

ルトコロハ何方ガ甚シイカ、斯ウ云フコトヲ一ツ伺ッテ見タイ[*48]と、米価低落による農民の疲弊と桂が重視する官吏の俸給問題との比較を迫り、さらに「将来ニ於テ地租ヲ軽減スルト云フコトニ付テハ、ドウ云フ御考ヲ以テ御出ニナルノデアルカ、即チ減租ノ程度ト云フコトニ付テモ、業ニ已ニ御意見ノ定ッテ居ルモノガアルデアラウト思フノデアリマス」と地租の軽減の有無よりさらに一歩を進めて、その減額の程度について引き出そうとした。これに対し、桂は、「固ヨリ是等ノ点ニ付キマシテハ、本官申述ベルマデモナク、今日ノ一般ノ物価ノ状態ヨリ比較ヲ致シマシタナラバ、米価ノ安イト云フコトニ就キマシテハ、諸君ト感ヲ同シクシテ居ルノデアル[*49]」と、米価の低下については認識をしていることを述べるが、その直後には「併シ是ハ到底一朝ノ変化デアラウト本官ハ考ヘル」と重要視していない。さらに、

既ニ俸給令ノ制定以来殆ド改正ヲ要シタコトハナイ、其生活ノ困難ナルヤ、本官ノ考ヘルトコロニ於キマスルト、決シテ他ノ農工商等ニ比較シマシテ余裕アルモノデナイト云フコトハ、断言シテ憚ラナイノデゴザイマス、（中略）即チ地租軽減ニハ政府ハ決シテ反対ハ致サナイ、其レデアリマス、是ハ曩ニ述ベタ如ク独リ地租ノミナラズ其他ノモノ、独リ其他ノミナラズ、地租ハ素ヨリ適当ナル所マデハ負担ノ軽減ヲ致シマスル、

と、地租の軽減問題と同様、官吏の俸給問題もしくは地租以外の諸税の軽減問題にも取り組んでいく必要を主張した。

このような桂の態度に三浦覚一（政友会、大分県）は、

昨年モ、既ニ吾々ハ建議者ノ一人トナリマシテ、三税廃止ヲスルヤウナ余裕ガ生ジタ場合ニ於テハ、第一番ニ此農民ノ負担ヲ軽カラシメルヤウニ願ヒタイト云フコトヲ建議ヲ致シテ居ルノデアル、（中略）所ガ三税ノコトニ就テハ通行税デアルトカ、織物消費税ト云フモノガ、却テ減額ヲサレテ、吾々ガ建議ヲ致シマシタ地租ノ問題ニ就テハ、何等研究ノコトガナイノミナラズ、ソレヨリマダ官吏ノ増俸ガ必要デアルト云フヤウナコトデゴザイマス、[*50]

と、織物消費税や通行税などが軽減される一方で、地租軽減が見送られている中で、官吏の増俸に着手しようとする政府を非難した。この批判に桂は、

如何ニモ此官吏増俸問題ト地租ノ問題ニ付キマシテハ、予算委員会ニ於キマシテモ、屢々承リマシタ、（中略）此席ニ於キマシテ、宜シイ官吏ノ増俸ハ辞メル、地租ノ軽減ヲ致スト云フ断言ヲ申述ベルト云フコトハ本官ノ立場ニ於テ甚ダ迷惑ノ次第デアリマス[*51]

と、一向に譲歩の姿勢を見せなかった。

ここでの議論は、衆議院側は地租の軽減を求め、その根拠として米価低落を挙げている一方で、政府側は将来的な地租軽減の必要性は認めるものの、米価問題は一時的なものであると認識し、それを根拠とした地租の軽減には難色を示した構図であった。そもそも地租条例の建前では、地租はその年の豊凶で左右されないとされていた。実際、日露戦争中には米価はインフレにより高値を付けており、その反動で米価が低落した直後に地租を軽減することは、政府にとっては受け入れがたいと考えていたのである。

その後、この委員会では地租に関する議論が殆んどなされておらず、市街宅地地価修正問題に時間の大半が費やされていた。議論の終盤に差し掛かり、先に桂に質問をした阿部徳三郎が、

此ニ理由ヲ一言シマスガ田畑地価修正百分ノ四箇七ハ原案ニ対スルト八厘ヲ減ジタ訳ニナル、吾々ハ従来田畑ノ一部減ヲ主張シタモノデアル、然レドモ大局ニ鑑ミ此場合ハ八厘減ニ止メテ置クノデアリマス[*52]

と、田畑地租八厘減の修正案を提出し、賛成された[*53]。特別委員会では、この地租率減少にあまり時間が割かれていなかったことからも、地租率一分減が目標ではあるが、「大局」を考え、その妥協策として八厘減が採用されたのである。

(二) 請願員会での議論

このように政府との妥協で軽減案が通過するのであるが、地租軽減に関する請願が大量に提出された請願委員会ではどのような議論がおこなわれていったのであろうか。藤沢元造（又新会、大阪府）が、

唯苟モ農民ニ是ダケノドウモ請願書ヲ出サシメルニ付テハ、幾多ノ時間ト、幾多ノ経費ヲ要シテ、殆ド或地方ナドニ置キマシテハ、議員ノ職ニアル方々ガ農民ヲ教唆シテマデモ、此請願書ヲ作ラシメテ居ルヤウナ状況モアルヤウニ聞イテ居ルノデアリマスガ、此ノ如クニシテ請願ヲ出サセテ置イテ、サウシテ自分ガ議席ニ在ッテ去就スルトコロノ甚ダ不分明ナルコトハ、私ハ大ニ遺憾トスルノデアリマシテ、苟モ此大問題ヲ提ゲテ紹介ノ労ヲ執ラレタトコロノ議員諸君ハ、他ニ如何ナル事情ノ圧迫ヲ受クルトモ、此問題ニ向ッテハ吾々ト共ニ勇往邁進サレルコトヲ、此際諸君ト共ニ議決ヲシテ置キタイト云フ考ヲ持ッテ居ルノデゴザイマス[*54]

という提案を行った。紹介議員は、少なくとも予算案や法案の審議においても、必ず地租軽減に賛成をするようにという提案であった。すなわち、請願を「苟モ之ガ本会議ヲ通過シタル以上ハ、政府ハ之ニ向ッテハ、何等カノ考慮ヲ要シナケレバナラヌト云フダケノ請願書ニ権威ヲ与ヘルタメニ、之ヲ紹介スルトコロノ議員タル者ガ、最モ其責任ヲ重ンジナケレバナラヌト事柄デアルト思フノデアリマス」と、暗に政友会の議員の行動を批判したものであり、この提案は採用された。一方で、森肇（中央倶楽部、愛媛県）が、

此処ニ特別委員ヲ設ケテ法律案ヲ起草シテ、以テ私ハ本会へ報告ヲ致シタイ、即チ其法律案ヲ制定シマスル上ハ、此請願ニ関シテ其内容ヲ能ク調査致シマシテ、其結果ニ於テ、軽減ノ程度ハ或ハ一分ニナリマスカ、一分五厘ニナリマスカ、又ハ五厘減ト云フコトニナリマスカ、是ハ即チ諸君ノ審査ノ結果ニ基イテ其程度ハ定メルコト、シテ、サウシテ其法律案ヲ請願委員長ノ責任ヲ以テ一ノ法律案トシテ、立派ニ本会へ御提出ニナルベキモノデアラ

ウト思ヒマス、[55]

と法案作成の提案を行ったが、町田旦龍（政友会、高知県）は、

此件タルヤ本会ノ方ニ於テ地租条例中ノ改正案モ出テ居ルシ、其他税制ニ関スル委員会ガアリマスカラ、本会ト《ママ》シテハ民意ガ地租軽減ニアルト云フ事柄ヲ、早ク本会ノ方へ報告スレバ差支ナイモノデ、又十分ニ此意志ヲ貫徹スル時期ガアルト思ヒマス、格別森君ノ御提議ノ如ク、法律案ヲ此処デ制定スル必要ハナイト考ヘマス[56]

と否定をし、さらに森は、

外ニ地租条例中改正法律案ガ出テ居ルト言ハレマシタガ、ソレハ内容ヲ異ニシテ居ル、地租条例中ノ改正案ハ増スト云フフモノモ減ラスト云フモノモアル、此処デ拵ヘタイト云フ法律案ハ、地租軽減ト云フ趣意ヲ以テ拵ヘタイト云フノデ、其内容ガ違ヒマス、故ニ此請願ヲ満場一致デ採択シタナラバ、具体的ノ法律案ヲ作ッテ院議ニ付スルト云フノガ是迄ノ慣例デアル、（中略）折角御採択ニナリマシタ以上ハ、此際特別委員ヲ設ケテ、法律案ヲ作ルコトガ相当デアル、又法律ノ命ズルトコロデアラウト思ヒマス

と、地租軽減を徹底させるためにも法案作成の必要を迫った。結局、小久保喜七（政友会、茨城県）の、

此地租条例中改正法律案ノ政府ノ提出サレタ中ニハ、軽減ト云フコトガナイト云フコトハ嬰児ト雖モ知ッテ居リマス、ケレドモ今ノ形勢カラ云ッテ、此条例改正ノ上ニ於テ如何ニ苦心ヲシテ地租軽減ニ向ッテ心配ヲ各政党、各議員ガシテ居ルト云フコトハ、是亦三尺ノ童子ト雖モ知ルトコロデアリマス、寧ロ此事ハ請願委員会ニ於テ斯様ナ法律案ヲ拵ヘルト云フコトノ如キハ、寧ロ混淆ヲ来シテ、地租軽減ニ向ッテ妨害ヲ与ヘルモノト考ヘマス、深ク此点ニ御注意アッテ然ルベキト考ヘマス、是ハ彼方ニ任セテ置イテ十分ダト考ヘマス[57]

というように、本会議で政府との妥協を図ろうとしているときに、寝た子を起こすようなことを強く戒める意見が出され、法案作成は否定された。

結局、地租に関する請願は院議に付すと決定された。なお、地租条例改正法律案は、明治四三年二月一三日に衆議院を通過している。それ以降、請願委員会で審査された地租軽減を求める請願は町田旦龍の報告によると「此件ハ前例ニ依リマスルト採択ニナルベキ筈デアリマスルガ、此場合ハ既ニ本会ニ於キマシテ地租軽減ノ決議ガアッタ後デアリマスルガ故ニ、是ハ政府ニ参考トシテ廻スコトニナッテ居リマス」[58]という結果となっている。

では、この時の営業税に関する請願はどのような議論をされていたのだろうか。

青森商業会議所会頭樋口喜輔が提出した営業税法改正の請願について紹介議員の阿部政太郎（政友会、青森県）は「自分ノ紹介議員トシテノ説明ハ、唯一通リ本請願書ニ載セテアリマス位ノ説明ニ止マルノデ、深イコトハ固ヨリ私ノ分ラヌトコロデゴザイマス、此請願書ニハ確ニ詳細ナル統計表ヲモ添ヘテアッタト思ヒマス」[59]と、一通りの説明を行うに止めている。結局、営業税に関する請願は藤沢元造が採択することを主張したが、小久保喜七の「営業税法案ノ委員会ガアリマスカラ、寧ロ参考トシテ此方ヘ廻ハスガ至当ト思ヒマス」という意見により、営業税法特別委員会へ参考送付された[60]。議会の外では、営業税反対運動が猛烈に行われている中、請願に関しての審議は簡単になされている。なお、営業税法特別委員会に回された請願書については、委員長（大岡育造）が「議長ヨリ委員長ヘ宛テ国税営業税法改正ノ請願、生糸ノ営業税ヲ従来ノ税率ヨリ三分ノ一ニ軽減及課税種目ヲ改更スルノ請願、此二ツガ青森県カラ出タノガ本院ヲ通過シテ委員会ニ参考ニ回サレタ訳デアリマスカラ御報告致シマス」と口頭で報告をしたのみであった[61]。

請願委員会では、地租の請願には、衆議院議員が積極的に作成にかかわっている一方で、営業税に関する請願には、あまり議員が関係していないことが窺える。世間では、営業税や地租はともに減廃税運動の対象となっていたが、帝国議会での請願に関しては議員の関与に大きな差があったといえる。

おわりに

以上、衆議院に提出された租税に関する請願を、税目別会期別に俯瞰した。租税に関する請願は、税法審査会など、大規模な税制改正が行われるときに、刺激されるように急増するのが特徴である。つまり、日露戦後から第一次世界大戦前後について、財政および税制の大幅な変更が求められた時期に呼応して、租税に関する請願も急激に伸びていった。大きな特徴としては、基本的に明治大正期に租税に関する請願が多いといえる。特に、第三七回議会を最後に、租税に関する請願が大きく伸びることは確認できない。これは、租税に関する請願の大半を占める地租関係の請願が落ち着いてきた結果と考えられる。

税目によっての結果をみると地租に関しては、院議に付す、もしくは特別委員会へ送付するという選択が多く、営業税に関しては政府へ参考送付という意見が多い。

これは、請願の提出者の背景も大きく関係すると思われる。営業税については、運動の主体者達が政治団体とみなされることを警戒して、演説会決起集会などは積極的におこなっても、請願という形を取りたがらないため、と思われる[*62]。中央倶楽部の議員など、営業税問題の当事者として、請願を紹介するだけでなく積極的に発言することができる場合、特別委員会への参考送付が多いということは、これまでの請願に関する「政府への意思伝達」という位置づけよりもむしろ、これら議員への働きかけの結果と捉えられよう。

一方、第二六回議会で分析をしたが、特に地租軽減を求める請願が大量に出された背景には、議員が地元民に積極的に提出させたことが原因である。大量の請願を提出させることによって、地租軽減の後押しにしようとした、と考えられる。しかし、その実現性を考慮した場合、紹介議員はあまり積極的な傾向を見せなかったようであるが、これは、政治的な駆け引きの結果であろう。議員が地租軽減実現の一つの武器として請願を利用していたのである。すなわち租税に関する請願についていえば、法案成立の後押しとしての役割を期待されていたといえよう。

なお、本稿でその請願の本会議での議論や、請願以外にも帝国議会のもう一つの権能だった建議について触れていないことは今後の課題としたい。

註

＊1　帝国議会での減税廃税などをめぐる政治運動に関する研究は多岐にわたり、非常に多いため、紙幅の関係ですべてを列挙することはできない。主なものを列挙するにとどめたい。地租に関しては、黒田展之『天皇制国家形成の史的構造』（法律文化社、一九九三年）、古田震太郎、相田哲「戦前地租における地価修正問題」（専修大学社会科学研究所『社会科学年報』第三三号、一九九九年）、営業税に関しては、江口圭一『都市小ブルジョア運動史の研究』（未来社、一九七六年）、石井裕晶「一九二二年の営業税廃税運動の政治経済過程」（『社会経済史学』第七六巻第一号〈以下、石井第一論文と略〉、二〇一〇年）、同「大正末期の営業税廃税過程」（『日本歴史』第七四八号、二〇一〇年〈以下、石井第二論文と略す〉）などである。

＊2　近年、請願に関する研究が多い。現行憲法下の請願制度に重点を置いたものとして藤馬竜太郎・飯渕靖久「明治憲法下の請願制度と現行制度との差異」（『レファレンス』第一六巻第一一号、一九六六年）、田中嘉彦「請願制度の今日的意義と改革動向」（『レファレンス』第五六巻第六号、二〇〇六年）など。大正六年の請願令制定過程を解明した国分航士「大正六年の請願令制定と明治立憲制の再編」（『史学雑誌』第一一九巻第四号、二〇一〇年）、帝国議会での請願については原田敬一「初期議会期貴族院の動向」（『佛教大学文学部論集』第八五号、二〇〇一年）、小林和幸『明治立憲政治と貴族院』（吉川弘文館、二〇〇二年）、拙稿「初期議会期における請願の一考察」（『中央史学』第二七号、二〇〇四年）など。明治憲法下の衆議院への建議と請願を再評価したものに葦名ふみ「帝国議会衆議院における建議と請願」（『レファレンス』平成二二年一一月号、二〇一〇年）が挙げられる。

＊3　請願委員会による報告には二種類があった。請願委員会で院議に付すべきものと議決され、請願委員会の意見書案とともに本会議に出される特別報告と、請願委員会では院議に付す必要なしと議決された請願について、その結果（政府、もしくは特別委員会への参考送付、あるいは採択すべきではないと議決）を付した報告書（特種報告）である。特種報告は、報告書を印刷配付して一週間が経つと自動的に確定となった（葦名前掲書、一〇三頁）。

＊4　以上は拙稿参照。
＊5　拙稿、一二〇頁。
＊6　『帝国議会衆議院委員会会議録　三八』（東京大学出版会、一九八八年）二九一頁。
＊7　葦名前掲書、一〇四、一〇五頁参照。
＊8　同右。
＊9　この採択と看做すという処置は、第八〇回議会以降行われていないが、戦後の第九〇回帝国議会（臨時、昭和二一年六月～一〇月まで開会）では、九件処置されていたようである（葦名前掲書一〇七頁参照）。
＊10　すなわち、地価修正請願同盟の結成から地価修正期成同盟への改組までの第一段階（第一回議会から第三回議会）、地価修正期成同盟から日本農民協会成立までの第二段階（第四回議会から第七回議会）、そして日清戦争後から地価修正が実現される第三段階である（地価修正が行われるのは、地租増徴と同じ第一三回議会）。黒田前掲書、四七六～五二三頁参照。
＊11　非常特別税法は一次と二次に分かれる。明治三七年の一次非常特別税法で増徴された主な税目は次の通りである。地租は市街宅地五．五％、郡村宅地三．五％、その他の地目一．八％、営業税は営業税法に定められた税額の七〇％、所得税は第一種第三種ともに所得税法に定められた税額の七〇％、酒税は第一種第二種ともに一石につき五〇銭、第三種は一石につき酒精分一度ごとに二銭五厘がそれぞれ増徴され、毛織物および石油に消費税が課税されるようになった（『明治大正財政史』第六巻一一～三二頁）。翌年の二次非常特別税法によって、地租は市街宅地一七．五％、郡村宅地五．五％、その他の地目三％、営業税は営業税法に定められた税額の一五〇％、所得税は第一種所得は営業規模により所得税法による税額の一五〇～四〇〇％、第三種所得も所得金額により所得税法に定められた税額の一〇〇～二七〇％、酒税は第一種から第四種まで一石につき二円、第五種は一石につき酒精分一度ごとに一〇銭がそれぞれ増徴されたほか、相続税法などが新設された（同前書、四〇～六七頁）。
＊12　衆議院・参議院編『議会制度七〇年史』帝国議会史上巻（一九六二年）四九五頁参照。
＊13　大蔵省編『明治大正財政史』第一巻（一九五五年）九九～一〇二頁。
＊14　『明治大正財政史』第一巻二八三頁参照。
＊15　同右。
＊16　同右、二八三、二八四頁。
＊17　同右、二八四頁。

＊18 『議会制度七〇年史』帝国議会史上巻、五四五、五四六頁。
＊19 同右、五七五頁。
＊20 同右、五七八～五八三頁。
＊21 同右。
＊22 『明治大正財政史』第一巻、二八五頁。
＊23 『明治大正財政史』第六巻、七二八頁。
＊24 『明治大正財政史』第六巻、七三九頁。
＊25 宅地地価修正法の成立に関しては『明治大正財政史』第六巻、六六七～六八四頁参照。
＊26 江口前掲書、一二〇～一三二頁参照。
＊27 『明治大正財政史』第七巻、三八頁。
＊28 詳しくは『明治大正財政史』第七巻、三八～五〇頁参照。
＊29 『議会制度七〇年史』帝国議会史上、六二三頁。
＊30 『議会制度七〇年史』帝国議会史上、七一三～七一六頁。
＊31 同右、七一六頁。
＊32 『明治大正財政史』第七巻、五四頁。
＊33 同右、五五～七〇頁。
＊34 『議会制度七〇年史』帝国議会上、七三五頁参照。
＊35 『明治大正財政史』第六巻、七八五頁。
＊36 『明治大正財政史』第六巻、一〇四八頁。
＊37 同右、一〇五四～一〇六六頁。
＊38 『明治大正財政史』第六巻、七九六頁。
＊39 『明治大正財政史』第六巻、八一六、八一七頁。
＊40 『明治大正財政史』第六巻、二六三～二六五頁。
＊41 地租に関する請願が増えているのは、営業税廃税運動の盛り上がりに刺激されたためである（石井第一論文、三八、三九頁参照）。

石井氏は、営業税の廃減税運動について、農業者が圧倒的な政治力をもつ議会ではなかなか実現しにくいことを指摘している(同、三九頁)。この指摘は、営業税に関する請願の数が比較的伸びていないことの理由とも考えられる。

＊42 臨時財政経済調査会は、第一次世界大戦後、大きく変化した財政経済を整理するため、第四一回議会で犬養毅が提案した「財政整理ニ関スル臨時調査機関設置ノ建議案」に基づいて大正八年に設置された。臨時財政経済調査会は、内閣総理大臣の監督に属して、関係各大臣の諮問に答えるものとされた。ここでは、直接国税の大幅な見直しがなされ、特に地租や営業税を地方税へ委譲し、代わりの財源として一般財産税の創設など、大胆な提言が行われている(『明治大正財政史』第六巻、二四二〜二五五頁)。

＊43 従来の研究では、この時点で営業税が廃止されなかったことを運動の失敗ととらえているが、石井氏は地租が軽減されないなか、営業税が軽減されたことを高く評価している(石井第一論文、四一頁)。なお、この時、地租の軽減が実現されなかったのは、政友会が地租の軽減よりも地方の負担の軽減にシフトを移しつつあったことが挙げられる(同、四〇頁)。

＊44 『議会制度七〇年史』帝国議会史下巻、三六八頁。

＊45 農村救済請願運動については、源川真希『近現代日本の地域政治構造』(日本経済評論社、二〇〇一年)一一五〜一二二頁参照。

＊46 この時期の政治状況については、三谷太一郎『日本政党政治の形成』(東京大学出版会、一九六七年)、宮地正人『日露戦後政治史の研究』(東京大学出版会、一九七三年)、伊藤之雄『立憲国家と日露戦争』(木鐸社、二〇〇〇年)を参照。

＊47 明治三五年の段階で米一石一二円だったが、日露戦後の三九年には一四円、四一年には約一五円と上昇したが、四二年には一二円まで下がっていた(井上光貞、永原慶二、児玉幸多、大久保利謙編『日本歴史体系四近代一』山川出版社、一九八七年、一〇九六頁)。

＊48 『帝国議会衆議院委員会会議録五六』(東京大学出版会、一九八八年)二五二頁。

＊49 同右、二五二頁。

＊50 同右、二六〇頁。

＊51 同右、二六〇頁。

＊52 同右、三〇二頁。

＊53 当初、原敬は地租五厘減、官吏増俸二割増(政府要求三割増)での妥協を模索していたが、院外団体からの要求を抑えきれず、二月八日の四者会談(政府側は桂、寺内陸相、政友会側は松田正久と原)により、地租率八厘減、官吏増俸二割五分という形で決着した(前掲『日本歴史体系四近代一』一〇九九頁)。

＊54 『帝国議会衆議院委員会会議録五六』二七五頁。

＊55　同右、二七七頁。
＊56　同右。
＊57　同右。
＊58　同右、二二二頁。なお、この会議が行われたのは二月一八日である。
＊59　同右、二七八頁。
＊60　同右、二八一頁。
＊61　『帝国議会衆議院委員会議録五七』（東京大学出版会、一九八八年）三三九頁。
＊62　石井第一論文、三八頁。

Ⅱ　租税と地域

五　家禄奉還制度の展開
――千葉県を事例に――

堀野周平

はじめに

家禄奉還制度は、明治六年（一八七三）一二月二七日に制定された明治政府の秩禄処分の一環をなす制度である。秩禄処分や、社会における士族の在り方についての研究は、歴史学・社会学の分野から制度、政策決定過程、社会・経済への影響と多面的に進められてきた。[*1]家禄奉還制度について、秩禄処分・士族授産研究の先駆けの一人といえる吉川秀造氏[*2]は、奉還に応じない者へ高率の家禄税を課すことによって、禄制整理の進捗を図り、士族窮乏の原因となったとしたが、これは制度の検討に留まっている。

丹羽邦男氏[*3]・落合弘樹氏[*4]は、府県や旧藩によって奉還に応じた士族数に多寡があることを統計などから指摘している。その背景として丹羽氏は、西南雄藩（特に薩摩藩）の様な強固な領主的支配の残存状況、それと密接に関係する家禄支給の形態に注目している。一方、落合氏は士族の帰農商に対する積極性・副業の有無、地方官の認識、各地の士族指導者の意向があると指摘している。

近年では、布施賢治氏[*5]が前橋藩の下級士族研究の一環として、家禄奉還制度に対する対応を階層別に検討し下層士族、特に卒層が全禄奉還か少額家禄生活の維持かの二者択一を迫られていた姿を明らかにした。

以上の様に家禄奉還制度は、士族窮乏の原因となったこと、府県・旧藩、階層によって対応が異なったことなど、その大要が示されるに留まっているといえよう。しかし、家禄奉還制度は金禄公債発行条例の前提を成すのみならず、それまでの秩禄処分政策とは一線を画する規模の制度であった（表1）。園田英弘氏・濱名篤氏・廣田照幸氏によって社会学の視点から、落合弘樹氏によって歴史学の視点から、士族をめぐる社会状況、政策決定過程が明らかにされている現在、家禄奉還制度も各府県・旧藩ごとの実態解明が求められているといえるだろう。すなわち、家禄奉還制度が各府県・旧藩でいかに実施され、各地の士族がいかなる要因からそれに対応し、地域にいかなる状況を生み出していくのか明らかにする必要がある。

本稿の目的を確認したい。まず一点目として、千葉県における家禄奉還制度の展開を各統計はもちろん、県令の姿勢・施策、旧松尾藩士族の動向から明らかにする。二点目として、松尾藩の様に、明治元年に東海から上総・安房へ移封した七藩が、「房総近代の特質」[*6]をいかに形成し、いかに旧藩地域に影響を及ぼしたのかその一端に迫りたい。木戸孝允が危惧した様に、一連の秩禄処分が旧藩地域、特に城下町に大きな影響を与えたことは容易に想像される。[*7]本稿では、地域にとっての秩禄処分という観点からも家禄奉還制度の展開を検討したい。

1　家禄奉還制度とその成果

家禄奉還制度は、明治六年一二月二七日、家禄税と共に制定された制度である。[*8]家禄税は、陸海軍資のためという

表1　家禄・賞典禄推移（明治4年～10年）

年	種目	米（石）	金（円）	銭（銭）	人数（人）
明治4	家禄賞典禄	4,928,868.4596	101,432.6430	25,330.5710	395,064.0000
	処分増	142.5000	0.0000	—	11.0000
	奉還取消	0.0000	0.0000	0.0000	0.0000
	没収	－623.0330	－8.0000	0.0000	－93.0000
	死亡減	－932.5400	－87.2500	－137.3200	－226.0000
	処分減	－194.1090	-3.0000	－14.7200	－33.0000
	帰農奉還	－24,064.9732	0.0000	—	－1,911.0000
	仰資奉還	—	—	—	—
	素心奉還	－3,296.5000	—	—	0.0000
明治5	家禄賞典禄	4,899,899.8044	101,334.3930	25,178.5310	392,812.0000
	処分増	902.0410	32.0000	—	131.0000
	奉還取消	0.0000	0.0000	0.0000	0.0000
	没収	－1,472.3870	－202.1500	－20.0000	－181.0000
	死亡減	－1,187.0000	－131.8125	－36.3750	－295.0000
	処分減	－1,893.3890	－84.7500	－316.0200	－331.0000
	帰農奉還	－3,291.0000	0.0000	0.0000	－265.0000
	仰資奉還	—	—	—	—
	素心奉還	0.0000	—	—	0.0000
明治6	家禄賞典禄	4,892,958.0694	100,947.6805	24,806.1360	391,871.0000
	処分増	205,899.1694	51,099.6845		29,093.0000
	奉還取消	0.0000	0.0000	0.0000	0.0000
	没収	－12,343.9177	－180.4770	－16.2000	－1,427.0000
	死亡減	－1,544.8609	－65.8750	－88.5000	－331.0000
	処分減	－170,930.3262	－86,416.7300	－24,701.4360	－20,948.0000
	帰農奉還	－5,715.8667	－0.8470		－2,353.0000
	仰資奉還	—	—	—	—
	素心奉還	－734.7870	—	—	－62.0000
明治7	家禄賞典禄	4,907,587.4802	65,383.4360	0.0000	395,843.0000
	処分増	37,964.8809	258.8510	—	4,262.0000
	奉還取消	14,960.4538	575.7760	—	1,967.0000
	没収	－8,219.9556	－13.6680	—	－540.0000
	死亡減	－1,583.5070	－128.8580	—	－262.0000
	処分減	－18,017.6106	－1,432.2230	—	－3,025.0000
	帰農奉還	—	—	—	—
	仰資奉還	－540,172.1537	－19,045.3217	—	－53,444.0000
	素心奉還	－24.8256	—	—	－6.0000

年	種目	米（石）	金（円）	銭（銭）	人数（人）
明治 8	家禄賞典禄	4,392,494.7624	45,597.9923	—	344,795.0000
	処分増	58,882.1972	1,409.1355	—	13,330.0000
	奉還取消	9,617.4346	370.1250	—	1,265.0000
	没収	−1,892.5200	−76.9580	—	−235.0000
	死亡減	−1,755.1280	−86.9170	—	−291.0000
	処分減	−12,935.7579	−91.7228	—	−1,633.0000
	帰農奉還	—	—	—	—
	仰資奉還	−561,344.9486	−17,469.3455	—	−40,072.0000
	素心奉還	−203.9320	—	—	−9.0000
明治 9	家禄賞典禄	3,882,858.1076	29,652.3095	—	317,150.0000
	処分増	30,018.7722	18,859,082.9360	—	372,136.0000
	奉還取消	7,480.2269	287.8750	—	985.0000
	没収	−1,554.3940	−6,635.7800	—	−323.0000
	死亡減	−1,137.4250	−1,430.0700	—	−364.0000
	処分減	−3,870,238.5137	−1,334,801.1875	—	−364,475.0000
	帰農奉還	—	—	—	—
	仰資奉還	−15,360.0588	−419.7250	—	−1,140.0000
	素心奉還	−8.6000	—	—	−1.0000
明治 10	家禄賞典禄	32,058.1152	17,545,736.3580	—	323,968.0000

註 1）禄制処分一覧表（大蔵省理財局編「秩禄処分参考書」大正 13 年（『明治前期財政経済史料集成』第 8 巻）より作成.

註 2）「家禄賞典禄」はその年の元高,「処分増」は復禄した数,「奉還取消」は家禄奉還を取り消した数,「没収」は戸主の犯罪などにより禄を没収した数,「死亡減」は終身禄の者が死亡し支給が停止された数,「処分減」は家禄賞典禄からの名義変更や旧藩時の調査の誤りによる数,「帰農奉還」は明治 3 年より開始された帰農商のため家禄を奉還した数,「仰資奉還」は家禄奉還制度を利用した数,「素心奉還」は現金・公債を受け取らずに家禄賞典禄を返上した数を示す.

註 3）6 年の「家禄賞典禄（米）」は典拠資料中では「4,892,598.06944」とあるが誤記と考えられるため計算の値を採用. 7 年の「家禄賞典禄（米）」は計算では「4,907,587.48027」であるが, 8 年の「家禄賞典禄（米）」と誤差が生じるため典拠資料の数字を採用. 9 年の「家禄賞典禄（米）」は「3,882,862.10762」であるが, 10 年の「家禄賞典禄（米）」と誤差が生じるため典拠資料の数字を採用. 10 年の「家禄賞典禄（人数）」は典拠資料中では「323,698」とあるが誤記と考えられるため計算の値を採用.

註 4）「仰資奉還（人数）」には部分奉還の人数は含まれない. なお「仰資奉還（米・金）」には部分奉還分が含まれる. また明治 7 年 11 月より賞典禄が旧知藩事よりそれぞれへ交付となったことを反映して賞典録奉還の場合, 知藩事 1 人を奉還人として見做している.

名目で、家禄六万五〇〇〇石から五石までを三三五段階に区分し累進的な課税をおこなうものである。[*9] 家禄奉還制度は、一〇〇石未満を対象に自主的な家禄の奉還を認めるものである。[*10] 同日定められた「家禄奉還ノ者へ資金被下方規則」[*11]によって、家禄奉還者に対しては、永世禄の場合は六ヶ年分、終身禄の場合は四ヶ年分を、現金・八分利子付の秩禄公債で半額ずつ支給するとされた。公債証書の譲り渡しや質入は自由であった。この証書は、三ヶ年目から七ヶ年の間に抽籤で現金に引換えとなるとも定められた。同規則は、翌明治七年（一八七四）三月二四日に第一条・第二条へ条文追加がおこなわれ、家禄の一部のみの奉還が可能となった。[*12] また、五石未満の者へは全て現金渡しにすることが定められている

同六年一二月二七日には、帰農商をする士族に対して便宜を図るため「産業資本ノ為メ官林・荒蕪地払下規則」[*13]も定められている。同規則では、農業・牧畜の営業のため官有の田畑・城郭跡・屋敷跡、荒蕪地・山林などを代価の半分で払い下げること、建物・立木の分は相当の代価を求めることとされた。また、城郭跡・屋敷跡は一〇ヶ年の間、荒蕪地は一五ヶ年、山林開墾は二〇ヶ年の鍬下年季が認められた。明治七年四月には、家禄奉還制度は「当人情願ニ任セ奨メズ拒マズ」行うように地方官へ内達がなされている。[*14]

明治七年一一月五日、家禄奉還の対象は、一〇〇石以上にまで拡大された。[*15] これに伴って「家禄奉還ノ者へ資金被下方規則」も改定され、一〇〇石以上の者は、五〇石分は現金、その余は公債証書とすることとされた。[*16] このように全士族へと対象が拡大された家禄奉還制度であったが、明治八年（一八七五）七月一四日に「詮議之次第」があるとして停止され、[*17] そのまま廃止となった。

さて、家禄奉還制度による成果は、各統計に差異があるためはっきりとしない。明治一四年（一八八一）頃に編纂された大蔵省国債局編「族禄処分禄」掲載の禄制処分一覧表[*18]から計算すると、奉還に応じた人数は九万四六五六人、その奉還石高は一一一万六八七七石一斗六升一合余、奉還金高は三万六九三四円三九銭二厘余となる。一

方、同書掲載の秩禄公債証書並資金交付高一覧表[*19]では、奉還に応じた人数は一四万八〇一五人、公債発行額は一七〇二万七九二五円、資金支給額は一九九〇万九九九七・〇七七円とある。

二つの表の人数に大幅な差異が生じていることについて、「族禄処分禄」では前者へ部分奉還の者が含まれていないためとしている。また、旧知藩事より旧各藩士へ分与している賞典禄の扱いも異なる。すなわち、前者は、奉還人数・石高・金高を算出しているため、賞典禄の奉還をした際は、知事一人の奉還と計算されている。一方、後者は公債発行人数・発行額・資金支給額を算出しているため、賞典禄の奉還をした際は、証書を受領した人数が計上される。また、大正七年（一九一八）に大蔵省理財局が編纂した『国債沿革略』[*20]では、奉還人数が一三万五八八三人、公債発行額が一六五六万五八五〇円、資金支給額が一九三二万六八二九円七八銭五厘[*21]とある。

このように各統計に差異が生じるのは、「族禄処分禄」が説明する部分奉還・賞典禄の扱いのほか、全奉還から部分奉還へ変更した際の扱いや、部分奉還から全奉還した際の扱い、全部または一部の奉還取消をした際の扱いなど様々な理由が考えられる。

つまり、家禄奉還制度の正確な成果を明らかにすることは困難であるが、大まかな数値としては、奉還に応じた人数は最低でも約九万四〇〇〇人、最高でも約一四万八〇〇〇人、奉還石高は約一一万七〇〇〇石、奉還金高は約三万七〇〇〇円、公債発行額は約一六〇〇万五〇〇〇円から約一七〇〇万八〇〇〇円、資金支給額は約一九三〇万六〇〇〇円から約一九九一万円とできるであろう。

2　千葉県における家禄奉還制度の展開

(一)　西村茂樹の回顧にみる家禄奉還制度

では、千葉県における家禄奉還制度の展開について検討していこう。まず、落合氏の指摘に拠って、家禄奉還制度に対する千葉県令の立場を明らかにする必要がある。

当時の千葉県令柴原和は播磨国龍野藩出身で、育子策と県会による自治の発達に努め、兵庫県令神田孝平・滋賀県令松田道之と共に「三県令」と称された人物である。しかし、その士族政策に対する姿勢は明らかとなっていない。[*22]

柴原の士族政策については西村茂樹が後年に記録を残している。周知の通り西村茂樹は、明治二年(一八六九)に佐倉藩執政を、[*23]明治四年(一八七一)一一月から翌年三月まで印旛県権参事を勤めた経験をもっている。[*24]西村は回顧録である「記憶録」の中で千葉県令柴原和が、強引に家禄奉還制度を進めた様子を次の様に述懐する。[*25]

地方官等力を尽して士族を勧誘し、殊に千葉県令柴原和の如きは、先県下士族中にて名望ある者数人を招き、懇々説諭し、或は朝廷の恩徳を称し、或は若し奉還を願はざる時は、朝廷にて、断然奪禄の挙あるも計り難しなどいひて、是を恐嚇せり。質直なる士族は其命を聴きて、続々と家禄を奉還せり。各府県の士族の内、或は全く奉還を願はざるものあり、或は多数是を願ひたるもあり、尤も多きは千葉県にして、七千余人の士族の内、奉還を願ひたるもの五千人に及べりといふ。是は県令の勧誘宜しきを得たりとて、当時柴原氏は、政府の評判宜しかりといふ。然るに士族は何れも生産の道に疎く(此時得たる資金多きは五六百金、少きは二三百金に過ぎず)其資金は、多く使用の法を誤り、為めに窮迫に陥るもの甚多し。

西村の記述に従えば、柴原はまず県下の士族から名望ある者を集めて、家禄奉還制度が「朝廷の恩徳」であると「称し」、奉還に応じない場合、「奪禄の挙」があるかもしれないと「恐嚇」して士族らへ奉還を迫ったという。結果、県下「七千人」の士族中、「五千人」が奉還に応じ、これは全府県中でもっとも多いという。

ここから、①家禄奉還制度で成果が最もあがったのは千葉県であり、②その原因として県令柴原の士族に対する「恐嚇」があった、と西村が認識していたことが分かるだろう。ただし、当時の西村は士族を国家の担い手にすべきと考え、秩禄の廃止に否定的であったと真辺将之氏が明らかにされている。[*26] さらに氏の成果従えば、西村が印旛県の官員を辞職したのは、県令（当時の印旛県令は河瀬秀治）が旧藩の人民に対して「降附」の国民を扱うように接すること、速やかに成果を挙げようと急激な改革をおこなうことに違和感を覚えたためである。西村は、県令を「俗吏」と位置付けるなど批判的な立場であった。

つまり、旧佐倉藩が含まれた千葉県における家禄奉還制度の展開について西村が快く思わないのは当然であった。しかし、千葉県における家禄奉還制度を考えるうえで西村の指摘は大変興味深い。そこで、西村が指摘した①・②について、それぞれ検討したい。

(二) 家禄奉還制度における千葉県の位置

本項では、①府県中で家禄奉還制度の成果が最もあがったのは千葉県か検討したい。

前項で明らかにした通り、西村茂樹は七〇〇〇人の士族中五〇〇〇人の士族が奉還に応じたとしている。[*27] 柴原和の「県治方向」では、県下士族七一〇〇余人中五三〇〇人余（「士族ノ三分ノ二」）が、[*28] おなじく柴原の「県治実践録」では五二三七人が奉還に応じ、その禄高は、米五万二一八九石三斗四升、金五五円七五銭[*29]としている。「千葉県歴史」の各年「禄制」より、家禄奉還の状況を確認すれば表2のようになる。

表2　千葉県会計にみる家禄奉還制度の成果

年			明治6年	明治7年	明治8年	合計
家禄・章典禄受給者人数			7,811（540）	4,345（182）	2,978（32）	—
家禄支給高		米	91,552.230（3378.410）	52,158.594（1209.400）	33,638.220（218.100）	—
		金	55.750（41.000）	22.250（16.000）	0（0）	—
廃禄・収禄		人数	37（32）	11（不明）	1（0）	49
		米	223.820（172.320）	93.800　〃	5.460（0）	323.080
		金	0（0）	0　〃	0（0）	0
家禄奉還	全禄	人数	0（0）	3,408（不明）	714（21）	4,122
		米	0（0）	35,673.860　〃	7,355.230（121.600）	43,029.090
		金	0（0）	33.500　〃	22.250（16.000）	55.750
	分禄	人数	0（0）	451（不明）	132（0）	583
		米	0（0）	3,411.156　〃	3,216.434（0）	6,627.590
		金	0（0）	0　〃	0（0）	0
	合計	人数	0（0）	3,859（不明）	846（21）	4,705
		米	0（0）	39,085.016　〃	10,571.664（121.600）	49,656.680
		金	0（0）	33.500　〃	22.250（16.000）	55.750
備考			士族人数・家禄支給高は立県時．廃禄高・奉還高は立県～明治6年12月．	士族人数・家禄支給高は明治7年末．奉還高は明治7年中．	士族人数・家禄支給高は明治8年12月．奉還高は明治8年中．	

註1）出典は以下の通り．「千葉県歴史」明治6・7年（『千葉県史料』近代編明治初期3）．「千葉県歴史」明治8年（同）．

註2）（　）内は平民分．明治6年「家禄支給高」のみ別項になっている「米九石　士族壱人」を含む．

註3）明治8年「支給家禄」は9月に金禄化している．そのため史料中で米に換算されたものを掲げた．実際は金174,202.132．

この表では、家禄奉還に応じた者が四七〇五人、禄高が米四万九六五六石六斗八升、金五五円七五銭で、立県当初、七八一一人いた家禄受給者は、明治八年一二月時点で二九七八人にまで減少している（七二％減）。家禄奉還制度によって、家禄受給者が概ね「士族ノ三分ノ二」となったという表現が妥当であることが分かる。ただし、この表もやはり、部分奉還など計算方法に問題がある。また、明治八年五月の千葉県の管轄変更も考慮できていない。しかしながら、士族の三分の二以上が家禄奉還に応じたことは間違いなく、千葉県において家禄奉還制度がかなりの成果を挙げたことが会計上からも分かるだろう。

　では、五〇〇〇人程度が奉還に応じた千葉県は他府県と比較して、どの程度に位置づくのか。表3は、合計交付額順に府県別の家禄奉還制度の成果を示した表である。これを見ると千葉県は四位であるが、府県ごとの士族数や家禄の多寡、石代の差が考慮できていない。そこで、正確を期すとは言い難いが表4を作成した。

表4は、家禄奉還制度と明治九年（一八七六）八月から始まる金禄公債発行条例による支給額の内、家禄奉還制度によるものの割合を示したものである。家禄奉還制度から金禄公債の発行に至るまでの府県管轄の異動、各地の石代の差が反映できていないが、おおよその傾向は明らかになるだろう。この表によれば、千葉県が士族へ支給した額のほぼ五〇パーセントが家禄奉還制度によるものであることが分かる。比率が千葉県に勝る府県として福岡県が確認できるが、同県の支給合計額は千葉県の二分の一ほどである。

すなわち、西村の記述通り、千葉県は家禄奉還制度によって他府県と比べても大きな成果があがった県であるといえるだろう。

(三)　柴原和の姿勢

続いて②柴原による「恐嚇」の実態について明らかにしたい。前述の通り、西村の立場を鑑みれば「恐嚇」をそのまま受け入れることはできない。では、家禄奉還制度が県下で多大な成果を挙げたことに対して、柴原自身はどのように捉えていたのか。柴原は、明治一一年（一八七八）、自らの県治の実績と方針を著した「県治実践録」の中で「家禄奉還士族取扱之事」と題した項を立てている。その内、柴原の姿勢が端的に分かる前半部分を掲げよう。[*30]

　家禄奉還士族取扱之事

家禄奉還ノ者、本県貫族《ママ》他府県貫族《ママ》トモ併テ本庁ニ於テ取扱シ者、全禄・分禄ヲ問ハス明治七年ヨリ八年ニ至ル迄五千弐百三拾七人、其奉還スルトコロノ米五万二千百八拾九石三斗四升、金五拾五円七拾五銭ノ多キニ至レリ、

表3　県別家禄奉還制度の成果①

府県名	人員（人）	証券交付額（円）	現金交付額（円）	交付額合計（円）
東京府	4,748	1,124,975	1,047,023.660	2,171,998.660
愛知県	5,919	904,850	973,904.960	1,878,754.960
広島県	5,411	859,250	909,880.759	1,769,130.759
千葉県	5,221	861,425	874,329.305	1,735,754.305
愛媛県	6,181	813,600	894,154.038	1,707,754.038
石川県	6,674	760,350	886,200.173	1,646,550.173
名東県	5,501	709,375	888,856.524	1,598,231.524
和歌山県	7,442	575,300	879,334.010	1,454,634.010
高知県	3,774	534,450	625,776.704	1,160,226.704
熊谷県	3,346	492,475	528,548.313	1,021,023.313
島根県	2,349	507,825	499,710.224	1,007,535.224
浜松県	3,128	494,075	501,632.476	995,707.476
福岡県	3,605	445,725	515,328.634	961,053.634
岡山県	3,962	341,075	498,541.781	839,616.781
飾磨県	3,390	369,550	468,899.696	838,449.696
三重県	2,717	400,150	418,222.471	818,372.471
静岡県	2,868	394,475	412,814.351	807,289.351
京都府	2,429	347,375	367,250.419	714,625.419
小田県	3,108	320,300	367,275.315	687,575.315
秋田県	3,565	284,800	341,561.124	626,361.124
栃木県	2,167	278,400	342,651.915	621,051.915
奈良県	2,270	268,075	342,191.771	610,266.771
小倉県	1,981	280,400	314,657.498	595,057.498
滋賀県	2,742	226,400	319,304.676	545,704.676
大分県	2,422	244,800	292,985.946	537,785.946
長野県	2,023	217,000	277,881.714	494,881.714
白川県	2,269	205,450	276,957.144	482,407.144
新潟県	2,743	212,775	263,817.782	476,592.782
開拓使	1,413	227,100	219,703.064	446,803.064
新治県	1,742	208,775	231,447.966	440,222.966
岐阜県	1,426	198,275	221,288.395	419,563.395
埼玉県	1,202	200,175	208,068.032	408,243.032
北條県	1,759	160,100	222,608.288	382,708.288
宮城県	2,630	108,325	260,813.101	369,138.101
長崎県	2,149	132,325	228,484.241	360,809.241
豊岡県	1,986	163,050	195,109.096	358,159.096
茨城県	2,873	118,000	230,164.220	348,164.220
三潴県	1,039	162,925	183,407.303	346,332.303
堺県	1,104	169,875	176,111.119	345,986.119
度会県	873	142,650	157,199.234	299,849.234
兵庫県	737	145,825	139,176.513	285,001.513
筑摩県	1,146	129,525	148,604.303	278,129.303

府県名	人員（人）	証券交付額（円）	現金交付額（円）	交付額合計（円）
磐前県	1,409	112,825	159,008.804	271,833.804
青森県	506	73,950	138,854.545	212,804.545
鶴ヶ岡県	875	87,350	101,517.336	188,867.336
大阪府	540	76,150	81,968.845	158,118.845
佐賀県	816	54,450	95,315.018	149,765.018
鳥取県	810	62,675	82,573.536	145,248.536
岩手県	581	62,425	73,269.634	135,694.634
山口県	1,158	36,500	96,820.815	133,320.815
新川県	796	54,350	76,116.504	130,466.504
敦賀県	665	44,775	79,853.102	124,628.102
足柄県	304	45,750	44,435.006	90,185.006
神奈川県	192	32,750	31,247.545	63,997.545
山梨県	148	27,600	25,570.429	53,170.429
山形県	415	15,275	28,962.641	44,237.641
浜田県	107	16,475	17,966.715	34,441.715
宮崎県	204	9,400	16,231.338	25,631.338
福島県	127	5,375	13,976.790	19,351.790
磐井県	43	3,500	3,992.789	7,492.789
鹿児島県	25	2,025	3,658.486	5,683.486
置賜県	126	500	3,200.761	3,700.761
群馬県	1	125	138.223	263.223
香川県	1	0	172.665	172.665
合計	135,883	16,565,850	19,326,729.785	35,892,579.785

註 1）大蔵省理財局編『国債沿革略』より作成.

註 2）現金交付額は出典元の記載では 19,326,829.785 と誤差が 100 ある.
したがって交付額合計にも 100 の誤差が生じている.

是皆　朝旨ヲ奉シ時勢ヲ察シ自己ノ労力ニ食マン事ヲ企テ、祖先以来継承ノ禄ヲ奉還スル者ナレハ地方官ニ於テモ厚ク之ヲ保護セサルヘカラサルヲ以、夙トニ区内授産掛ヲ置キ之ヲ董督シ目前ノ射利ヲ事トセス着実ナル産業ヲ求メシムト雖モ、資金一タヒ其把握ニ帰スレハ強テ之ヲ抑止節用セシムルノ権利ナキヲ以テ百千中、或ハ顚躓財ヲ喪ヒ甚シキハ一家繋命ノ恩資ヲ飲食游佚ニ抛擲スルモノ無キ能ハス、其保護ノ至ラサルヲ慨スト雖モ、勢亦及ハサルモノアリ、爾来漸次其資産ニ就カン事ヲ勧奨シ且各大区派駐官吏ニ諭シテ其就産如何ニ注目セシムル事

柴原は、家禄奉還制度が盛んに利用された理由として、士族が「朝旨ヲ奉シ時勢ヲ察シ自己ノ労力ニ食マン事ヲ企テ」

表4　県別家禄奉還制度の成果②

府県名	秩禄公債＋資本金交付額①	金禄公債交付額②	①＋②	全額中に占める①の割合
東京府	2,171,998.660	9,374,104.645	11,546,103.305	18.8%
愛知県	1,878,754.960	5,972,969.689	7,851,724.649	23.9%
広島県	1,769,130.759	2,184,227.396	3,953,358.155	44.8%
千葉県	1,735,754.305	1,749,973.223	3,485,727.528	49.8%
愛媛県	1,707,754.038	4,825,480.750	6,533,234.788	26.1%
石川県	1,646,550.173	12,605,024.905	14,251,575.078	11.6%
名東県	1,598,231.524	—	—	—
和歌山県	1,454,634.010	2,848,147.952	4,302,781.962	33.8%
高知県	1,160,226.704	9,142,173.180	10,302,399.884	11.3%
熊谷県	1,021,023.313	—	—	—
島根県	1,007,535.224	5,114,115.809	6,121,651.033	16.5%
浜松県	995,707.476	—	—	—
福岡県	961,053.634	911,049.671	1,872,103.305	51.3%
岡山県	839,616.781	2,989,896.853	3,829,513.634	21.9%
飾磨県	838,449.696	—	—	—

註）単位は円銭厘．大蔵省理財局編『国債沿革略』より作成．金禄公債条例交付額は大蔵省理財局編「秩禄処分参考書」（大内兵衛・土屋喬雄編『明治前期財政経済資料集成』第8巻）による．

たためと説明しており、自らがいかに関与したかは明らかにしていない。その一方、彼は士族就産の行方を危惧して「区内授産掛」を設置するなど、その保護に動いているとしている。

ここからは、西村のいう「恐嚇」がまったくうかがえない。それどころか柴原は明治八年に著した「県治方向」[*31]中でも、家禄奉還は目途のある者のみ聞き届けるもので、「必ス士族一体ニ奉還セヨトノ趣意」ではないことを繰り返し注意したと述べている。奉還は、あくまでも各自の自由意志によると強調しているのは、明治七年四月の内達に従ったということを表していると考えられる。

しかし、柴原は同じく「県治方向」中で「奉還スヘキ事ヲ奨励」したとも記している。西村が回顧したとおり、柴原は明治七年一月に自ら「士族名望アルモノニ面論」をおこない奉還を勧めていた。長文ではあるが、その告諭内容を掲げよう。[*32]

告諭

夫レ人タル者ハ当ニ自己ノ労力ニ食ムヘシ、其労力ナク坐シテ常禄ヲ食ムモノ唯今ノ士族ヲ然リトス、蓋シ世禄ナル者ハ封建ノ遺制ニシテ中古大名武士ノ称アリシヤ、入テハ治国安民ノ任ニ膺リ、出テハ銃ヲ提ケ堅ヲ被リ万死ヲ顧ミス不測ノ地ニ臨ミ以テ農工商ノ三民ヲ保護ス、其常職アリ故ニ其常禄ナカル可カラス、抑大政維新遠ク郡県ノ旧ニ復セラレ大名ハ皆其土地ヲ奉還シ、武士ハ皆農工商ノ業ヲ営ムヲ許シ、官ヲ任スル門地ニ因ラス、兵ヲ徴スル士民ヲ問ハス、一旦事アルモ三民ト同シク官ノ保護ヲ受クヘシ、嚮ノ所謂士ノ常職ナル者一モ有ル事ナシ、然シテ徒ラニ其常禄ヲ食スル世豈此理アランヤ、然レハ今日ノ家禄ナルモノハ誠ニ朝廷旧勲功人ノ子孫を優待セラル丶ト、一時其禄廃スレハ忽チ困難ニ陥ルヘキヲ憐愍セラサ丶トノ特典ニ出ルナルヘシ、然レトモ終歳務ナキノ身ヲ以テ彼冬凍夏渇シテ納税セル農民ノ膏血ヲ分チ食スルハ、固ヨリ至当ノ理アラサルハ各士族モ了知スル所ナルヘシ、然レハ有志ノ輩何レモ其常禄ヲ奉還シ、素餐ノ責ヲ免レント欲セサルハ無ルヘシ、然レトモ如何ニセン因襲ノ久シキ人々自営ノ道ニ慣レス、懼クハ目下飢餓ニ陥リ却テ朝廷ノ累ヲナサン事ヲ、是蓋シ士族一般ノ通情ナラン、然ル処今般内外経費御多端ノ際特別ノ訳ヲ以テ別紙御達ノ通家禄奉還聞届ラレ、資金被下方規則ヲ定メサセラレ、夫々産業ニ就カシメ度トノ御旨意豈無量ノ仁恵ナラスヤ、嗚呼今日斯ル恩典ノ出ル千載一時ノ機会ナレハ各奮発発興起、以テ自ラ反省シ三民ト労苦ヲ同フシ其常禄ノ食ス可カラサルノ理ヲ了解シ速ニ家禄ヲ還シ奉リ農商ニ従事、以テ己カ力ニ食ム事ヲ企ツヘシ、然レトモ一朝莫大ノ恩賜ヲ僥倖シ目下苟且ニ濫費シ終ニ遊手無産ノ徒トナラハ、特ニ三民ニ対シ恥ツヘキ而已ナラス、亦　朝恩ニ辜負スルモノト謂フヘシ、各士族庶幾クハ畢生ノ智力ヲ尽シ子孫永久ノ基本ヲ建テ自主自由ノ権利ヲ全フシ、上ハ　朝恩ノ隆渥ニ報ヒ、下ハ家門ノ保安ヲ計リ候様致スヘク、因テ今般更ニ大属以下貫属授産掛リヲ命ス、其家禄奉還ノ順序授産ノ方法等右掛リヘ稟議スヘク候、此段及告諭候也

明治七年一月　　千葉県令　柴原　和

冒頭、士族の「坐シテ常禄ヲ食ム」状況を非難しているがこれは、明治五年の「徴兵告諭」にも示されている一般の風潮であり、特段、柴原の士族に対する「恐嚇」は感じられない。ただし、柴原は、家禄奉還と就産補助によって

便宜が図られることを「千載一時」であるとして、士族らに常禄で暮らす状況を反省して速やかに家禄を奉還し「己カ力ニ食ム事」を計画すべき、と迫っている。終盤は、士族が「遊手無産ノ徒」になることを危惧して、大属以下に貫属授産掛を命じたとして、士族に対する配慮を強調している。

このように、千葉県令柴原和は家禄奉還制度を士族が自活する「千載一時」の機会であるとして奉還を強力に勧めたのである。

㈣　区内授産掛の設置

柴原は家禄奉還を強く勧める一方、士族の就産も危惧していた。前述の様に、千葉県ではその対策として明治七年二月に区内授産掛が設置されている。ここでは柴原の士族政策の一つとして区内授産掛に注目し、設置の経緯と機能を検討する。

まず、区内授産掛の職能を「区内授産掛心得」の前書から確認しよう。*33

区内授産掛心得

今般特別ノ訳ヲ以百石未満ノ家禄奉還可被聞届ニ付テハ、敦レモ御旨意ヲ体認シ夫々恰好ノ産ニ就キ候様可致筈ニ候得共、卒然不慣ノ農耕ニ従事スル多少ノ工夫無ルヘカラス、是ニ於テ貫族授産掛ヲ置キ諸般之ニ稟議セシムト雖トモ該県ノ士族殆ト八千戸、迚モ二・三官員心力ノ能ク及フ所ニ非ス、依テ更ニ各所ニ就キ有望者ヲ選ミ区内授産掛ヲ設ルモノナリ、区内授産掛タル者此意ヲ体シ上ハ朝廷ノ殊恩ニ対シ下ハ郷党ノ旧誼ヲ思ヒ授産ノ事務懇切誠実ニ取扱候様可致、今令参事ノ准允ヲ得テ定ムル所ノ区内授産掛心得条則、左ノ如シ

士族の就産対策として、県は貫属授産掛を設置したものの、県下士族は「八千戸」ほどで二・三の官員では手が回らない。そこで、各地の「有望者」を選んで区内授産掛を設置するとある。後略以降では一三ヶ条にわたって、区内

授産掛の心得が定められている。

区内授産掛の職能としては、家禄奉還願書への連署（第一・七条）、奉還者の将来の目途を糺すこと（第二・三・五条）、農耕や開墾をおこなう者へ、巧者の雇用や結社を進めること（第九・一〇条）、区内士族への説諭・動静の上申をすること（第一一・一二条）が挙げられる。区内授産掛は、末端における家禄奉還制度の事務及び士族の不穏な動きに対する予防を期待されていたといえるだろう。

しかしながら、士族に区内授産掛を任せることに対して、異論も存在した。[*34]

授産掛選挙法見込申上

士族中授産掛之者被命候ニ付、選挙之方法見込申上候様御沙汰ニ付、退テ私共限相談仕候処、今般之儀ハ士族一般ニ関係仕候儀ニテ一己之産業相立候スラ不容易次第、況同輩之身ヲ以掛リ相勤候猶予御座候人物無覚束奉存候、且授産之御掛リハ則御官員御座候間、別段御設ニ不及哉ト乍恐奉存候、御用向其外伺等之儀ハ同輩一統申合之上、為総代相勤候ハ、可然哉ト奉存候、此段御沙汰ニ付不憚存意申上候、以上

区内授産掛の選挙方法を尋ねられた県の貫属授産掛らは、今回の事は、士族一般に関係することであり、自らの就産すら不容易な中で、同輩のために授産掛を勤める余裕のある人物がいるのか。かつ、授産掛は「官員」であるので、別に設ける必要はなく、用向きや伺いなどは士族の「総代」が勤めれば済むとしている。なお、県内各地では区内授産掛設置前から士族の惣代によって家禄奉還の諸手続はおこなわれている。[*35]貫族授産掛たちは、手続きに惣代が機能しているため、現状のままで良いと考えたのであろう。

このように、士族を区内授産掛とすることに異論がある中で、設置に踏み切った点からは、士族就産を重要視する柴原の姿勢がうかがえるだろう。

なお、設置された区内授産掛の身分が官員であったのか、詳らかにすることは困難であるが、明治七年二月七日に

「区内授産掛給料并旅費支給方法」が定められ、給与および旅費が支給されていることが確認できる。

以上、西村茂樹の回顧を手掛かりに千葉県における家禄奉還制度の実態の一端を明らかにした。千葉県は、全国的にみても家禄奉還制度により大きな成果を挙げた。県令柴原和は、家禄奉還を士族が自活する「千載一時」の機会として、士族の有望者を通じて、県下士族へ家禄の奉還を強力に勧めた。その結果、三分の二以上の士族が奉還に応じることになった。さらに柴原は、士族の「有望者」たちを区内授産掛に任命し、家禄奉還と同時に就産も円滑に進めようと企図したのである。

3 家禄奉還と旧松尾藩士族

本節では、旧松尾藩士族に注目することで、家禄奉還制度が積極的に進められる千葉県下において区内授産掛がいかなる役割を担ったのか、くわえて旧房総入封七藩士族がいかなる動向を示し、地域にいかなる影響を及ぼしたのか明らかにしたい。

まず、房総入封七藩の概況を確認しよう。房総入封七藩は、駿河国・遠江国に本拠を置きながらも、慶応四年の徳川府中藩成立に伴って上総・安房へ移封となった藩である。

七藩を検討する際、特筆すべき点として、藩庁および藩士の居住地が造られたことが挙げられる。七藩の移封先は、代官支配所や旧旗本知行所が主であったため藩庁と居住地の造成が必須であった[*36]。表5の通り、廃藩までに各地に藩が拠り所とする「町」が成立したのである。

本節で取り上げる松尾藩の場合、移封当初は武射郡柴山村観音教寺に藩庁を置き、「柴山藩」を仮の藩名とした[*37]。明治三年一一月、同郡に藩庁と士族の住居からなる「松尾」を建設し、「松尾藩」と改称している。

表5　七藩藩庁所在地

藩名（高）		藩庁所在地
沼津藩→（50,000）	菊間（54,653）	市原郡菊間
田中藩→（40,000）	長尾（50,255）	明治2.6～　藩庁（安房郡長尾村） 明治3.11～ 陣屋（安房郡北条村）
小島藩→（1,0000）	金ヶ崎→桜井（10,179）	明治元～　陣屋（周准郡南子安村字金ヶ崎）【仮】 明治2.3～　陣屋（望陀郡貝淵・桜井村）
横須賀藩→（35,000）	花房（43,743）	明治2.5～　不明（長狭郡花房村） 明治2.8～　藩庁（長狭郡横渚村）【仮】
掛川藩→（50,000）	柴山→松尾（53,427）	明治2.5～　公庁（武射郡柴山村〔観音教寺〕）【仮】 明治3.11～　公庁（武射郡松尾＝同郡猿尾・田越・八田・水深・五反田・大堤・小借毛・馬渡村入会）
浜松藩→（60,000）	鶴舞（69,624）	明治2.2～　庁舎（埴生郡長南矢貫村三途台長福寿寺）【仮】 明治3.4～　藩庁（鶴舞＝市原郡字桐木原）
相良藩→（10,000）	小久保（11,265）	明治3.7～　藩庁（天羽郡小久保村）

註）出典は以下の通り．「各県歴史」（『千葉県史料』近代編明治初期1）．『静岡県史』資料編4近世2．

また、諸藩と同様に松尾藩においても藩治職制や「諸務変革」、藩制にしたがって適宜藩政の再編がおこなわれている。禄制改革に限ってみれば、明治二年八月からと、明治三年一二月からの二度実施され、家禄の平均化が進められた。この改革によって改革前、一〇〇〇石以上から三石二人口まであった格差は、最大二二五石（現米）、最低二石七斗（同上）に圧縮されている。藩士らは、低廉な家禄を頼りに廃藩後の生活を営む必要があった。

なお、廃藩後の旧七藩士族の状況が、直接うかがわれる史料は管見の限り見当たらない。しかし、明治七年一月一四日、千葉県より内務卿宛「士族開墾之借地無代被下方再応伺書」から、旧七藩士族の置かれた状況が一般に悪く見られていたであろう一端がうかがえる[*38]。

「再応伺書」は、館山藩士六八人が旧藩主から借りて菜園を営んでいた土地を、無償で彼らの私有地とすることを千葉県が願い出たものである。この中で「館山藩ノ儀ハ戊辰転封ノ藩ニハ無之候得共、従前居住地狭隘ノ処一同貧窮」であったため、旧藩主から芝地を借り受けた、という記述がある。「戊辰転封ノ藩」が、他藩士族の窮乏を訴える際、引き合いに出されることは、彼らが生活に苦慮していた一端を示しているといえるだろう。

このように数度の改革によって家禄が低廉になった旧七藩士族らは、廃藩後、縁の薄い地での生活を余儀なくされていたのである。

(一) 家禄奉還のはじまり

旧松尾藩において家禄奉還が始まるのは、明治七年一月九日に総代の出頭が要請されてからである。まず、その経過を確認しよう[*39]。

明治七年一月九日、千葉県庶務課から第九大区一小区区戸長へ対し、区戸長の内一名と、旧松尾藩士族の須貝信民・長塩信周・青木仲亮・東静磨らの中から、総代として三名を一五日に出頭させるように達しがあった。この通達を受けて長塩・青木・東の三名は、一五日に県庁へ出頭した。翌一六日、柴原より「士族家禄奉還之儀ニ付詳細御告諭」がなされた。彼らは一九日の帰村後、「御告諭之御旨意」を伝えたいとして、二二日午前一二時より「大堤村元会所」において集会をすると「旧松尾県貫属御一般中」へ通達した[*40]。こうして、旧松尾藩において家禄奉還制度が開始される。

さて、柴原が「有望者」を通じて、家禄奉還を推進したことは、前節で明らかにした通りであるが、松尾藩の場合、須貝信民・長塩信周・青木仲亮といった藩政の中心になった人物と共に、東静磨が出頭を要請されていることは注目されよう。

東静磨は、天保七年(一八三六)の生まれ。禄高の面では、明治の改革前は一五人扶持、明治三年の第二次禄制改革においては一九石と、上等の下位ほどに位置する[*41]。東家は、寛政期に仕官して以来、砲術等の軍事技術を有する家柄であり、幕末には高島流砲術の指南役などを勤めている[*42]。明治二年に、藩がフランス式兵制を導入した際には修業のため二ヶ月間、佐倉藩へ派遣されるなど、砲術・西洋兵学に通じた人物であった。[*43] 明治四年四月には松尾藩中尉を、[*44] 木更津県においては鉄砲検査掛を勤めている。[*45] このように東は、藩政において主要な地位にあった人物とはいえないが、旧藩の軍事向き関係者との関係や、木更津県下での働きから「有望者」として出頭を要請されたものと考えられる。「有望者」が必ずしも旧藩指導層に限らなかったことがうかがえるだろう。

話は前後するが、東の記録からは柴原が奉還の告諭に対して請書を提出させていたことが分かる。東らは一月一六日に柴原より告諭をされると翌日、告諭を「至当之公儀与拝承」したと請書を提出している。[*46] それに伴って数点の質問をしている。質問の要点を掲げれば次の通りである。

①奉還に応じた場合、資本金はその年から支給されるのか、②諸県庁へ出仕する者や、他所へ寄留している者へは、今回の告諭の趣旨を伝えるべきか、③官林荒蕪地の払い下げについて、最寄りに適当な地所がなく、他に産業の目途が立たない場合、相当の田地は「下賜」されないのか、④従来薄禄により負債も少なくないため、「若干之資本金」を受け取ったところで、それは「資本金」には充て難い。その場合、どのような処置があるのか。

これらに対する千葉県の回答は不明であるが全体を通じて、家禄奉還後の生計を危惧していることが分かるだろう。特に④からは、旧藩士の中には、負債を重ねており、奉還後の生活が危惧される者がいることが分かる。

このように明治七年一月、松尾藩においても「有望者」を通じて、家禄奉還の告諭がなされ、奉還制度が実施されることになった。では項を改め、旧松尾藩における区内授産掛の活動を検討しよう。

(二) 区内授産掛の任命と活動

明治七年二月二〇日、区内授産掛の任命がおこなわれた。[*47]

旧松尾藩では表6の通り、総代の四人に加えて、公議人を勤めた里見良斎・地方統治の実務にあたった織本久員・

表6　区内授産掛一覧

名前	「松尾県歴史」	他史料
○須貝信民	なし	執政（明治2年5月18日） 【家令】（明治2年9月20日）
○青木仲亮	松尾藩参政（明治2年5月19日） 松尾藩権大参事（明治2年10月2日） 免官（明治3年10月2日） 松尾藩少参事（同日）	—
里見良斎	松尾藩参政（明治2年5月19日） 松尾藩公議人（明治2年7月29日） 松尾藩権大参事（明治2年10月2日）	—
○長塩信周	松尾藩参政（明治2年5月19日） 免官（明治2年10月2日） 松尾藩少参事《宣教使》（明治3年10月2日） 免官（明治3年10月19日） 松尾藩少参事（明治4年3月3日）	【近侍正】（明治2年5月18日） 【家扶】（明治2年11月）
○東静麿	なし	松尾藩中尉（明治4年4月）
織本久員	松尾藩郡政方掌事（明治2年6月13日） 松尾藩少属（明治3年10月4日）	—
和田貞典	松尾藩史記（明治2年6月13日） 松尾藩郡政方掌事（明治2年12月25日） 松尾藩権少属（明治3年10月4日）	—

註 1）山武市松尾町松尾東義雄家文書 A-30「諸控（家禄奉還から士族授産まで）」（『掛川藩から松尾藩へ―近代編―』山武市郷土史料集 17）より作成．それぞれの職歴は「松尾県歴史」および，太田家文書 66「資美公御履歴大概」，東義雄家文書 A-16「辞令（任松尾藩中尉）」より．

註 2）「名前」欄の○は総代を，「他史料」欄の【　】は家庁の職を示している．

和田貞典らが区内授産掛に任命されている。

区内授産掛に任命された七人は、さっそく二月二四日、次の申合せをおこなった。[*48]

申合之部

一当分之内、一ヶ月十二度会議日相立、会議所順番持之事

一奉還者江連署之儀ハ会議日江持出、商議スヘキ事

一願書ハ相応ニ相集リ候上、脚夫相立差出候而ハ如何ニ御座候や

但、壱人ニ付而五拾文之御賃取立候事

一授《産》産《業》之段相立カタキ向并松尾貫属離散セザルタメ会社相設度候事

但、会社之儀ハ賃金・質

物・両替・米穀其他商法相開キ度事
右ニ付、九十九里浜ニ而取揚候干鰯取引ハ、松尾貫属江御任セ相成候様許可請度事

まず、一ヵ月に一二度、会議が催されることになった。次に奉還願書への連署は、会議日に協議した上でおこなうことや、願書が相応に集まったら送付すること、就産が困難な者や、松尾貫属が離散しないようにするため、会社を設立することが定められた。会社については、九十九里浜の干鰯の取り扱いを願い出るとしている。

また、就産の便宜と同胞の離散を防ぐため、会社の設立を計画した点からは、区内授産掛たちが家禄奉還制度の進むなかで、旧藩の紐帯の維持に危機感を抱いていることがうかがえるだろう。旧松尾藩士族による会社が実際に営業されたかは定かでないが、次の史料からある程度具体化していた様子がうかがえる。その目的が分かる前半部分を掲げよう。[*49]

会社規則

御大政維新ノ折柄常職無シテ永ク常禄ヲ食ム可カラサルハ何レモ承知ノ儀ニハ有之候得共、方向ナクシテ家禄ヲ還シ奉リ候時ハ忽チ困難ニ陥リ却テ　朝廷ノ御累ヲナサン事ヲ恐レ、目下飢餓ニ及ハサル様同志ノ者申合組合商社相開候儀ニ付、相互ニ戮力維持シ規則ヲ以テ主人ト見放（倣カ）シ信義ヲ旨トシ丹誠永続可心掛事

一会社ハ追テ基礎確定ノ後衆議ヲ遂ケ至便ノ地ヲ相シ築造可致、当分仮ニ大堤村ノ内可然屋舎借請開業可致事

一管庁御許可ノ上新ニ社印ヲ作リ会社ニ関係ノ事件ハ細大皆此印ヲ用ユヘキ事

一家禄奉還ニ付資本御下渡相成候現金ノ内、可成丈半高以上ニ及ヒ候様十円ヲ一口ト相定、出金何口所持ストモ制限ナカルヘシ、尤出金高ノ半額ヲ不動産、半額ヲ動産ノ目途ニテ開業利潤ヲ量リ候上、半数ノ金高増減可致見込ニ候得共商法ニ組合利益相斗候カ、又ハ商事ニ関係セス金利取ノミニ加入カ、或ハ出金高ノ内分合ヲ以両持シ候トモ銘々ノ望次第タルヘキ事

一前条家禄奉還相願候共資金御下ノ遅速難斗ニ付、同志ノ者ハ不取敢今般御下渡相成候後レ渡家禄一ヶ年分ノ内ヨリ力ニ応シ幾口ナリトモ出金開社可致事

この規則の作成年月日は不明であるが、家禄奉還をしても「資金御下ノ遅速難斗」という一節があるため、比較的早い段階のものと考えられる。まず前書きで、見込みなく家禄の奉還をし、困難な状況になれば朝廷へ累を及ぼすことになる。目下、飢餓に陥らないために、同志の者で商社を開く、とある。会社の資金は、家禄奉還によって支給された資本金の半分（一口一〇円）を目安に集めるとする。後半部分では、預金・質地・質物・資金の貸付をおこない、各自の事業の便宜を図るとされている。具体的な案としては、「九十九里ノ産」・穀物類売買・養蚕・製茶・輸入品売買・醸造を挙げている。他に「臨時見込ノ商法」があり、社長以下の同意が得られれば、資金の貸付がおこなわれる。その商法が失敗した場合でも、補償がなされる。また、社中の者には「商法」に加入する者の他に、「金利取」のみに加入する者の二種が存在するようで、資本金を一口でも出せば、毎年末に配当があった。

なお、松尾には後年、松尾銀行や松尾運送会社[*50]、明治一七年三月に創業された繭売買会社「蚕盛社[*51]」など諸会社が確認できるが、この会社構想との関連は不明である。

また、区内授産掛は資本金自体に対して要望を出すなどの活動もしている[*52]。明治七年三月には、朝恩に報いるため結社を計画しているが、農工商に従事することは不慣れであり、今回の資本金では如何ともし難い。そこで、証券（秩禄公債）にて下げ渡しの分を現金とするか、現金・証券ともに一年分増額してほしい。また、一〇石未満の者は、特に苦境にあるので「格別ノ御取扱」をしてほしいと願い出ている。

このように区内授産掛は、家禄奉還制度の事務を末端で担うのみならず、藩士の離散防止や就産のための会社設立を計画したり、資本金の支給方法・額に対する要望を県に対しておこなったりするなど、旧藩を代表する立場で主体的に行動していた。区内授産掛は、家禄奉還と同時に就産も円滑に進めようとした柴原の期待した通り活動したとい

えるだろう。ただし明治八年以降、区内授産掛の活動は確認できなくなる。家禄奉還への連署はもちろん、家禄奉還願いの提出先は同掛であるはずだが正副戸長が担当している。[*53] 授産掛を勤めた東静磨は、明治七年一二月に免職となっており、[*54] 同じく同掛を勤めた織本久員が、戸長として確認できることから、明治八年には区内授産掛が廃止され、代わって、正副戸長が家禄奉還と士族授産の事務を担当したとも考えられる。区内授産掛のさらなる実態解明は今後の課題としたい。

(三) 家禄奉還に応じた旧藩士の行方

本項では、「家禄奉還連署控」[*55] および「家禄奉還並転籍願」[*56] の両史料を用いて、奉還に応じた藩士らの内二五七人の動向を明らかにしたい。当時、旧松尾藩で家禄奉還の対象となったのは、戸数六二七軒、禄高七〇九四石、金一五円であったので、[*57] 両資料を用いることで旧藩士のおよそ三分の一の動向が把握できる。

まず、両史料について確認しよう。「家禄奉還連署控」は東静磨が総代・区内授産掛の業務過程で作成した史料で、明治七年二月から八月までの奉還者の名前が分かる。奉還者の一部は家禄高・奉還高の記載もある。「家禄奉還並転籍願」は、表紙に「第九大区扱所」とあることから、同役所でまとめられた書類と考えられる。明治八年三月以降に旧松尾藩士の提出した「家禄奉還願」、奉還後の生計を記す「目途書」、地所払い下げの入札に参加するため、県へ送る書類を依頼する「添書願」、移住のために提出する「貫族替願」・「転籍願」が綴じられている。

一例として栗田直長の動向を確認しよう。栗田直長の家禄は、第一次禄制改革前が六石二人口、第二次禄制改革後が一〇石である。藩士全体でみれば中層の下位に位置する。「藩士姓名并家禄高」では、中門番を勤めていることが確認できる。[*58]

栗田の家禄奉還に応じた時期は、「家禄奉還連署控」では、明治七年五月五日に名前が確認できるものの、奉還禄

表7　移住希望先

移住希望先	人数
浜松県	32
東京府	16
神奈川県	8
足柄県	3
千葉県	3
新川県	2
新治県	1
熊谷県	1
計	66

註）「家禄奉還並転籍願」（千葉県文書館所蔵おとづれ文庫イ535）より作成.

高の記載がない。[*59] また、「家禄奉還並転籍願」では、明治七年七月に四石五斗を奉還した旨が書かれており、判然としない。[*60] ともかくも明治七年中に一部奉還をおこなったことは確かである。そして翌年三月二八日、「地所御払下御添書願」を提出し、「浜松県下遠江国」の官有地の払い下げを希望するとして、千葉県へ添書の発行を願い出る。さらに栗田は、同年五月二〇日に全禄奉還を願い出た。同日に提出した「目途書」によると、土地購入の後は「茶葉植込生産」をする予定であるという。

このように栗田は、明治七年と八年の二度に分けて家禄奉還をおこなっている。栗田が浜松県下遠江国で官有地を求めたことは、移住を見越してのことであるが、旧掛川藩領があった遠江国を候補とした点は注目に値するであろう。

さて、栗田直長は浜松県への移住を計画していたが、旧藩士全体ではどのような動向がうかがわれるのか。表7は、明らかな六八人分の移住希望先を示したものである。

移住希望先で多いのは浜松県である。次いで東京府、神奈川県、足柄県が続いている。浜松県・足柄県は旧藩領が含まれる地域であり、六六人中三五人が移住を希望している。つまり、千葉県に定住せず、旧掛川藩領を中心に生活の糧を求める、旧松尾藩士が離散している可能性が指摘できるであろう。[*61]

他六藩の場合はどうか。菊間藩でも旧藩士が離散している様子がうかがわれる。史料を掲げよう。[*62]

十月四日午前八時千葉町出発巡回順序ハ菊間ヨリ一ノ宮・松尾、夫ヨリ佐倉ヲ廻リ候心得ニテ先ツ第五大区扱所菊間ハ其区画内ニ在リニ至り其順序ヲ尋問セントセシニ折節臨時議会ヲ開クニ除シ午時ヲ以テ副区長元吉元平ニ面シ菊間ノ模様ヲ尋ネ候処、元大属某私共出張ヲ待居候趣ニ付直ニ同地扱所ニ参リ候処、戸塚昌言元大属来リ云々之苦情アリ該県元大少参事及ヒ事務ニ関シテ上等ニ班セシモノ当時壱人モ当地ニ住居セス殊ニ手控遺書等捜索スルノ便モ無

之、迚モ取調難相成旨頻リニ申出候

（後略）

これは、明治九年の府県史料編纂の際の報告書である。[*63] この報告書を作成した千葉県小属の長谷川十郎は、旧菊間・一宮・松尾・佐倉藩の編纂の指導を担当しているが、菊間は事務の内容を知る「上等」の藩士が一人も菊間に居住しておらず苦慮したことが分かる。金禄公債証書の発行を前にして、既に一部の旧藩士が菊間から去っているのである。なお、「菊間県歴史」の編纂は未完成に終わっている。

次に、鶴舞藩が築いた鶴舞の事例を確認しよう。[*64]

鶴舞村

市原郡ノ南方山間ニ在リ（略）此地旧時ハ桐木台ト唱ル原野ニシテ農戸六・七ニ過キス、明治元年戊辰浜松藩主井上正直領地ヲ本州ニ移サレ城邑ヲ経営シテ鶴舞藩ト称ス、是ニ於テ商・工亦従テ移住シ頓ニ一市井ヲ成ス、廃藩ノ後始テ村ト称ス、毎月六回開市有リ雑貨ヲ販売ス、本村ノ西北一里余牛久村有リ、本郡南方ノ要区ニシテ古来開市ノ盛ヲ以テ著ル、本村ノ開ケシヨリ後、商売牛久ニ往カスシテ本村ニ市シ商況大ニ衰フ故ニ、本村廃藩ノ後頓ニ衰微スト雖モ開市ニ至テハ著シキ衰態無シ、現今郡役所出張所・警察分署等有リ、戸数二百四十五戸、人口千五百三十九人居民商及ヒ工ヲ業トシ、又定業無キ者多シ

表8　鶴舞の戸数・人口変遷

年	戸数	人口	人口順位
明治 7	627	3,126	8
明治 13	368	1,572	21
明治 19	271	1,275	39

註）『千葉県史』明治編より作成.

これは、人口から明治二〇年頃の鶴舞村の様子を表わしていると考えられる。鶴舞では、廃藩後に「衰微」したが、毎月六回の市が開かれていたため、著しい衰態はしていないという。しかし、表8を確認すると、鶴舞が明治七年から一三年、つまり秩禄処分が実施された時期に、著しく衰退をしている様子がうかがえよう。

鶴舞は、明治七年段階で太政官地誌課編さんの「日本地誌提要」において、千葉県の「名邑」の一つに数えられる規模であったが、徐々にその地位を失っていると、既に『千葉県史』において指摘されている。*65 藩庁の所在地であったことはもちろん、旧松尾藩士が旧掛川藩領を中心に生活の糧を求めて離散していくことを鑑みれば、地域性の薄い駿遠からの入封藩であったことが、鶴舞の衰退に拍車をかけた一因といえるだろう。

おわりに

以上、千葉県における家禄奉還制度の実態と旧七藩士族の動向を検討した。

千葉県は、士族の三分の二以上が奉還に応じるという、全国的に見ても有数の成果を挙げた府県であった。その背景には、西村茂樹が「恐嚇」と評した県令柴原和による強力な勧誘が存在した。一方、柴原は、士族の就産を危惧し、区内授産掛を設置する。旧松尾藩の場合、区内授産掛が会社設立を計画していた他、資本金に対する要望を県へ上申するなど、旧藩を代表する立場で主体的な活動をおこなっていたことが明らかになった。

また、千葉県においては積極的に家禄奉還制度が進められる中、地域性の乏しい旧七藩藩士の離散を招き、くわえて士族の存在に拠って成り立っていた七藩の旧藩庁所在地に大きな影響を及ぼしたことを指摘した。

すなわち、千葉県における家禄奉還制度は、県令柴原和の下で積極的に運用され、大きな成果をあげたといえるだろう。そして、家禄奉還制度の進展は、士族、そして彼らが拠り所とした地域にとって、廃藩以来、最初の大きな転機となったのである。

課題としては丹羽氏の手法に学びつつ、千葉県における当該期の貢納の形態、それと関わる家禄支給の形態について考慮する必要があるだろう。また、『千葉県史』明治編では「佐倉巡査に鶴舞教師」*66 という言葉が紹介されている。

これは、佐倉藩士は巡査に、鶴舞藩士は教師になるものが多かったということをあらわした俗語に過ぎない。しかし、設立間もない千葉県師範学校で学んだ千葉県葛飾郡加村の岩田僖助は、学校内において自らが会長を務める「自由派」の「土曜会」に対立した存在として旧鶴舞藩士を中心とした「党」があったと、次のように回顧している[*67]。

明治十一年九月、千葉師範学校内に土曜会なるものを起し毎土曜日晩餐後有志者講堂に会し、自由の演説討論をなし、以て自由党に擬し予はその会長たり、（中略）明治十二年六月生徒竹山索次当主となり教員溝部惟幾後援を以て自由派の土曜会に儕る、彼等節の良否に党するに非ずして努めて人身攻撃なり、特に会長たる予の譏謗排撃甚だし、此党上総鶴舞藩士族の在学者多きに誇り之が徒党せるものなり、独り下村鉄太朗のみ之に加はらず

松尾においても旧藩士の磯辺泰・平川董らが地域において活躍しているほか[*68]、旧藩士が正副戸長や大区扱所の司計・書記を務めている[*69]。彼らのように秩禄処分後も地域に残った旧藩士がいかなる役割を果たしたのか検討する必要もあると考える。

註

＊1　秩禄処分については、明治の段階から大蔵省による諸資料の編纂がおこなわれており、「族禄処分録」（編さん年不明）、「秩禄処分顛末略」（明治三〇年の家禄章典禄処分法完了後）、「秩禄処分参考書」（大正一二年）が、大内兵衛・土屋喬雄編『明治前期財政経済資料集成』第八巻（明治文献資料刊行会、一九六三年）に収録されている。士族研究の基礎としては、吉川秀造氏・我妻東策氏が秩禄処分・士族授産の主に制度面を（吉川秀造『士族授産の研究』全訂改版、有斐閣、一九四二年、初版は有斐閣、一九三五年、及び我妻東策『士族授産史』三笠書房、一九四二年）、深谷博治氏が主に政治過程を明らかにしている（同氏『華士族秩禄処分の研究』吉川弘文館、一九七三年、初版は高山書院、一九四一年）。士族と社会の関わりについては、社会学の分野から、安田三郎氏が新たな社会制度の下でも、士族が経済的・社会的・政治的に、相対的に高い地位を享受していると指摘している（同氏『社会移動の研究』東京大学出版会、一九七一年）。また、園田英弘氏・濱名篤氏・廣田照幸氏らも社会学的手法をもって士族の検討をおこない、士族の意識・慣習行動の変化は緩慢であることや、上級武士―下級武士間、士族―平民間での大規模な逆転現象は存在せず、変化

は緩慢で漸進的であったことを明らかにした（同氏『士族の歴史社会学的研究—武士の近代—』名古屋大学出版会、一九九五年）。近年では、落合弘樹氏が明治初年の禄制改革から家禄章典禄処分法まで含めた秩禄処分の過程、不平士族の動向と、明治期における士族をめぐる状況を総合的に明らかにした（同氏『秩禄処分 - 明治維新と武士のリストラ』中公新書、一九九九年、及び『明治国家と士族』吉川弘文館、二〇〇一年）。また、布施賢治氏は下級武士研究の中で前橋藩を事例に、士族の階層性に留意しつつ秩禄処分・西南戦争への対応・士族授産の検討をおこなった（同氏『下級武士と幕末明治—川越・前橋藩の武術流派と士族授産』岩田書院、二〇〇六年）。千葉県における成果としては、『佐倉市史』において篠丸頼彦氏が「城下町佐倉の研究」の要点として、秩禄処分と士族授産を取り上げ、旧藩士の動向やなど基礎的事項を明らかにした（『佐倉市史』巻三、佐倉市、一九七九年）。近年では、藤方博之氏が旧佐倉藩士族が集った同協社の活動を検討し、支配機構と切り離されても、なお強固な「家」観念が存在したことを指摘している（同氏「旧佐倉藩士族結社の活動と士族の「家」—同協社を事例として—」地方史研究協議会編『北総地域の水辺と台地—生活空間の歴史的変容—』雄山閣、二〇一一年）。

＊2　前掲吉川『士族授産の研究』。

＊3　丹羽邦男『明治維新の土地変革』（お茶の水書房、一九六二年）。

＊4　前掲落合『秩禄処分—明治維新と武士のリストラ—』及び『明治国家と士族』。

＊5　前掲布施『下級武士と幕末明治—川越・前橋藩の武術流派と士族授産—』。

＊6　七藩の入封に関しては、三浦茂一氏が府中藩七〇万石の創設と、そのための大規模な諸藩転封、換邑の政策は「房総近代の特質を形成する一契機」となったと興味深い指摘をしているものの、具体的な検討にまで及んでいない（同氏「明治維新期における直轄県の形成」小笠原長和編『東国の社会と文化』梓出版社、一九八五年所収）。

＊7　「（前略）海内数百之城下一時被廃候、付而は已に従来商工之二つを家と致し居り候もの一時困窮仕候は当然之理（後略）」（明治五年八月「内閣員へ贈りし書翰」、日本史籍協会編『木戸孝允文書』四、東京大学出版会、一九三〇年、一九七一年復刻、三八二頁）。また、奥田晴樹氏は近代地方都市史の一環として金沢士族の授産事業の展開を検討する中で、士族の居住状態を分析し、士族が社会集団としての単一性はもとより、独自性をも喪失しつつあった状況を見出している（奥田晴樹「金沢の士族と授産事業」橋本哲哉編『近代日本の地方都市　金沢／城下町から近代都市へ』日本経済評論社、二〇〇六年所収）。

＊8　厳密には家禄奉還制度は、これ以前から存在したことを深谷博治氏が指摘している。前掲「秩禄処分参考書」では、明治三年より「帰農奉還」が始まったとし、六年末からの奉還制度を「仰資奉還」として区別している。

＊9　明治六年太政官第四二三号（布）および太政官第四二四号（布）（内閣官報局編『法令全書』第六巻ノ一、原書房、一九七四年）六六四頁。
＊10　明治六年太政官第四二五号（布）（同右）六八五頁。
＊11　明治六年太政官第四二六号（達）（同右）六八五頁。
＊12　明治七年太政官第三七号（布）（内閣官報局編『法令全書』第七巻ノ一、原書房、一九七五年）三〇頁。
＊13　前掲明治六年太政官第四二六号（達）。
＊14　「家禄税賦課其外ノ儀心得方伺並各地方ヘ内達届」（公文録・明治七年・第四十六巻・明治七年四月・内務省伺（二）、［請求番号］本館―2A―009―00・公01062100［件名番号］028、国立公文書館所蔵）。
＊15　明治七年太政官布告第一一八号（前掲『法令全書』第七巻ノ一）一六二頁。
＊16　明治七年太政官布告第一一九号（同右）一六二頁。
＊17　明治八年太政官達第一二五号（内閣官報局編『法令全書』第八巻ノ一、原書房、一九七五年）六六一頁。
＊18　前掲「族禄処分禄」二五五頁。
＊19　同右二五七頁。
＊20　大蔵省理財局編『国債沿革略』（一九一八年）一二八頁。
＊21　ただし、現金支給額は計算をおこなうと一九三二万六七二九円七八銭五厘となり、一〇〇円の差異が生じる。
＊22　石井良助「史料解説」（『千葉県史料』近代編明治初期三、千葉県、一九七〇年所収）。近年では、神崎勝一郎氏がこれまでの研究が柴原県政の全体像をとらえたものとはいえないと批判して、地方三新法以前の地域社会を含めた県政の構造を検討した（神崎勝一郎「内務省設置前後の地方官（Ⅰ）―千葉県令柴原和の事例を中心として」（政治経済史学会編『政治経済史学』四六二号、二〇〇五年所載）及び「内務省設置前後の地方官（Ⅱ）―千葉県令柴原和の事例を中心として」『同』四六三号所載、二〇〇五年所載）。
＊23　杉本敏夫「藩制の解体」（木村礎・杉本敏夫『譜代藩政の展開と明治維新』文雅堂銀行研究社、一九六三年所収）。
＊24　「印旛県歴史」（『千葉県史料』近代編明治初期二、千葉県、一九六九年）三〇八頁。
＊25　西村茂樹「記憶録　十八　廃禄の挙」（『改訂増補　西村茂樹全集』第四巻著作四、日本弘道館・思文閣出版、二〇〇六年）一六二頁。
＊26　真辺将之『西村茂樹研究―明治啓蒙思想と国民道徳論―』（思文閣出版、二〇〇九年）。
＊27　前掲「記憶録　十八　廃禄の挙」。

＊28　前掲「県治方向」（『千葉県史料』近代編明治初期三、千葉県、一九七〇年）三四〇頁。
＊29　「県治実践録」（千葉県立中央図書館所蔵）。
＊30　同右。
＊31　前掲「県治方向」。
＊32　前掲「千葉県歴史」明治六・七年、一〇頁。
＊33　同右一一頁。
＊34　「諸控（家禄奉還から士族授産まで）」山武市松尾町松尾東義雄家文書A―30。以下、東家文書（『掛川藩から松尾藩へ』近代編、山武市教育委員会、二〇一一年）。
＊35　明治七年二月八日、千葉県庶務課は「貫属士族惣代」へ対し、仮県庁が焼失したため「家禄奉還願書」・「伺書」・「授産掛り入札書類」を再び調べて差出すように指示をしている（「（士族授産関係通達）」山武市松尾町松尾東義雄家文書A―33。
＊36　七藩へは「居城モ之無場所」への移封として、政府から援助がなされている（「東京城日誌」第一四『太政官日誌』別巻二、東京堂出版、一九八四年）九六頁。
＊37　以下、特に断らない限り『松尾町の歴史』特別篇（松尾町、一九八三年）に拠る。
＊38　前掲「千葉県歴史」明治六・七年、六頁。
＊39　「（出頭令状）」東家文書A―31、個人蔵。
＊40　「（書簡）（家禄奉還通達ニ付）」同家A―34。
＊41　「藩士姓名并家禄高」山武市松尾町太田家文書2（松尾町史）（前掲『掛川藩から松尾藩へ』近代編）。以下、太田家文書（松）。
＊42　「山武市松尾町松尾東義雄家文書目録解題」（前掲『掛川藩から松尾藩へ』近代編）。
＊43　「資美公御履歴大概」上総国柴山太田家文書66、明治二年一〇月二日条、国文学研究資料館マイクロ収蔵。
＊44　「辞令（任松尾藩中尉）」東家文書A―16、個人蔵。
＊45　「辞令（鉄砲検査掛）」東家文書A―18、個人蔵。
＊46　前掲東家文書A―30。
＊47　同右。
＊48　「（書簡）（士族授産関係）」東義雄家文書A―37、個人蔵。

＊49 前掲東家文書A—30。
＊50 『山武郡郷土誌』（千葉県山武郡教育会、一九一六年。一九八七年、臨川書店より復刻版発行）。
＊51 前掲『千葉県史』明治編（千葉県、一九六二年）。
＊52 前掲東家文書A—30。
＊53 「家禄奉還並転籍願」市原市養老おとづれ文庫文書イ535、千葉県文書館所蔵。以下、おとづれ文庫文書。
＊54 「辞令（区内授産掛免除）」東家文書A—37、個人蔵。
＊55 「家禄奉還連署控」東義雄家文書A—35（前掲『掛川藩から松尾藩へ』近代編）。
＊56 前掲おとづれ文庫文書イ535。
＊57 前掲東家文書A—30。
＊58 前掲太田家文書（松）2。
＊59 前掲東家文書A—35。
＊60 以下、栗田直長の動向は前掲おとづれ文庫文書イ535に拠る。
＊61 丹羽邦男氏は、新潟県の払下げ地の検討をおこない、士族に農業・林業・畜産業を営む意図はなく、立木伐採・転売が目的であり、これが短期間での窮乏につながったという見方を示しているが（前掲丹羽『明治維新の土地変革』）、旧松尾藩士族の動向からは、定住を企図している様子がうかがえる。丹羽氏の払下地に注目する手法に学びつつ、府県・旧藩ごとの実態研究が求められているといえるだろう。
＊62 「松尾県歴史原稿」（千葉県立中央図書館蔵）。
＊63 千葉県は県庁火災によって引継記録が焼失したため、編纂は記録の収集から始められている。千葉県の「府県史料」編纂については、鎮目良文氏によって、その過程と関係史料の現存状況が明らかにされている（同氏「千葉県の『府県史料』—「記録」と「史料」の分離以前の時代—」『千葉県の文書館』八号、千葉県文書館、二〇〇三年所載）。
＊64 『大日本国誌 上総国』第一巻（ゆまに書房、一九八八年）。
＊65 前掲『千葉県史』明治編。
＊66 同右。『市原市史』下巻（一九八二年）では「鶴舞教師に佐倉巡査」とある。鶴舞藩出身の教育者としては、日本点字の翻案をおこなった石川倉次が特筆される。

＊67　「岩田家自伝」岩田要家文書19、個人蔵、流山市立博物館収蔵マイクロフィルムにて閲覧。
＊68　前掲『松尾町の歴史』特別篇。
＊69　「役員録第九大区」おとづれ文庫文書ノ2511。

【付記】最後になりますが、貴重な史料を閲覧する機会を下さいました東家、岩田家の皆様、史料閲覧の便宜を図って頂くのみならず、様々なご教示を下さりました山武市歴史民俗資料館の皆様に深く御礼申し上げます。

六　熊谷県における集会

――小区集会と区内集会を中心に――

江連　晃

はじめに

本稿で取り上げる「集会局仮規則」は、基本的に地方民会研究[*1]との関連で扱われてきた。地方民会の研究では、大江志乃夫氏[*2]や内藤正中氏[*3]の研究に代表されるように自由民権運動と関連付けられ、いわゆる「公選民会」か「区戸長民会」かで捉えられることが多く、民会の実態研究がなされるのはこれより後の時代となる。

地方民会自体の研究としては、渡辺隆喜氏[*4]の研究があげられる。しかし、同氏は民会とは人民に選出された人々で行うもので、区戸長民会は役人たちによる相談会という評価を下しており、前述の傾向が見られる。

丑木幸男氏[*5]は三新法公布以前に県会・大区会・小区会・町村会[*6]が開かれていた場所を掲げ、その構成について言及している。氏はこれらの会を「区戸長を議員として行政執行上の打合せを中心にし、地方官会議後民会として実質を備えるようになった府県が多いと評価されるが、行政事務打ち合わせ的な性格の段階では区戸長の職務を補完した」

表1　入間県および熊谷県の区戸長制

	入間県	群馬県	熊谷県	
			旧入間県側	旧群馬県側
大区	なし	区長	なし	区長
小区	戸長	戸長	副区長	副区長
町村	副戸長・准副戸長・立会人	副戸長・組頭・総代人	戸長・副戸長	戸長・副戸長

註）『新編埼玉県史』通史編 5 および丑木幸男「地方民会と地方自治要求」『地方史研究』191，第 34 巻 5 号より作成.

とし、その性格を指摘している。

松沢裕作氏は、[*7]地方民会の具体的な様態を分析することで、「大区小区制」期の府県庁と戸長の関係を明らかにし、固有の歴史的位置で民会を把握することを試みている。

本稿では、熊谷県の「集会局仮規則」とそれに基づいて設置されていった集会の開催状況や構成について明らかにすることを目的とする。

1　熊谷県と集会局仮規則

(一)　熊谷県の構成と職制

熊谷県は明治六年（一八七三）六月一五日、入間県および群馬県が合併され、成立した県である。県令は河瀬秀治であり、彼は入間県と群馬県の兼ねており、熊谷県への合併は一県令による二県分割支配を統合したということになる。[*8]この時に旧両県の大小区制に変化はなく、旧入間県側に南を、旧群馬県側に北を冠することで区別をした（本稿ではこれ以降、熊谷県の旧入間県側を指す時は「南側」、旧群馬県側を指す時は「北側」と表記する）。

また、同年五月の入間県時代に「正副区長戸長及ヒ立会人職制概略」[*9]が布達されており、新たな区戸長制が敷かれている。これは合併して一緒となった旧群馬県側にも適用されており、熊谷県が廃止される明治九年（一八七六）八月の時点でも使われている。ただし、旧入間県側には区長が置かれなかったため、区政は副区長が受け持った。

補足として、入間県・熊谷県の旧入間県側・旧群馬県側の区戸長が設置された所を示す表1と熊谷県の大小区と町村の数を示す表2を参考として掲げておく。

(二) 集会局仮規則の制定

入間県時代の、明治六年(一八七三)五月に「集会局仮規則」[*10]が発布されており、「大区集会」と「小区集会」を設置するように定められ、実際に機能し始めたのは熊谷県となった後である。この仮規則が出されたことによって、これまで熊谷県が地方民会成立の先駆け、もしくは原型の一つとして捉えられることが多く、ここが開明的な県として位置づけられる要因の一つである。そのため、この規則と規則に基づく大小区集会の構成については先行研究の中で持ち出されているが、ここで今一度確認をしておきたい。

まず、この「集会局仮規則」は熊谷県令の河瀬秀治が、小菅県・印旛県時代の経験から従来の協議場[*11]にかわって集会局を開設したもので、「印旛県集会局仮規則」を採用し、議事体制を体系化したところに特徴があるといわれている[*12]。仮規則は全十二条で構成されている。第一条から第三条までは大区集会について、第四条から第六条までが小区集会について、第七条から第十一条までは集会のもつ権限や大小区集会の相互関係について、最後の第十二条では、集会正則例外として全六条が掲げられており、主に費用明細帳の取扱いについて述べられている[*13]。

次に仮規則が規定する大小区集会の構成についてみていきたい。大区集会は毎月一度、熊谷駅で開催するものとされ、奏任官を会頭(＝議長)、判任官と議者を幹事とし、各大区正副区長を会員と定めている。大区集会の機能としては「大区会席ニ於テハ正副区長専ラ下情ヲ陳情、且朝旨ヲ奉シ上下相親ミ言路洞開、漸次旧来ノ陋習ヲ破リ人民一般ノ公利ヲ興スヲ要ス」とされており、国や県と町村をつなげ、話し合いを闊達にさせる意図があったようである。また、小区集会は大区集会と同じく毎月一度開催するものとされ、一大区内を集まる対象としている[*14]。大区内の正副区長を会頭とし、毎区戸長を会員としている。熊谷県では戸長は各町村に置かれていたため、大区内に所属する町村の戸長が会員ということになる。小区集会の機能としては、「小区会席ニ於テハ戸長副戸長ノ内専ラ区内村駅ノ情実ヲ陳述、且朝旨ヲ奉シ漸次旧来ノ陋習ヲ破リ、各村各区広ク協力人民相互ニ其志ヲ遂ケシムルヲ要ス」とされており、大区集会よりも場所を限定し、当該区に関係ある話し合いをさせようとしているように伺える。大区集会と小区集会の相互関係については、大区集会で発議したものは一度小区集会に回し、次の大区集会で決定、施行は県が行う

十小区	十一小区	十二小区	十三小区	十四小区	十五小区	計
なし	なし	なし	なし	なし	なし	97
なし	なし	なし	なし	なし	なし	82
なし	なし	なし	なし	なし	なし	83
10	なし	なし	なし	なし	なし	119
なし	なし	なし	なし	なし	なし	127
なし	なし	なし	なし	なし	なし	90
5	なし	なし	なし	なし	なし	99
なし	なし	なし	なし	なし	なし	114
8	なし	なし	なし	なし	なし	146
なし	なし	なし	なし	なし	なし	33
なし	なし	なし	なし	なし	なし	35
十小区	十一小区	十二小区	十三小区	十四小区	十五小区	計
2	5	5	なし	なし	なし	86
なし	なし	なし	なし	なし	なし	39
3	5	なし	なし	なし	なし	58
4	1	なし	なし	なし	なし	38
4	2	1	1	1	なし	66
2	5	4	1	なし	なし	39
3	2	2	1	なし	なし	36
なし	なし	なし	なし	なし	なし	41
3	4	なし	なし	なし	なし	27
なし	なし	なし	なし	なし	なし	39
なし	なし	なし	なし	なし	なし	31
1	3	2	2	なし	なし	30
4	5	なし	なし	なし	なし	39
5	4	3	なし	なし	なし	34
8	14	なし	なし	なし	なし	50
1	2	4	4	2	5	38
4	3	5	5	なし	なし	59
13	なし	なし	なし	なし	なし	71
3	3	なし	なし	なし	なし	67
11	10	13	なし	なし	なし	74
4	3	3	なし	なし	なし	50
14	なし	なし	なし	なし	なし	47

史』資料編 21 より作成．旧入間県側は明治 5 年 3 月当時，旧群馬県は

表2　熊谷県の構成村

旧入間県	一小区	二小区	三小区	四小区	五小区	六小区	七小区	八小区	九小区
南第一大区	8	5	9	12	7	15	17	14	10
南第二大区	12	15	12	8	7	12	16	なし	なし
南第三大区	11	17	13	15	8	10	9	なし	なし
南第四大区	13	4	7	16	23	14	12	11	11
南第五大区	9	10	23	22	20	13	14	16	なし
南第六大区	6	5	9	15	14	10	6	9	16
南第七大区	19	5	11	12	8	9	16	10	9
南第八大区	7	14	9	10	13	14	16	16	15
南第九大区	14	15	14	16	13	18	19	14	15
南第十大区	1	3	5	6	5	4	4	4	なし
南第十一大区	5	3	4	5	4	8	7	なし	なし
旧群馬県	一小区	二小区	三小区	四小区	五小区	六小区	七小区	八小区	九小区
北第一大区	16	9	11	19	5	8	3	3	3
北第二大区	6	3	5	2	2	5	7	5	4
北第三大区	5	6	4	8	3	6	5	10	3
北第四大区	6	5	6	3	3	3	2	3	2
北第五大区	12	11	13	8	3	2	2	2	4
北第六大区	5	3	3	2	2	4	3	2	3
北第七大区	2	3	2	4	5	3	3	2	4
北第八大区	8	5	8	8	6	6	なし	なし	なし
北第九大区	3	1	2	2	2	3	2	5	2
北第十大区	6	3	4	5	4	5	4	3	5
北第十一大区	3	3	2	4	4	6	1	5	3
北第十二大区	5	1	2	1	2	3	4	2	3
北第十三大区	6	2	2	2	3	6	4	2	3
北第十四大区	2	2	3	3	2	2	3	2	3
北第十五大区	4	3	3	3	2	3	4	3	3
北第十六大区	1	3	2	3	3	3	3	1	5
北第十七大区	6	5	1	6	2	7	7	3	5
北第十八大区	3	4	4	3	4	12	6	8	14
北第十九大区	3	7	9	6	4	20	3	7	8
北第二十大区	6	4	5	5	5	5	6	4	5
北第二十一大区	2	3	2	6	7	6	4	4	6
北第二十二大区	3	2	3	2	1	1	2	7	12

註）旧入間県のものは『新編埼玉県史』資料編19より，旧群馬県側のものは『群馬県明治7年当時のもの.

ものとされている。

以上が仮規則が規定する大区集会と小区集会の構成である。簡単にまとめると、大区集会は県内すべての大区の正副区長が一堂に会する場であり、小区集会は一大区内に所属するすべての町村の戸長が集会を行う場である。表2を例にすると、例えば南一大区の小区集会というのは、全九七の村の代表者が会する集会ということである。また、ここまで見てきたものは熊谷県の南側で出された仮規則に沿ったものである。北側に仮規則が出されたのは明治六年の九月であり、その規則の中では大区集会は高崎駅で開催されるとなっており、同じ熊谷県の中でも旧入間県側と旧群馬県側では大区集会は別々に開かれている。[*15] その他大小区集会の構成については概ね一致しており、特段大きな差はない。これ以下の集会について、つまり小区レベルでの集まりや町村レベルの集まりについては仮規則には規定されていない。2節ではその点を地域の実態から検討していく。

2 熊谷県南側での動き

(一) 小区内仮規則と区内集会

第1節二項では「集会局仮規則」から熊谷県における大小区集会の構成について確認を行い、そこで小区レベルや町村レベルでの集会については規則内に規定がないことを述べた。それでは、実際に熊谷県の区町村レベルではどのような集会が構成されていたのか、本章ではこの点について検討を進めていく。なお、前述の通り熊谷県はもとは二つの県であったので、南側と北側に分けてみていく。本節では南側について扱う。

まず、渡辺隆喜氏による研究[*16]に注目したい。氏は、熊谷県となる前の入間県時代の事例を持ち出している。氏は、埼玉県立文書館所蔵の鈴木（庸）家文書を用い[*17]、入間県の第八大区三小区（後の南第八大区三小区、以降本稿では熊谷県成立前の時は、（南）第八大区のように表記する）で明治六年（一八七三）三月に区内規則（小区レベルでの規則）が制定されていることが後の熊谷県で区内規則が全県的に設定される契機とし、その中に「会合相談」（小区レベルの会議＝区内集会）についても仮規則を定めて県の許可を得たうえで実施に至っていることを指摘している[*18]。その上で、「集会局仮規則」に小区レベルの集会（＝区内集会）が制度化されなかったのは地域の自主性に任せたためとしている。さらに、「県下人民の主要課題は集会局設置による大区集会（＝県会）、小区集会（＝大区会）の体制下にともなう下部の小区会、町村会公認の要望[*19]」や「（明治）七年二月頃までに提出された各小区の建言書に、区戸長会のみならず町村民集会への期待を垣間見ることができる[*20]」という文言が見られる。ここでいう小区会や区戸長会というのは区内集会を指しているものと思われる。つまり、区内集会については、その設置・開設は規定されることがなかったということになる。

次に、松沢裕作氏による研究[*21]であるが、氏は、熊谷県における大小区集会開催の実態を鈴木（庸）家文書を中心にして検討を行っている。その中で、大区集会は基本的に規則通りに熊谷駅で開催されていたことと、小区集会は仮規則になるような形では行われていなかったということを指摘している。具体的に、南一大区の場合、大区レベルの会議（＝小区集会）は参加者が副区長のみであり、「別段議事無之」「不参之者多」という月が多かったようである。小区会議のそのような状況に対して、仮規則では規定されなかった小区レベルの集まり（＝区内集会）が毎月二回以上、副区長の鈴木宅で開催され、各村の戸長が集まっていたと述べている。つまり、氏の研究によれば、大区集会と区内集会が実質的に機能しており、小区集会は前述二つの集会に比べて重視されておらず、機能もしていなかったことになろう。

南第一大区七小区では、南第八大区三小区と同様に区内規則の制定がなされている。この区内規則の中で区内集会

表3　区内仮規則にみられる項目の種類

	第八大区三小区（明治6年3月）	南第七大区三小区（明治6年7月）	南第一大区七小区（明治6年9月）
区内集会	9	2	3
布告布達	3	2	2
風俗治安	2	1	6
役人職制	5	1	4
教育（学校）	1	0	1
村費関係	5	1	1
役人心得	5	0	0
計	30	7	17

註）鈴木（庸）家文書 1084「区内仮規則」, 同 5701「吉田氏より伺済之書面写其他諸綴」, 同 5702「小区仮規則御伺反取極」より作成.

が盛り込まれており、それに従って区内集会が開催されていたと考えられるが、必ずしも渡辺氏の指摘するように地域の自主性だけに任せられていたわけではないようである。まず、松沢氏がまとめた熊谷県（南側）大区集会の議題一覧をみると、明治六年九月二一日開催の大区集会において、「区内仮規則提出」という議案がみられる。[22] また、次の史料をみていただきたい。[23]

右之通七月廿一日定例会議之節差出候処、堀参事公被仰候ニ諸々仮規則差出候処、南第七大区三小区ゟ差出候仮規則至極マトマリ候被改候ニ付為読聞候間、若右ニ而不都合之廉も有之ハ可申立旨ニ而参事公御読聞被遊候上区々ニ而写取被命候

史料中の「定例会議」というのは、会議が開催された日時と副区長が参加をしていることから、大区集会のことを指していると思われる。また、「右之通」が指す部分には南第七大区三小区の「小区内仮規則」（＝区内規則）が記されていた。つまり、この史料からは、明治六年七月二一日の大区集会において、第七大区三小区が作成した小区内仮規則が良く出来ているとし、同日の大区集会で堀参事が作成の手本とするよう、読み聞かせ、書き写させているということがうかがえる。このことから、同年九月二一日の大区集会において「区内仮規則提出」がなされているが、これは七月の大区集会に於いて区内規則の作成を県が指示する動きがあったということである。

また、現在確認出来ている区内規則は明治六年三月の（南）第八大区三小区のもの[24]、同年七月の南第七大区三小区のもの[25]、同年九月の南第一大区七小区のもの[26]の三点がある。その中身の分類を行ったものが表3であるが、手本に

するようにと示された南第七大区三小区のものは、基本的に当時必要とされていたことはおさえながらも簡潔にまとめられていることがわかる。県はこれを基に、付け足すなりして各小区に見合った区内規則の制定を求めたのであろう。南第一大区七小区でいえば、風俗治安や役人職制に焦点をあてていたことが読みとれる。もっとも、（南）第八大区三小区による区内規則制定が現在確認出来る中で一番早いため、この小区が南第七大区三小区のものを基に作成しているわけではない。しかし、（南）第八大区三小区が区内集会を重視していたことは読み取ることが出来る。表をみると、区内規則は各小区で必要とされているものを規定し、各小区で運営がしやすいようにしていたといえるが、基礎になる部分は同じであることがわかる。そして、ここで注目してもらいたいのが、どの規則内にも区内集会が盛り込まれているのである。つまり、区内規則に区内集会の項目は入れられるものであると考えられ、その区内規則を県が小区に作成することを指示していたということは、区内集会の設置にも県が一定の関与をしていたということであろう。すなわち、区内集会はこの時点で県の一定の関与がありながら、規則化していたということができよう。

(二) 区内規則にみる区内集会

一節でみてきたように、「集会局仮規則」には規定されていない区内集会であるが、それは区内規則で明文化されて設置されることになる。ここでは一節で取り上げた三つの区内規則に入っている区内集会についての記述の要約を掲げていこう。

まず、明治六年（一八七三）三月の（南）第八大区三小区のものであるが、区内集会に関わるものは一つ書きで九つ確認出来る。

①会合には遅れずに出席すること。遅刻や欠席の回数が重なる場合は県庁に報告する。また、印形と弁当は持参すること。②会合相談は、毎月四日と一九日に本区（＝三小区）の小学校で開く。③出席する戸長（後の副区長）や副

区長（後の戸長）は弁当を持参すること。また、副区長が出れない場合は准副戸長（後の副戸長）の内主要な人が出ること。出席者全員給料はなし。聴聞したければ小前であっても差支えないが、礼儀正しくすること。④相談に出る者は最も礼儀正しくし、粗暴なふるまいはないようにすること。⑤戸長を仮に会頭とし、副戸長と准副戸長を評議人とする。⑥戸長が箇条書きの問題書から相談をする。また、各村の公益に関わるものはすべて相談する。⑦相談の事柄で県庁のまとめがなければ決し難き時は、決議を書き取って協議場へと差し出す。ただし、政体に関わることは議論しない。区内から上がってきた建言は、それを相談する旨を県庁協議場に報告し決を取る。⑧相談は一日限りとして、もしその日に決し難きものは次回に譲るか県庁協議場から決を取る。ただし、臨時の相談はその都度廻状で場所と日時を達す。⑨理由なく何度も欠席や遅刻をする村は、県庁に報告をして処分を下してもらう。

このように集会の形態について詳しく規定しているが、相談事については県庁に配慮したり、お金は掛けないようにしたりと色々と気を配っていることがうかがえる。また、毎月二度の開催や、欠席や遅刻に関して言及している点をみると、この区内集会を中心に三小区内の話し合いを進めていこうとしていることがわかる。

次に、同年七月の南第七大区三小区のものであるが、ここでは区内集会に関わるものは一つ書きで二つ確認出来る。①小区内集会は毎月一四日とする。村々戸長が出席し、難しい場合は主要な副戸長が出席すること。副戸長や村内の主要な人もあわせて三名出席し、土地の損益や得失、その他見込の事などを議論し、事柄によっては「大区集儀」に申し立てること。議論が滞ることや不仁義の事はないように注意すること。もしやむを得ない事件は事情をよく調べ、集議を尽して解決し、区内平穏に保つこと。②小区内集会も区内相談集会も遅れることなく出席すること。遅刻や欠席は時間を無駄に費やし迷惑になるのでしっかり守ること。ただし、不用弁の者を差し出してはこないように。

南第七大区三小区では毎月一度の開催したようである。

最後に、同年九月の南第一大区七小区のものであるが、ここでは区内集会に関わるものは一つ書きで三つ確認出来る。

①区内集会は毎月一日と一五日に開催する。午前一〇時入席とする。②集会人は副区長並びに村々戸長とする。もし戸長が欠席する場合は、副戸長または村内の主要な人物が代わりに出席すること。また、副戸長以下でも有志の者はいつでも出席し会員となることが出来る。そして土地の損益や得失、その他見込の事などを議論し、事柄によっては「大区会議」に申し立てること。議論が滞ることや不仁義の事はないように注意すること。もしやむを得ない事件は事情をよく調べ、集議を尽して解決し、区内平穏に保つこと。また、毎月一日の集会には前月分の人員加除調べと村費調査の協議を行うこと。③会日はもちろん、臨時の集会であっても遅れることなく出席すること。遅刻や欠席があっては、時間を無駄に費やすのに加え、用事すら果たせなくなり迷惑になるので、時間を守ること。また印形と弁当は持参すること。

基本的に毎月二度開催すること、遅刻や欠席がないようにすること、毎月一日の集まりでは人員加除と村費の調査を行うこととしているのがうかがえる。

これらが区内規則にある区内集会の文言であるが、ここで注目しておきたいのは、区内規則において区内集会の設置について触れている時、南第一大区七小区のものでも、南七大区三小区のものでも、上部機関との連携をとる条項がある点である。「大区集儀」や「大区会議」が大区集会のことを指しているのか、小区集会のことを指しているのかは定かではないが、これは「大区集会―区内集会」か「小区集会―区内集会」という繋がりが持たれたということである。ただ、松沢氏が明らかにした南第一大区七小区の事例や、南側には小区集会に関する史料が管見の限り見当たらないこと、南第八大区二小区の記録では「小区集会」という文言の認識があったこと[*27]を鑑みれば、「大区」と呼んでいるのでこれは大区集会のことを指しているのではないかと考えられる。そうすると、次のことを言うことが出来るだろう。

熊谷県の旧入間県側では、「集会局仮規則」の制定により、「県―大区集会―小区集会」という繋がりが規則上成立した。しかし、その後の区内規則による区内集会の成立により、実態としても大区集会とつながりを持ったのは区内集会であり、区内集会が活発に機能することとなった。そのため、小区集会については十分に機能することがなかった、となる。

3　熊谷県北側での動き

(一)　北側での小区集会

熊谷県の南側では、「集会局仮規則」により規定された小区集会が機能していなかったようであるが、「集会局仮規則」は熊谷県の北側でも出されている。出された時期については旧群馬県側の方が約三ヵ月程遅いというタイムラグはあるが、第1節の二項で述べた通り、大区集会が南北別開催という以外は大小区集会の構成について概ね差はない。この節では北側を見ていく。

北側では、「集会局仮規則」は明治六年（一八七三）九月二〇日に「管下各大区役々職制給料並集会局仮規則」として出されている。[*28] これを受けて、同年一〇月九日に北第四大区で「〔日高村小学校にて集会につき一村二名宛出会通知並び皇大神宮大麻御初穂料納入方廻達〕[*29]」が、同月月一〇日に北第三大区十小区で「〔北各大小区集会届仮規則〕[*30]」が、翌一一月に北十四大区で「北十四大区仮規則案御伺[*31]」が作成され、大小区集会が開催される旨の通知や、開催場所、集合時間の設定が行われている。このような状況をみると、熊谷県の旧群馬県側にも「集会局仮規則」によって小区集会の設置はなされたと言える。次の問題としては、北側では小区集会はこの後も開催されていたかという点である。

まずは丑木幸男氏の研究[*32]を見ておきたい。氏は小区集会の例として北第九大区の事例を挙げている。ここで「(明治)六年九月の「集会仮規則」の改正後、九大区では九月以後定期的に開催した[*33]」と述べ、明治七年(一八七四)一月の小区集会の議題を示している。ここで言う明治六年九月の「集会仮規則」の改正が指しているものは、前述した「管下各大区役々職制給料並集会局仮規則」である。氏は、北側では熊谷県になる前から後の小区集会にあたるものがあったということを指摘しているため、このような書き方としていると思われる。

次に、現在残されている史料も見ておく。ここでは北第三大区五小区で通達された開催通知を参考にする。現在確認出来る限りでは、北第三区五小区では四通の小区集会開催の通知が見受けられる。出された日付は、明治七年九月二六日[*34]、明治七年一〇月三一日[*35]、明治八年(一八七五)八月八日[*36]、明治八年一〇月一六日[*37]である。また、明治八年八月八日の文書中には「例之通小区会議相儲候間」とあるため、少なくとも北第三大区ではこの時点まで継続的に小区集会が開催されていたことがうかがえる。

すなわち、丑木氏の研究や北第三大区五小区の実態から、北側では「集会局仮規則」が出された後は、継続的に小区集会が開催されていたと考えられる。

(二)　北第十四大区における小区集会

熊谷県の北側では小区集会が機能していたわけであるが、群馬県立文書館には北第十四大区の区長折茂健吾が小区集会に関する記録をまとめたものが残されている。それは明治六年(一八七三)一二月の「小区会課目仕出　第一号[*38]」、明治七年(一八七四)五月の「小区会課目仕出　第三号[*39]」、明治八年(一八七五)七月の「北第拾四大区調所　小区会議案[*40]」、明治九年(一八七六)一月の「小区会議案第壱号[*41]」の四点である。表題から分かるように、北第十四大区

表4　熊谷県北第十四大区小区集会開催状況と議案数

年	月	日	表題	議案数
明治6	12	1	明治六年十二月一日	21
明治7	1	7	明治六年（ママ）第一月七日	10
		15	一月十五日会	16
	2	20	二月二十日小区会	12
	3	20	三月二十日会議	26
	4	2	三月三十日（棒線訂正）四月二日ニナル	13
			後会課目仕出	11
	4	21	四月二十一日集会〔　〕	10
	5	31	五月三十一日副区長集会課目	12
			後会課目	4
	6	21	八月二十一日小区集会節仮課目調出し	20
	9		九月小区会課目	14
	10	22	十月二十二日集会課目	26
	11	7	十一月七日副区長集会課	23
	12	6	十二月六日小区会課目	20
明治8			来明治八年小区会課目	5
	7		表題なし	7
	8	23	八月二十三日小区会課目	27
	9	22	九月二十二日小区会課目	16
			課目	20
	11	5	十一月五日調所臨時集会課目　副区長ノミ	10
	11	8	区会課目　十一月八日〔　〕集会之事	7
	12	2	十二月二日会議	17
	12	20	十二月二十日□区□節課目	25
明治9	1		来ル九年一月　副区長集会之節課目	11
	1	21	一月二十一日調所臨時集会	11
	2	1	二月一日給料取纏之節課目	2
	2	11	二月十一日各副区長給料取纏集会并地租改正之儀ニ付各村□□（惣代ヵ）	11
	2	14	二月十四日地租改正之儀ニ付重而各村集会之節	4
	2	26	二月二十六日副区長集会課目	11
	3	10	三月十日集会	41
	4	2	四月六日各副区長会	26
	4	14	四月十四日地租改正ニ付村吏被下日当取纏方各副区長集会	14
	4	24	四月二十四日副区長集会	19
	5	12	五月十二日副区長集会	17
	5	20	五月二十日丈量斜詰之儀ニ付臨時各村正副戸長弐名地主惣代集会	17
	6	7	六月七日警察費取纏之節	11
	6	7	六月七日地租改正丈量之儀ニ付各村正副戸長并用掛地主惣代人集会之節臨時課目仕出	20
	8	14	八月十四日戸籍上之儀ニ付副区長集会	11
	8	26	八月二十六日副区長会	5
	9	20	九月二十日戸籍上之儀ニ付各副区長集会	記載なし

年	月	日	表題	議案数
明治10	1	15	明治十年一月十五日初会議案課目	20

註）群馬県立文書館所蔵，折茂幹一家文書 H8-15-1 近現-19-2439「小区会課目仕出　第一号」，同 H8-15-1 近現 -25-2638「小区課目仕出　第三号」，同 H8-15-1 近現-29-3043「北第拾四大区調所　小区会議案」，同 H8-15-1 近現-34-3122「小区会議案第壱号」より作成．

の小区集会において俎上に上げられた議案名を書き記したものである。この史料は箇条書きで議案が記されており、小区集会による話し合いを経てどのように扱われたかについては詳しく分からない。また、「小区会課目仕出」の第二号が欠落しているため、明治八年の上半期については抜けているが、この四点の史料を見ていくと、熊谷県時代の北第十四大区小区集会の開催状況と各集会での議案数を明らかにすることが出来る。これをまとめたものが表4である。

この表から、小区集会は基本的に毎月一度は開催されていたことがうかがえる。ここからも旧群馬県側で小区集会が継続的に開催されていたことを示すことが出来よう。また、明治九年の八月二一日に熊谷県が廃県となり、第二次群馬県となった後も継続して小区集会が開催されていたことも垣間見ることが出来る。群馬県における小区集会は明治一一年（一八七八）になると開催に消極的になっていったようである[*42]。

さらにもう一点、小区集会の実態が分かるのだが、表4中の表題をからは、「小区会」「臨時集会」「副区長会（副区長集会）」「各村正副戸長并用掛地主惣代人集会」「後会」という五つが見受けられる。これらの文言の差から考察すると、一つ目の「小区会」というのは「集会局仮規則」に定められた小区集会の構成で行われたもので、それはつまり、北第十四大区内に所属するすべての町村から、定日に代表者が集まって話し合いを行ったものである。二つ目の「臨時集会」と言うのは、定日外、もしくは集会を予定していなかった時に行われたものと考えられる。三つ目の「副区長会（副区長集会）」は、文言そのままで、集会に出席を求められたのが北第十四区内の副区長のみで各村の戸長層の出席は必要とされなかった、通常の小区集会よりも人数的には小規模なものであろう。それに対して四つ目の「各村正副戸長并用掛地主惣代人集会」は、各村の正副戸長、つまり各村代表者二名ずつに加えてさらに「用掛地主」にまで出席を求めた通常の小区集会よりも人数規模の大きなものであると推測出来る。五つ目の「後会」であるが、これに関しては現時点ではどのような構成の集会であったかを推測することは出来ない。

ここから、小区集会の実態として、「集会局仮規則」にみられる構成の他に、副区長のみの通常より小規模の集会や「用掛地主」にまで出席を求めた通常より大規模な集会も小区集会としての認識の下、機能していたということがうかがえる。どの形態で開催されるかについては、「用掛地主」にも出席を求めた集会が地租改正に関わるものであったことからも、その時期の議案に合わせて展開されていたと考えられるが、今後さらに各集会で持ち出された議案の解明をする必要がある。

4　北側の小区集会における問題

北側で小区集会を開催していく中で、ある問題があったことを示す文書が残されている。その問題とは、「遅刻」や「欠席」である。次のものは大区集会に関する達しであるが、まずはこれをご覧いただきたい。[*43]

本県番外

大区集会之儀、先般地方官会議開院ニ付休場候所、本月之儀ハ南北両部トモ常例之通開場候條、此段相達候也
但、是迄会合時間ヨリ遅参之向往々有之不都合不少、且目今暑度昇騰之時ニモ有之、本月之儀ハ当日午前八時迄ニ無遅滞参集可致事

この史料は明治八年（一八七五）八月一二日に出されたものであるが、その中に「是迄会合時間ヨリ遅参之向往々有之不都合不少」とあり、大区集会において遅刻が横行している事態を憂慮していることがうかがえる。この史料中

にも、3節の一項であげた小区集会の開催通知の中にも「無遅滞参集」という文言が見られるが、どうやら本当にそのような実態があり、迷惑していたために記されているようである。また、第2節一項で松沢氏の研究に触れたが、そこでは小区集会について「不参之者多」という実態であったことが述べられていた。南側では区内集会が機能していたことを考えると、小区集会がこのような状況であってもさして問題ではなかったと考えられる。ただ、区内集会において遅刻や欠席の向きがあったかは定かではないので、この点については研究を進める必要がある。それに対して、北側では小区集会が機能しており、その場で話し合われる内容が地域に関わる事柄であったために、遅刻や欠席といったことは避けたかったのであろう。

この遅刻や欠席という行為は、北側ではそれ相応に重大な課題であったらしく、北第九大区では明治八年の一一月一二日に小区集会において正副区戸長が協議をした上で「小区会約定書」の作成を行っている。[*44] その内容を要約すると、次のようなものである。

①小区集会は「集会局仮規則」の第五条以下を守り、相互に協力して村の情実を陳述すること。②会議（＝小区集会のこと）当日は午前一〇時までに到着すること。もし一〇時を過ぎた場合は謝金七五銭を差し出すこと。遠いことを理由に逃れることは許されない。③到着後無断で外出し会議を欠席したものは謝金五〇銭を差し出すこと。④会議が終わらないうちに飲酒はしないこと。もし酒を飲んで酩酊することがあれば、謝金五〇銭を差し出すこと。⑤会議終了後は会頭から報告がなされるが、それを聞かずに帰ることがある者は謝金七五銭を差し出すこと。⑥会頭から説明されたことや会議で決議したことは各自が記録し、帰村したら同勤の村吏へ報告すること。もし会議の内容をいい加減にして手落ちがあり、帰村した後も周りに聞くこと無く放置するようなことがあれば、謝金五〇銭を差し出すこと。⑦会議への出席は正副戸長がするもので、立会人であってはいけない。もし正副戸長が事情があって出席出来ない場合は、その旨を記した連印の書付を持参して立会人が出席すること。⑧会議当日は担当の副区長が調所で出席確

認を行い、遅れてきた者がいる場合は謝金を受け取ること。また、到着後に勝手に外出したもの、大酒による遅刻者がいた場合も副区長が謝金を取り立てること。⑨謝金は本人が自費にて賄い、村費から出すようなことはないようにすること。⑩謝金として取り立てた分は大区入費に加えて計算すること。⑪時計は会議所に掛けてあるものを定規として、各自持参した時計で時間を論ずることはないようにすること。⑫これは明治九年（一八七六）一月から効力を発する。

これは翌一二月二〇日付で熊谷県から許可されている。この約定書からは、各村の正副戸長に小区集会に必ず出席させることと、小区集会で話し合われた内容を確実に村に持ち帰らせようとしていることがうかがえる。そしてそのために謝金を、つまりは罰金まで設けているのである。あわせて、次の史料も掲げよう。[*45]

兼々定例之本月今日小区会、如何之御心得ニ而出会無候哉、各村不残出頭夫々進達之種類差出候処、其村方不参故大区中取纏メ方差支殆ト不都合ニ有之候間、此書御披見次第不取敢出頭可有之候也

北第九大区

九年二月十二日　　小区会議所

午後一時三十五分

半田村

正副戸長中

この史料は明治九年二月一二日のもので、北第九大区で小区集会が開催されている最中、北九大区六小区に所属する半田村に向けて出されたものである。史料中から、半田村がこの小区集会に出席しておらず、小区集会会席において進達すべき書類の提出もしていないので取纏方に不都合が生じているため、至急出頭することを要請していることがわかる。この状況からも察することが出来るように、旧群馬県側では小区集会を円滑に開催することが重要であっ

たと言える。

小区集会では、入費帳・経費勘定・修験調査、種痘施行状況・物産調・戸籍帳加除などの事務処理上の打合、書類・経費の徴収・精算の場として終始し実質的な協議は少ないとし[*46]、地方民会研究という視点からは否定されがちではあるが、一つの大区内において「小区会約定書」の作成を行い、小区集会へ参加させる動きを強めたり、集会開催中に出頭の督促上を発したりと、かなり重視された集まりであるということは間違いないと思われる。その点から、具体的な内容の検討を通して、小区集会の評価していく必要があるだろう。

5　上部機関との関わり

ここまでの検討で、南側では区内集会が、北側では小区集会が機能していたことを述べてきたが、ここではこれらの集会が上部機関とどのようなつながりにあったかについて若干の考察をしたい。

熊谷県においては各地域レベルでは区内集会や小区集会が存在していたわけであるが、この時期の集会の性格として、その場で話し合われたことが即実行できるわけではない。それでは、区内集会や小区集会で話合いが持たれたもの、事務処理以外のものはどのようなルートをたどるのであろうか。

まずは南側であるが、前述の通り南側では松沢氏が大区集会議題についてまとめたものがある。ここでは大区会議の俎上に上がる議題とは何であるかを確認したい。氏は大きく分けて大区集会には、①会頭からの諮問、あるいは見込書等提出を求めるものとしての「議案」、②県が一方的にその意志を通達するものとしての「通達」、③会議構成員からの「建議」の三種の議事案件が存在していたことを指摘している[*47]。下から上げるものは③であるため、ここでは③に該当するものをみていく。建議として大区集会に出された項目としては、明治六年（一八七三）九月二一日の

「乞学校附金表」「乞期在任表」、明治七年（一八七四）二月一日の「田畑相場違之事」、明治七年九月二一日の「盆踊り廃止」「獅子舞の事」「百万遍の事」「祈禱の事」「会議の事」「徴兵調の義に付不都合の件」である。これらの詳細については不明であるが、どうやら全大区に関係するものが「建議」として採用されたのであろうか。区内集会で話し合われたものについても確認しておこう。南第八大区三小区での区内集会の記録[*48]をみると、明治六年の九月二日に学区内小学校分校位置と休暇日の改正について話し合いを行い、その決議内容を同月一三日に県令河瀬秀治から了承されている。ここから、区内集会の決議も、その区内にのみ関係することならば県と直接やりとりをしているということである。

また、北側であるが、北側については南側のように大区集会の関して詳らかな研究はない。しかし、小区集会で決議されたものについては残っているため、ここではそれをみていく。北第十四大区の明治七年二月二〇日の小区集会において、「溝渠ヲ修掘スル案」[*49]が決議され翌月三日に県令の許可を得ている。ここでも南側の例と同じく、議案自体が北第十四大区にのみに関わるもののため、直接県とやりとりしているのだろう。

南側と北側の事例を実際にみてきたが、区内集会や小区集会で話し合われることは基本的にその地域に関することであり、南側で建議としてあげられているものと比較してみても、大区集会に送るようなものではないことは当然ではある。ただ、大区集会というものは実際に存在しており、規則上つながりを持つようにされている。なぜ集会は二重構造となっているのか、建議として採用されるのはどのようなものなのか、その検討を進めることは集会の意義や当時の社会で何が問題とされていたかを考察する上で必要になるだろう。

おわりに

地方民会の一例として取り上げられる熊谷県の「集会局仮規則」ではあるが、その構成の実態をみていくと、必ずしも規則通りではなく、さらには同じ県内であっても北側と南側では差異が認められた。まず、2節では南側の検討を通して、実質的に機能していたのは小区集会ではなく、県の間接的関与を通して制定された区内規則によって設置された区内集会であることを明らかにした。さらに、3節では北側の検討を行い、こちらでは小区集会が機能していたことを明らかにし、その小区集会も目的に応じて人数規模の大小を変化させていることを指摘した。ここから、「集会局仮規則」というものは一定の基準としては用いられたものの、その構成については各地域が必要としている形に柔軟に変化させられていたことがうかがえる。

また、なぜ南側では小区集会よりも区内集会が機能したのであろうか。ここからはあくまで推測の域を出ないのであるが、その要因として三点考えられる。一点目は、南側には区長が設置されておらず、大区集会には全副区長が参加しており、その副区長達は各小区の区内集会に参加し、各町村の戸長にもその内容は伝えられるので、わざわざ小区集会を用いる必要がなかったとうこと。二点目は、区内規則を制定したことによって区内集会が同時期に設置されていたこと。三点目は、今一度表2をご覧いただきたいのだが、南側では小区集会を開催するにはあまりにも構成村数が多すぎるということである。逆に、北側では一小区内に一村しか存在していない箇所もあり、区内集会という形をとれなかったということでもある。まさしく、各地域の実態に即していたということである。

ただ、今回の検討は熊谷県の南側と北側で各地域に密接に関係していた集会がどのような構成であったかという点のみである。これらの活発に開催されていた集会で、どのような議案が持ち上げられていたのか、実態研究を進めていくことで初めてこれらの集会が存在していた意義を見出せるのであろう。それに加えて、松沢氏が研究を進めている大区集会といった、県レベルの集会との関係性などについても明らかにすることも必要であり、これだけ見ても問題は山積しているが、今後の課題としたい。

註

＊1　地方民会の定義として、渡辺隆喜氏は『明治国家成立と地方自治』の中で、「地方民会とは、慶應四年（一八六八）四月、維新政権の覇権確立以降、明治一一年（一八七八）七月の三新法公布までの町村会、大小区会、府県会の総称である。狭義では、廃藩置県以降の地方議会の総称である。公的には、三新法により府県会が、その直後に町村会が成立する。この政府により公認された地方議会に対し、成立期府県制のもと府県独自に志向された地方議会を地方民会という。」（一頁）としている。

＊2　大江志乃夫『明治国家の成立』（ミネルヴァ書房、一九五九年）。

＊3　内藤正中『自由民権運動の研究』（青木書店、一九六四年）。

＊4　渡辺隆喜『明治国家形成と地方自治』（吉川弘文館、二〇〇一年）。

＊5　丑木幸男『戸長役場史料の研究』（岩田書院、二〇〇五年）。

＊6　丑木氏はここでいう会の範囲を、「県全域規模の会議を県会、大区規模を大区会、小区規模を小区会、町村限りを町村会」（同右、八三頁）として熊谷県の小区集会を小区会として紹介しているが、本来は大区会の括りである。

＊7　松沢裕作『明治地方自治体制の起源』（東京大学出版会、二〇〇九年）。

＊8　『新編埼玉県史』通史編5（一九八八年）、一〇三頁。

＊9　『新編埼玉県史』資料編19（一九八三年）、一六二頁。

＊10　同右、一七四頁。

＊11　前掲『新編埼玉県史』通史編5によれば、協議場とは、熊谷県に統合される前の入間県時代に存在していたものである。これは明治五年七月に設置された、県規模の会議場である。

＊12　前掲『新編埼玉県史』通史編5、一〇二頁。

＊13　集会局仮規則は、明治七年（一八七四）一月一八日に「集会局仮規則追加」が出されており、第十二条正則例外に第七条・第八条

が付け足されている。内容は、費用明細帳の雛型を示したものである（埼玉県教育委員会『埼玉県史料叢書7（上）』入間・熊谷県史料三〈二〇〇六年〉、一〇二頁）。

＊14　松沢氏は、前掲『明治地方自治体制の起源』のなかで、埼玉県史で掲載してある史料は「群馬県史料」（国立公文書館）によるもので、それによれば「小区集会」は「毎一小区一ヶ所ヅツ会席ヲ設ケ」開催されるものとされている。一方、明治六年（一八七三）九月二日に北管下（旧群馬県）に出された布達は、「旧入間県下南各区ノ仮規則」を、北管下に準用するものとして「集会局仮規則」を改めて達しているものであるが、これによれば「小区集会」は「毎一大区一ヶ所ヅツ会席ヲ設ケ」とされている（「管下布達留」、「埼玉県行政文書」明101。『埼玉県史料叢書7（上）』入間・熊谷県史料三、五九頁）。前者は「群馬県史料」所載のテキストしか残されていないため、直接の比較はできないが、ここでは同時代史料である「布達留」に従い、「小区会議」は大区レベルの会議であるとしておく、としている。また、本稿の第三章で述べるが、熊谷県の旧群馬県側の小区集会を検討しても、その範囲は大区レベルであるため、松沢氏の見解が適切であるといえる。

＊15　前掲『新編埼玉県史』通史編5では、明治七年（一八七四）一月から南北統一の大区集会を執り行ったが、三回で仲違いとなり、元の状況に戻ったとある。

＊16　渡辺隆喜「府県制成立期の地域支配―入間・熊谷・埼玉県の場合―」（『埼玉県史研究』第二五号、一九九〇年）。

＊17　埼玉県立文書館所蔵、鈴木（庸）家文書五七〇一「吉田氏より伺済之書面写其他諸綴」。

＊18　「小区レベルの会議」についての呼称は多々存在するが、当時の史料に見られる呼称のうちに「区内集会」というものがある。本稿では、「大区集会」「小区集会」と簡単に見分けられるように、「小区レベルの会議」は便宜上「区内集会」と表記を統一する。

＊19　前掲渡辺「府県制成立期の地域支配―入間・熊谷・埼玉県の場合―」、三四頁。

＊20　同右、三五頁。なお、（　）については筆者が付け足したものである。

＊21　前掲松沢『明治地方自治体制の起源』。

＊22　同右、八四―八六頁の表「熊谷県大区会議議題一覧」を参照されたし。

＊23　埼玉県立文書館所蔵、鈴木（庸）家文書五七〇二「小区内仮規則御伺」。

＊24　埼玉県立文書館所蔵、鈴木（庸）家文書五七〇一「吉田氏より伺済之書面写其他諸綴」。

＊25　前掲註23。

＊26　埼玉県立文書館所蔵、鈴木（庸）家文書一八〇四「区内仮規則」。

＊27 国文学研究資料館史料館編『史料叢書4　戸長役場の史料』（名著出版、二〇〇〇年）、三五七頁。
＊28 前掲『埼玉県史料叢書7（上）』、五七頁。
＊29 群馬県立文書館所蔵、P9501-990「〔日高村小学校にて集会につき一村二名宛出会通知並び皇大神宮大麻御初穂料納入方廻達〕」。
＊30 群馬県立文書館所蔵、津久田区有家文書 H12-13-2 近現 -1-113「〔北各大小区集会届仮規則〕」。
＊31 群馬県立文書館所蔵、折茂幹一家文書 H8-15-1 近現 -28-2734「北十四大区仮規則案御伺」。
＊32 丑木幸男「地方民会と地方自治要求」（『地方史研究』一九一、第三四巻五号、一九八四年）。
＊33 同右、六六頁。
＊34 群馬県立文書館所蔵、P8305-226-12「〔第三大区小区会議開催並び村々牛馬員数取調べ提出方回達〕」。
＊35 群馬県立文書館所蔵、P305-226-20「〔大三大区集会開催通知〕」。
＊36 群馬県立文書館所蔵、P305-226-21「〔小区会議開催通知〕（北第三大区調所達書の回達）」。
＊37 群馬県立文書館所蔵、P305-226-14「記（小区集会開催通知）」。
＊38 群馬県立文書館所蔵、折茂幹一家文書 H8-15-1 近現 -19-243「小区会課目仕出　第一号」。
＊39 群馬県立文書館所蔵、折茂幹一家文書 H8-15-1 近現 -25-2638「小区会課目仕出　第三号」。
＊40 群馬県立文書館所蔵、折茂幹一家文書 H8-15-1 近現 -29-3043「北第拾四大区調所　小区会議案」。
＊41 群馬県立文書館所蔵、折茂幹一家文書 H8-15-1 近現 -34-3122「小区会議案第壱号」
＊42 前掲丑木「地方民会と地方自治要求」、六六頁。
＊43 群馬県立文書館所蔵、A0181A0M-56-169「管下布告留（熊谷県）　番外大区集会ハ南北両部開場ノ件」。
＊44 群馬県立文書館所蔵、寺島利男家文書 H30-1-2 近現 -2-50「小区会約定書」。
＊45 群馬県立文書館所蔵、相川志郎家文書 H7-28-1 近現 -13-147「〔小区会議に付至急出頭の通知〕」。
＊46 前掲丑木「地方民会と地方自治要求」、六六頁。
＊47 前掲松沢『明治地方自治体制の起源』、八三頁。
＊48 熊谷市所蔵、飯塚誠一郎家文書ア -3-17-1「第八大区三小区会議録」。
＊49 群馬県立文書館所蔵、折茂幹一家文書 H8-15-1 近現 -21-2521「〔小区会商議事項〕」。

七　大区小区制と初期連合村

栗原祐斗

はじめに

明治一一年（一八七八）の三新法制定以前において、県の地方行政区画とされるのは大区小区制である。ところが、大区小区制には個別の法令は存在せず、法的にいえば制度ではないため、県ごとに区画設定から区長・戸長の設置位置に至るまで、実施の形態は様々であった。

研究史上では、この大区小区制を近世以来の旧慣を無視した官治的行政制度と解する説が存在した。[*1]しかし、近世の組合村との連続性や、[*2]税制上町村が位置付けられていたことなど、[*3]方々から指摘がなされ、今日では修正されている。近年の大区小区制研究は、埼玉県・神奈川県を対象とした松沢裕作氏の研究が知られる。松沢氏は前橋藩の組合村再編の中で、村連合＝一村の構想が組合の三役にはあったこと、そして三新法下において戸長役場を共有する村々には一村状態―一戸長観念が存在したことを明かにしており、[*4]いずれも我が国の近代町村形成過程を考える上で注目すべき指摘である。本稿でも近世の組合村や三新法との関連にも気を配りつつ、大区小区制を論じたいと考える。対象地域に栃木県鹿沼市域を設定し、検討していきたい。

栃木県の大区小区制研究は、県レベルの基本的な制度・規則については『栃木県史』[*5]によって整理されている。事例として取り上げる鹿沼市域では、『鹿沼市史』[*6]の成果があり、大区小区制から連合村形成に至るまでの過程が丁寧に整理されている。本稿で扱う連合村とは「連合戸長（役場）」と「連合町村会」が成立した状態を指し、奥田晴樹氏によって検討がなされている。[*7]奥田氏は明治九年（一八七六）の区画改正後に出された、事務所の統合を推奨する県達を取り上げ、「この諸村連合化推奨政策が打ち出されたことは、「連合町村」編制の歴史的前提を探求する際、見落とすわけにはいくまい」[*8]と指摘している。この事務所合併は、実態としてどの程度の規模で実施されたかについては不詳だが、真岡市域では小区内に複数の合併事務所[*9]（合併前後で区別するため、以下「合併事務所」と表記）が置かれたことが明らかとなっている。本稿の課題は、栃木県下でおこなわれた合併事務所の形成・解体の過程を明かにすることである。また、それが後の連合村形成に関わるのか否かについても、僅かながら検討を試みたい。

1　組合村から大区小区制へ

連合村の歴史的な形成過程を考えるとき、大区小区制以前に形成、もしくは編成された近世の組合村から考えねばなるまい。鹿沼市域では、文政期（一八一八―一八二九）のいわゆる改革組合村（寄場組合）編成以前から、治安対策のために組合村が形成されていた。当該地域は、幕領・藩領・旗本領・寺社領のほか、日光神領などが複雑に入り組む相給村落が多く存在した（表1）。そのため、統一的な治安対策もなく、徘徊する無宿や浪人への対応が問題となっていたのである。

こうした状況下で、宝暦一二年（一七六二）二月には、楡木宿・奈佐原宿・塩山村・日光奈良部村・上殿村・村

表1　鹿沼市域宿町村領主

領主	宿町村
幕	楡木宿・奈佐原宿・上野村（他旗本・神領）・油田村（他旗本領）・下府所村・見野村（他藩・旗本領）・笹原田村（他藩領）・板荷村・酒谷村・上加蘭村（他藩領）
旗本	塩山村・樅山村（3，他寺領）・日光奈良部村（2）・大和田村・上野村（他幕・神領）・上奈良部村・下奈良部村（2）・池ノ森村（2）・上石川村（2）・下石川村・西沢村（4）・上南摩村（8，他寺社領）・下南摩村（他寺領）・佐目村・油田村（3，他幕領）・上殿村（6）・上酒野谷村・西鹿沼村（2）・村井村（2）・花岡村・下沢村（3，他藩・寺領）・深岩村（2，他寺領）・武子村・富岡村（他藩領）・玉田村（2，他寺領）・野沢村・見野村（他幕・藩領）・口粟野村（6）・中粟野村（他寺領）・入粟野村・久野村（他幕領）
藩	藤江村（他社領）・磯村（他社領）・鹿沼宿（他寺社領）・深津村・白桑田村・千渡村（2）・栃窪村・上茂呂村・下茂呂村・上日向村・下日向村・上加蘭村（他幕領）・下加蘭村（他寺領）・野尻村・下沢村（他旗本領）・富岡村（他旗本領）・見野村（2，他幕・旗本領）・笹原田村（他幕領）・下遠部村・赤塚村・亀和田村・下沢村（他旗本・寺領）・上粕尾村・中粕尾村・下粕尾村・上永野村・下永野村（他寺領）
日光神・霊屋	上大久保村・下大久保村・上草久村・下草久村・引田村（他寺領）・上久我村・下久我村（他寺領）・上野村（他幕・旗本領）
寺社	鹿沼宿（4，他藩領）・樅山村（他旗本領）・藤江村（他藩領）・磯村（他藩領）・玉田村（他旗本領）・深岩村（他旗本領）・下沢村（他藩・旗本領）・引田村（他神領）・下加蘭村（他藩領）・下久我村（他神領）・上南摩村（5，他旗本領）・下南摩村（他旗本領）・中粟野村（他旗本領）・下永野村（他藩領）

註）『鹿沼市史』通史編 近代編（21・22頁）・『粟野町史』粟野町の歴史（296頁）より作成．（　）内は領主の数．無印は単独の領主．

井村の二宿四ヵ村から成る組合村、同年三月には府所村など一五ヵ村から成る組合村が形成された（表2）。文化一三年（一八一六）五月には、二二ヵ村からなる組合が形成され、組合内部には五・六村で一つの小組合が存在していた。このうち、六ヵ村小組合の塩山村・日光奈良部村・上殿村・村井村等は、宝暦一二年二月の組合村と重なっている事が確認できる。[*10] このように、当該地域では文政期以前から、治安悪化を理由とした組合村が地域で形成されていたのである。単一の領主を持たないがゆえに、地域的任意性の高い状態であったといえよう。以上のような、地域による組合村形成を経た上で、文政一〇年（一八二七）の改革組合村編成を迎えることになる。

　文化二年（一八〇五）六月、藩領や私領の区別なく行動できる関東取締出役が設置されたが、廻村・取締りには限界があった。そこで、文政一〇年二月に関東取締出役の活動を補佐する目的で、改革組合村の編成が指示された。同年一一月、鹿

表2　文政期以前の組合村

宝暦12年2月	文化13年5月	
塩山村・日光奈良部村・上殿村 村井村・楡木宿・奈佐原宿	塩山村・日光奈良部村・上殿村 村井村・樅山村・花岡村	6ヵ村小組合
	上酒野谷村・下酒野谷村・野尻村 上加園村・下加園村・下沢村	6ヵ村小組合
宝暦12年3月	上日向村・下日向村・深岩村 笹原田村・西鹿沼村	5ヵ村小組合
府所村・武子村・富岡村・見野村 千渡村・茂呂村・深津村・栃窪村 白桑田村・岩崎村・古賀志村・福岡村・田野村・ 飯田村・八ツ寺村	南南摩新田村・油田村・佐目村 上西沢村・下西沢村	5ヵ村小組合

註）『鹿沼市史』通史編 近世（94・95 頁）より作成．宝暦 12 年 3 月の組合村を構成している岩崎村～八ツ寺村は現鹿沼市域外．

沼市域においても楡木・奈佐原宿最寄二九ヵ村組合と鹿沼宿最寄二七ヵ村組合が編成された（表3）。概ね五・六ヵ村で小組合を構成したが、組合村の中心部となった鹿沼宿、石高が二〇〇〇石を超える板荷村は単独で小組合となった。楡木宿を含む五ヵ村小組合は、宝暦・文化期の組合村と重なる村が多い。また、日向村・上加園村・下加園村を含む五ヵ村小組合も同様である。構成する村がすべて一致する小組合は存在しないが、過去の組合村で村連合の経験があったことは、改革組合村の編成を考える上で留意する必要があろう。先にみたように、当該地域は治安悪化から組合村を地域で形成した過去を持つのであり、改革組合村編成を意図する関東取締出役と地域の志向は合致していたといえよう。

組合村は明治時代に入ってからも存続し、明治三年（一八七〇）七月に日光県のもとで再編成された（表3）。再編後は一つの組合村が、一〇ヵ村前後でまとまっている。また、鹿沼宿最寄二七ヵ村組合に所属していた野尻村や下遠部村などは、藩領支配となるため除外されている。一方、改革組合村では除外されていた日光神領・同霊屋領の村が、日光県の再編組合村へと組み込まれている。[*11] 九ヵ村から成る下大久保村組合の構成をみると、上加園村と下沢村を除く七ヵ村は旧日光神領・同霊屋領であり、かつて領内で組合村を形成していた村でもある。日光神領の組合村は再編によって分散したが、下大久保村組合のように一部にその形を残していることが確認できよう。

明治四年（一八七一）六月には「管内区号次第」が出され[*12]、県下が五部七五区と区画され、後に五部七四区と改められている。「管内区号次第」で設定された区の内訳は判然としないが、第三部の「第三一区　酒野谷村外一〇ヶ村」や「第三二区　下大久保村外八ヶ村」などは、再編組合村が基となっていると考えて差し支えなかろう。なお、翌明治五年（一八七二）三月一八日には八郡（都賀・安蘇・梁田・足利・寒川・山田・新田・邑楽）が八七区に区画されたが、こちらも構成は不明である。

明治四年一一月一四日、日光県・壬生県・吹上県・佐野県・足利県・館林県が合併し、栃木県が成立する。栃木県は明治六年（一八七三）二月二〇日付達で区画を九大区七七小区と改定し、通し番号の区から大区小区を置く構造へと編制を変えた（表3）。宇都宮県との合併後の同六年八月一五日には、一三大区一一四小区と改定した。一つの小区は石高五五〇〇石程の規模でまとまっている。

区画改定後の小区の構成を見ると、第二大区六ノ小区は板荷村組合が移行したものであるといえよう。村数が増えているのは、西見野村・東見野村が上見野村・中見野村・下見野村となり、また旧藩領の下遠部村が加わったためである。また、第二大区五ノ小区も下大久保村組合がそのまま移行していることがわかる。先に見た旧日光領の再編組合村は、旧藩領の下加蘭村を組み込み、小区となったのである。再編組合村からは外れていた旧藩領の鹿沼宿は、隣接する西鹿沼村・村井村・花岡村と第二大区四ノ小区を構成している。また、楡木・奈佐原宿組合と酒野谷村組合は分かれ、旧藩領の深津村や亀和田村等を加えて、第一大区八ノ小区・第二大区三ノ小区へ編制されている。このように、日光県支配時には旧日光神領・同霊屋領を加えた組合村再編がおこなわれ、廃藩置県後の栃木県管轄時には旧藩領をも合流した小区編制が段階的におこなわれていったのである。

大区小区制 （明治6年8月15日付改正）	大区小区制 （明治9年4月21日付改正）	連合村 （明治16年2月）	再編連合村 （18年2月）
第一大区八ノ小区 （七ツ石村，2宿10村）	第一大区十小区（1宿21村）	楡木宿（2宿4村連合）	楡木宿（2宿4村連合）
	第一大区九小区 （2宿24村1新田）	下日向村（6村連合）	上日向村（7村連合）
第二大区三ノ小区（14村）	第一大区十小区	樅山村（4村連合）	樅山村（10村連合）
第一大区八ノ小区		上野村（6村連合）	
第二大区三ノ小区			
第一大区八ノ小区			上石川村（6村連合）
第二大区三ノ小区		上石川村（5村連合）	
第二大区一ノ小区（8村）	第一大区九小区	口粟野村（4村連合）	口粟野村（4村連合）
第二大区二ノ小区（11村）		油田村（5村連合）	西沢村（5村連合）
		深程村（真名子村，4村連合）	深程村（真名子村，4村連合）
第一大区八ノ小区		楡木宿	楡木宿
第二大区四ノ小区（1宿3村）	第一大区十小区	鹿沼宿（1宿）	鹿沼宿（1宿2村連合）
第二大区三ノ小区		樅山村	樅山村
第二大区二ノ小区（酒ノ谷村）	第一大区九小区	下日向村	上日向村
第二大区四ノ小区	第一大区十小区 茂呂村（上・下合併）	玉田村（7村連合）	鹿沼宿
		樅山村	樅山村
		玉田村	
			鹿沼宿
第二大区三ノ小区 上茂呂村 下茂呂村		上石川村	上石川村
		玉田村	玉田村（8村連合）
		上石川村	上石川村
第二大区二ノ小区 上日向村・下日向村	第一大区九小区 上日向村・下日向村	下日向村	上日向村
第二大区五ノ小区（10村） 上加園村 下加園村	第一大区十一小区 （文挟宿ほか，2宿22村） 加園村（上・下合併）	加園村（1村）	加園村（3村連合）
		引田村（2村連合）	上日向村
第二大区二ノ小区	第一大区九小区	下日向村	

表3　鹿沼市域の連合村変遷

組合村（文政10年11月）		町村宿名	石高（石）	再編組合村（明治3年7月）
楡木・奈佐原宿最寄29ヵ村組合※1	5ヵ村小組合	楡木宿	666.86300	楡木・奈佐原宿組合（12村）
	〔寄場〕	奈佐原宿	149.48600	
	〔寄場〕	塩山村	752.27100	酒野谷村組合（11村）
		樅山村	607.23930	
		日光奈良部村	184.44870	楡木・奈佐原宿組合
	5ヵ村小組合	藤江村	623.19400	—
		大和田村	131.84000	楡木・奈佐原宿組合
		上野村	311.67400	
		上奈良部村	453.53300	
		下奈良部村	297.06000	
	4ヵ村小組合（鷺谷村）	池ノ森村	209.62550	
		上石川村	878.48470	
		下石川村	313.61920	
	5ヵ村小組合	口粟野村	1641.96720	口粟野村組合（真名子村，10村）
		中粟野村	550.57500	
		入粟野村	379.18708	
		西沢村	1,015.05780	
		上南摩村	1,225.88500	
	5ヵ村小組合	下南摩村	651.97100	酒野谷村組合
		佐目村	304.64000	
		油田村	874.87750	
		半田村※2	1006.01500	—
		磯村	682.03500	
鹿沼宿最寄27ヵ村組合	1宿　〔寄場〕	鹿沼宿	1,772.40000	
	6ヵ村小組合	上殿村	1,092.91960	酒野谷村組合
		酒野谷村※3	864.25700	
		西鹿沼村	759.09800	
		村井村	589.53700	
		花岡村	342.70300	
		下府所村	163.21900	楡木・奈佐原宿組合
	6ヵ村小組合（飯田村）	深津村	723.27660	—
		白桑田村	209.42263	
		千渡村	706.03210	
		栃窪村	603.72370	
		茂呂村※4	（上茂呂）358.70550 （下茂呂）300.17600	
	5ヵ村小組合	日向村※5	（上日向）752.55830 （下日向）579.01030	
		加園村※6	（上加園）560.81900 （下加園）772.32500	上加園村下大久保村組合（9村）
		下沢村	700.57500	
		野尻村	232.20800	—
		深岩村	227.03700	酒野谷村組合

<table>
<tr><th>大区小区制
（明治6年8月15日付改正）</th><th>大区小区制
（明治9年4月21日付改正）</th><th>連合村
（明治16年2月）</th><th>再編連合村
（18年2月）</th></tr>
<tr><td>第二大区七小区（2宿9村）</td><td rowspan="2">第一大区十一小区
見野村（上・中・下合併）</td><td>玉田村</td><td rowspan="4">玉田村</td></tr>
<tr><td rowspan="3">第二大区六ノ小区
（小来川村，9村）
上見野村・中見野村・下見野村</td><td>見野村（4村連合）</td></tr>
<tr><td>第一大区十小区</td><td>玉田村</td></tr>
<tr><td rowspan="5">第一大区十一小区
草久村（上・下合併）</td><td>見野村</td></tr>
<tr><td rowspan="3">第二大区五ノ小区</td><td>草久村（3村連合）</td><td rowspan="2">引田村（4村連合）</td></tr>
<tr><td>引田村</td></tr>
<tr><td>下久我村（2村連合）</td><td>加園村</td></tr>
<tr><td>第二大区六ノ小区</td><td>板荷村（1村）</td><td>板荷村（小来河村，2村連合）</td></tr>
<tr><td>第一大区八ノ小区</td><td>第一大区九小区</td><td>楡木宿</td><td>楡木宿</td></tr>
<tr><td>第一大区四ノ小区（10村）</td><td>第一大区十三小区（足尾村，6村）</td><td>上永野村（2村連合）</td><td>下永野村（2村連合）</td></tr>
<tr><td rowspan="3">第二大区一ノ小区
第二大区一ノ小区
第二大区一ノ小区
第二大区一ノ小区</td><td>第一大区九小区</td><td>口粟野村</td><td>口粟野村</td></tr>
<tr><td>第一大区十三小区</td><td>中粕尾村（3村連合）</td><td>中粕尾村（3村連合）</td></tr>
<tr><td rowspan="2">第一大区九小区</td><td rowspan="2">深程村</td><td rowspan="2">深程村</td></tr>
<tr><td>第一大区七ノ小区（16村）</td></tr>
</table>

日光領組合村および再編組合村は『いまいち市史』通史編Ⅳ(366・367頁)，大区小区制以後は『鹿

上田村）は略.
北赤塚村となる.

9年に茂呂村となる.

9年に加園村となる.

組合村（文政 10 年 11 月）		町村宿名	石高（石）	再編組合村（明治 3 年 7 月）
鹿沼宿最寄 27 ヵ村組合	5 ヵ村小組合（古賀志･福岡･上府所村）	武子村	870.41000	—
		富岡村	539.41300	板荷村組合（小来川村，7 村）西見野村 東見野村
	4 ヵ村小組合	見野村	1,043.39380	
		玉田村	775.95610	
		笹原田村	301.72908	
		下遠部村	153.79100	—
日光領組合村（編成年・所属組名不詳，文挟宿ほか）		上大久保村	355.77200	下大久保村組合
		下大久保村	242.24200	
		上草久村	674.92900	
		下草久村	70.93900	
		引田村	787.50600	
		上久我村	827.36500	
		下久我村	662.24700	
板荷村組合 1 ヵ村		板荷村	2,238.44100	板荷村組合
合戦場宿組合（43 ヵ村）		野沢村	442.28500	楡木・奈佐原宿組合
—		赤塚村※2	591.54500	—
—		亀和田村	627.91800	
上永野村組合（6 村）	〔寄場〕	上永野村	1639.65400	
		下永野村	799.42400	
		柏木村	86.00000	口粟野村組合
		上粕尾村	578.88000	
		中粕尾村	1382.40000	—
		下粕尾村	1097.37000	
合戦場宿組合（43 ヵ村）		久野村	1032.90200	口粟野村組合
		深程村	875.37200	

註 0) 組合村は『鹿沼市史』通史編 近世（98・99 頁）・『粟野町史』粟野町の歴史（549・550 頁），
沼市史』通史編 近代（25・61 頁）・前掲『粟野町史』（655・663 ～ 665 頁）より作成.
註 1) 楡木・奈佐原宿最寄 29 ヵ村組合の内，5 ヵ村小組合（助谷村，小林村，中泉村，羽生田村，
註 2) 郡区町村編制法施行後，半田村・赤塚村は下都賀郡に同じ村名が存在したため，北半田村・
註 3)『旧高旧領取調帳』では上酒野谷村･酒谷村に分かれているが，明治 6 年頃に酒野谷村となる.
註 4) 組合村編成時の記述では茂呂村とあるが，『旧高旧領取調帳』では上茂呂村・下茂呂村．明治
註 5) 組合村編成時の記述では日向村とあるが，『旧高旧領取調帳』では上日向村・下日向村.
註 6) 組合村編成時の記述では加園村とあるが，『旧高旧領取調帳』では上加蘭村・下加蘭村．明治

2　大区小区制下の吏員と区画改正

次に栃木県の大区小区制下の吏員について整理しておきたい。栃木県では、明治六年七月に「戸長副用掛職務心得方」が出され、①戸長は小区内事務を総括し、各村・町・宿用掛を監督・指揮する者、②副戸長は戸長に次ぐ存在であり戸長に欠員があれば代理を勤める者、③用掛は各村・町・宿内の事務を取り扱う者と定められた[*13]。全体の指揮系統としては、県―大区（吏員なし）―小区（正副戸長）―町村宿（用掛）となっていた。次の吏員改正は明治八年（一八七五）一一月一五日付で布達された[*14]。要点をまとめると次のようになる。

①正副区長は大区に置くとはいえども、便宜により小区に在勤して事務一切の担任をする。公務の重要な事柄は、県庁主任課へ稟議して遵行せよ。

②正副戸長は小区内の事務すべてを正副区長に相談して取扱いせよ。但し、正副区長の在勤がない区は、正副戸長が事務を総括せよ。

この改正により、これまで栃木県には存在していなかった正副区長が置かれたのである。区長設置は、明治五年一〇月一〇日付大蔵省第一四六号布達を受けてから[*15]、県内でも設置案が出ていたが[*16]、ここでようやく実現したのである。正副区長は大区に置かれたが、小区に在勤して事務一切の担任を求められた。また、正副戸長は正副区長の指示に従って事務を取り扱うとあるが、在勤の正副区長がいなければ、従来どおり「御用取扱所」[*17]で事務をおこなうよう指示している。また、正副区長の新設に加えて、戸長補の設置が指示された[*18]。戸長補は正副戸長の指揮を受け、用掛の事務を総括するものとして置かれたが、「村町宿用掛ノ上ニ」置かれたにも関わらず、準等にはなれず[*19]、また給料も各町・村・宿に任される扱いであった。以上の明治八年一一月改正により、大区（区長、副区長）―小区（正副戸長）─町村宿（戸長補、用掛）という指揮系統となった。

区長・戸長には月給が定められ（表4）、金銭徴収と支給方法は、明治八年二月一〇日付で布達された「戸長副給料徴発並支給手続概則」に準拠していた。[*20]

①正副戸長の給料は、一〇〇〇戸の小区で一ヶ月一五円を徴発限度とする。支給については、戸長一名に金七円、副戸長二名に金八円（一名四円）を支給する。

②徴発は二・五・八・一一月の年四回、支給は三・六・九・一二月の四回とする。

③一五日以前に戸長副を拝命していれば一ヶ月分、一五日以後であれば半月分が支給され、正副戸長を免職する際も同様である。

以上のように指示されているものの、「県庁ニ於テ取立・支給」するとしておきながら、各区戸数・石高・分限割などの取立方法は適宜に任せるとしている。つまり、最終的には小区の「御用取扱所」が取立方法を決めていたことになる。

明治九年四月二一日付達で再び大きな区画改正がおこなわれ、四大区五二小区となった（表3）。[*21]一小区あたり二〇ヵ村を超える規模で小区が編制され、鹿沼市地域は第一大区九小区・同十小区・

表4　区長以下吏員等級と給料

明治8年11月15日付改正

吏員	設置位置	等級	月給
区長	大区	准十二等	11円
		准十三等	10円
副区長		准十四等	9円
		准十五等	8円
戸長	小区	准等外一等	7円
		准等外二等	6円
副戸長		准等外三等	5円
		准等外四等	4円

明治9年4月21日付改正

吏員	設置位置	等級	月給
区長	小区	准十二等	12円
		准十三等	11円
副区長		准十四等	10円
		准十五等	9円
一等書記		等外ニ准ス	7円
二等書記			6円
三等書記			5円
四等書記			4円

吏員	設置位置	等級
区長	町村	准等外一等
		准等外二等
副区長		准等外三等
		准等外四等

註）明治8年は『栃木県史』通史編近代一（172頁），明治9年は同（175頁）より作成．

同十一小区・同十三小区のいずれかへ所属した。一小区が一〇ヵ村前後であった以前の小区に比べ、倍の二〇ヵ村程になっており、小区の拡大方針を採っていることは明白である。

また、これまで小区の事務を担ってきた「御用取扱所」に代わり、「区務所」が新たに設置され、小区事務の中心となった。鹿沼市域の町村宿が所属した第一大区九小区は半田村、同十小区は鹿沼宿、同十一小区は文挟宿、同十三小区は中粕尾村に「区務所」が置かれている。[*22] 同じく四月二一日付で町村宿の用掛を廃止し、正副戸長を置くことが達せられ、[*23] 区長以下吏員について次のように改正された。[*24]

①区長は県庁の指揮を受け、担当する区の事務一般を掌る者、②副区長は区長に次ぐ存在であり、区長の欠員・不在時には代理を勤める者、③書記は正副区長の指揮を受けて書記の事務を掌る者と定められ、小区に一名ずつ置かれた。正副区長の給料については表4のように取り決められ、徴収・支給方法は前述の「戸長副給料徴発並支給手続概則」に準拠している。書記は等外吏に準ずるとし、月給については「其区長ニテ徴発支給」となっている。

また、戸長の設置基準については、町村五〇戸未満は正副戸長のいずれか一名、五〇～二〇〇戸は五〇戸ごとに戸長一名を増やし、二〇〇戸以上は一〇〇戸ごとに一名を増やすとしている。正副戸長の給料は一年につき一戸三〇～五〇銭の範囲で、各小区の正副区長が相当の金額を定めた。その金額を三等分して、三分の一を毎戸に賦課し、三分の二を石高・地価・分限・禄高等に賦課して、二・五・八・一一月の四度徴収とした。ここで「地価」が登場しているが、この段階では地租改正の作業途中であるので、これまでどおりの石高・分限・禄高なども含めているのであろう。支給については「給料支給法」のなかで、正副戸長が一員ずつ置かれているなら、集額金の六分を戸長、四分を副戸長へといった方法を数例示し、それらを参考にして支払うように指示している。[*25]

この明治九年四月改正によって、大区（吏員なし）―小区（正副区長、書記）―町村宿（正副戸長）の指揮系統となった。一見すると、明治六年七月の「戸長副用掛職務心得方」の大区（吏員なし）―小区（正副戸長）―町村宿（用掛）

の体制へ戻ったかのようにもみえる。しかし、小区の範囲が拡大していることに注意せねばならない。構成する村が多く、範囲の広い大区に吏員を置くよりも、実質的に機能している小区の範囲を広げ、そこに正副区長を置いて町村をまとめる方が事務の面のみならず、人件費の面からも妥当であったのだろう。

3　小区内の事務所合併

栃木県は明治九年五月一日付で「自今各区事務扱所ハ第何大区何小区区務所、町村ハ何村・何町事務所ト可相称」と布達した。*[26] 前節で確認したように、区務所を設置する町・村・宿も既に決められていたが、ここで改めて明文化された。また、各町村戸長の執務場を事務所とした。居宅を執務場としていた場合は、戸長宅を事務所と称することになったのである。上石川村の石川三郎家文書を例に挙げると、史料には「村用取扱所」や「会所」などと記載されており、表記が一定ではなかったが*[27]、布達後は事務所で統一されている。

さらに、栃木県は七月一七日付で、「市街地」に近い場所は戸数にかかわらず事務所一ヵ所を要するが、毎村に置いては入費に関わるので、小村は数か村を合わせ、土地の広狭に応じて、三〇〇戸あるいは五〇〇戸以上に一ヵ所を設置すると布達した。*[28] そして、入費減少の見込みをもって区内で協議し、八月三一日までに申し出ること、としている。つまり、村ごとに置かれた事務所を数村規模で合併させる方針を採ったのである。但し書きでは、これまでに事務所を合併している区も申し出るように指示していることから、同布達以前に合併している事務所が存在した可能性もあろう。この県達を受けて、事務所合併が実行されれば、小区内に小規模の村連合が形成されることになる。

翌明治一〇年（一八七七）一月には、第一大区十小区池之森村で事務所合併の動きが見受けられる。県の事務所合併方針が布達されてから村の対応までに時期的なずれがあるが、これは明治一〇年一月四日付太政官布告第二号で地租減税に伴う民費賦課制限[*29]（正租の五分の一までを限度とする）が布達されたためであろう。東京府を事例とした牛米努氏の研究では、民費賦課制限の後に区務所の合併・吏員削減があったことが明らかとなっている。[*30]本稿で扱っている栃木県では、事務所合併が進展しなかったところに民費賦課制限が布達され、合併が促されたと考えられる。

それでは、池之森村で副戸長を務めた高橋太一郎の「日記簿」から追っていこう。[*31]高橋太一郎は一月八日に「事務所合併」の件で、鹿沼宿に置かれた区務所へ出頭している。会議は午前九時から午後六時までおこなわれた。翌九日は前日の会議で作成された「事務所合併協議書」を写し取るため、再び区務所へ出頭している。一五日には、池之森村と同じ十小区に所属する上野村福島猪代吉の長屋を借りて、合併事務所の開設に至った。上野村の福島猪代吉の役職は判然としないが、明治八年三月時では用掛、[*32]明治一三年（一八八〇）一〇月時には戸長を務めていることから、[*33]当時も戸長・副戸長を務めていた可能性があろう。一六日は「事務所取扱法方御伺」のため区務所へ出頭した。二月一四日には、事務所で「詰合」をしている。「御用取扱所」の当直にあたるものであろう。三月一三日には「組合村々協議」のために事務所へ出頭している。合併事務所の部内を「組合村々」と称しているのは興味深いが、どのような協議であったのかは、この「日記簿」からはわからない。

次に明治一〇年一月から四月二六日までの「村費明細簿」に記載された「旅費明細記」から高橋の動きを追ってみよう。[*34]一月八日・九日は事務所合併協議のため、区務所へ出頭したことが、こちらにも見受けられる。「区内各村協議」とあるので、十小区を構成する一宿二一村の正副戸長が集まったものと思われる。三月二二日、「四納貢金護送賃銭割合・区費上納」と「事務合併協議」のため、鹿沼宿の区務所へ出頭している。四月一二日には「諸帳簿引継取調」のために、事務所へ出頭している。これまで副戸長を勤めてきた高橋太一郎が、主要な諸帳簿を引き継ぐために準備をしているのである。一月一五日に合併事務所が上野村に開設されたものの、部内村々の書類移管が済むのは、その後ということになる。よって、合併事務所が本格的に機能を始めるのは、四月以降ということになろう。また、

「旅費明細記」の最後には、副戸長高橋太一郎の給料が記されているが、支払いは四月一〇日までの分であり、それ以後は副戸長を務めていない計算になる。それでは、次に高橋太一郎の解職願いの控えを掲げよう。[*35]

解職御願

私儀

先般副戸長被御申付謹テ奉職罷在候処、目今事務所合併開設相成、然ルニ職員多数有之テハ費用モ相嵩ミ到底御趣意ニモ相悖リ、実ニ以奉恐縮候儀ニ付、何卒出格之以□(欠字)御仁恤解職被御申付度、此段奉懇願候、以上

第一大区十小区

都賀郡池之森村

副戸長

明治十年三月廿二日　高橋太一郎 ㊞

栃木県令鍋島幹殿

御請

私共儀

今般願之通職務御差免ニ相成、謹テ御請奉申上候、以上

第一大区十小区

明治十丁丑年十日

都賀郡上奈良部村
高橋　清次　印
下奈良部村
豊田　惣一郎印
上野村
大和田村
福島猪代吉　印
藤江村
藤江久三郎　印
藤江　要吉　印
池之森村
高橋太一郎　㊞

栃木県令鍋島幹殿

今回副戸長を申し付けられたので謹んで奉職したが、事務所を合併したにも関わらず、「職員」(正副戸長)が多数存在しては費用が嵩んでしまう。つまるところ、御趣意にも背くことになるので、解職をお願いしたい、と県令に願い出たのである。後半部には請書の控えが綴じられており、解職願いは聞き届けられ、請書を提出していることがわかる。この解職願いは、高橋太一郎が副戸長を辞退したいがために願い出たと解するべきではないだろう。先にみたように、県は費用負担の軽減を掲げて事務所の合併を勧めていた。さすれば、事務所合併に伴う正副戸長の解職願いを県が受理するのは至当であり、また村々にとっても人件費負担が軽減されるのであるから、彼らが解職を願い出ることは妥当であろう。このような対応をみても、県と村の意向は合致していたといえよう。

さらに、この解職願いで注目すべき部分は後半の請書である。池之森村のほかに上奈良部村・下奈良部村・上野村・大和田村・藤江村が記されているが、これらの村が合併事務所部内の村であろうと推察する。おそらく、解職願いが受理されたので、合併事務所単位で請書を提出したものと考えられる。なお、請書の提出は「十日」のみの記載だが、先の給料支払いをみれば、四月一〇日付で解職になったとみるべきであろう。また、上野村の福島猪代吉をみると、解職になる以前は大和田村との兼務形態であったことがわかる。つまり、事務所を合併する以前から両村の事務所は合併し、複数村兼務の戸長が任命されていたことになろう。

諸帳簿の引き継ぎと副戸長の給料、高橋太一郎の解職願い、そして「村費明細簿」が半年を待たずに、四月二六日付で区切られていることも含めて、合併事務所への移行が四月末であったとみて間違いなかろう。

4　合併事務所の運営

合併事務所はどのように運営されていたのであろうか。明治一〇年四月二七日以降の村費が記載された「村費明細簿」の「旅費之部」から、再び高橋太一郎の動きを追っていこう。[*36]

四月二七日、高橋は「県庁賦課金并区費・事務所予備金」を納めるため、事務所へ出頭した。また、納入が済んだ後、鹿沼宿へ向かい、「銘藉表突合」と「村費帳」の検印願をするため、区務所へ出頭している。合併事務所は「県庁賦課金」や「区費」を取り纏める事務所として機能していたことがわかる。また、高橋は副戸長を解職となった後も、引き続き池之森村を代表して事務を担っていたことがわかる。

五月八日・九日は明治九年分の「民費調」をおこなっているが、区務所・事務所の両方で調べている。五月九日出頭分の帳面には「福嶋」印が押捺されているが、上野村の福島猪代吉の印であると思われる。以後、事務所出頭の際は、福島の印鑑が押捺されている。この段階でも役職は判然としないが、事務所の位置を考えれば、戸長に就任している可能性もある。

八月一五・一六日は、「明治十年貢租金一期分賦課」のため、事務所へ出頭している。ところが、同月一七日には、「割合不都合」があったため、帳面の見直しをしている。二〇日には取り立てをしているので、「割合不都合」は解決したものと思われる。「貢租金」第一期は畑方が対象であり、八月三一日を期限とし、年間に納める畑方貢租のうち二〇%を納めることが定められていた[*37]。池之森村の場合、帳面の見直しなども挟んだため、やや時間に余裕のない取り立てとなったようである。この「貢租金」取り立てには、藤江村の藤江要吉が立ち会っている。また、藤江要吉は五月二日にも、「県庁賦課金・区費・事務所予備金・村費」の取り立てに立ち会っている。つまり、合併事務所部内では、他村代表者立ち会いのもと、「貢租金」や区費などを取り立て、納入していたということになる。こうして、「貢租金」や区費・村費の取立・納入といった一連の流れをみると、合併事務所と小区はよく機能しているようにみえる。小区が拡大したとはいえ、この合併事務所にみられるような、五～六ヵ村規模の村連合が、村々を纏める現実的な規模であったのではないだろうか。一方で、栃木県の大区は単なる名称のみの行政区画であったことが、より一層浮き彫りとなってこよう。

次に伍長高橋徳十郎[*38]の旅費項目をみると、七月六日に「組合村々事務所」協議のため大和田村へ出頭、一〇月一〇日には「四・五事務所合併」の件で「組合村々協議」があり、事務所へ出頭している。事務所を合併したばかりだが、一〇月には他の事務所との合併が話し合われているのである。同月一八日には区務所において協議がおこなわれていることから、小区規模で話し合いがおこなわれていた可能性もあろう。さらなる合併が実行されたかについては、この時点で判然としないが、合併拡大の動きがあったことを見逃すことは出来まい。

5 事務所廃止と戸長役場設置

明治一一年（一八七八）七月二二日付で太政官布告第一七号「郡区町村編制法」が達せられ、「府県ノ下」は「郡区町村」となることが決まり、大区小区制は廃止されることとなった。[*39] また、郡には郡長を置き、各町村には戸長一名を置くことを達した。しかし、「数町村ニ一員ヲ置クコトヲ得」ともしており、戸長の複数村兼務も認めたのである。栃木県は明治一一年一一月八日付で、大区小区を廃止して郡役所を置くことと、その位置を達している。[*40] また、同達の中で郡長も決まり、鹿沼市域は上都賀郡長野村惟一の管轄となった。都賀郡は上都賀・下都賀で分けられ、上都賀郡役所は鹿沼宿に置かれた。

翌明治一二年（一八七九）からは戸長役場の設置に向けて動き出している。五月一〇日付で「来ル六月三〇日付限リ従前ノ各事務所ヲ廃シ、更ニ各町村ニ戸長役場ヲ設置」すると達した。[*41] しかし、合併事務所が存在する以上、各町村に戸長役場を設けることはできない。そのため、同五月一〇日付達では、戸長役場を開設するまでは「従前ノ事務所ニ於テ都テ是迄ノ通」とした。[*42] 戸長役場を置くためには、まず戸長の選挙をおこなう必要があったのである。同五月一〇日付で「栃木県戸長撰挙規則」を出し、①戸長選挙がおこなわれるのは隔年であり、選挙がおこなわれる年の五月一一日より二〇日間は、被選挙人の周知期間とすること、②選挙人・被選挙人は、町村内に居住する不動産所有者のうち満二〇歳以上の男子とすること、③票数が最多数の者を「当撰人」とすること、④戸長の任期を二年と定め、退職直後の再選も妨げないと定めた。[*43]

この「栃木県戸長撰挙規則」と同じく五月一〇日付で、「各町村土地ノ情態ニ依リ人民協議ヲ以テ、便宜隣町村ト併セテ戸長一名ヲ差置」場合は早々に届け出るよう布達している。[*44]「郡区町村編制法」で示された複数村兼務の戸長の形態を栃木県も認め、届け出るよう指示したのである。合併事務所の経験から、兼務形態を選ぶ村々が現れることは不自然ではなかろう。では、再び池之森村の事例から、廃止が決まった事務所の動向を検討していこう。明治一二年の「村費明細簿」に記載された「旅費之部」のうち、高橋太一郎の行動を抜粋して次に掲げる。[*45]

五月一七日に高橋は、戸長を「公撰」して一村一名を置くこと、および「村々合併」協議のため出頭している。「部内協議」とあるため、合併事務所部内の六村で今後の対応が話し合われたのであろう。先に見た五月一〇日付で出された一連の戸長関係の県達を受けて、村々は対応を協議したのである。六月四日には戸長撰挙のため、高橋太一郎が出頭している。翌七月二日には、諸帳簿の引き継ぎと協議があるため、事務所へ出頭している。九月一四日にも引き継ぎの件で、「旧事務所」へ出頭している。各村に戸長役場が開設されたことにより、合併事務所は「旧事務所」となったのである。次に合併事務所から池之森村に宛てた達を掲げる。[*46]

本県乙第百弐拾三号達ニヨリ各町村戸長撰挙并ニ村々合併之義ニ附談事致義有之候間、明後十七日午前第九時総理、伍長一同当事務所え出頭有之度、此段相達候也

十二年五月十五日　　該事務所［栃木県第一大区十小区第四事務所・印］

池之森村

総理中

（中略）

天第三号

今般本県乙第百廿二号ヲ以テ町村戸長撰挙投票当日之儀者、撰被人名簿各事務所ヨリ広告シタル日ヨリ五日目ヲ以テ執行可致、此旨広告候也

明治十二年五月廿一日
栃木県上都賀郡長野村惟一［印］
（中略）
上都賀郡
池之森村
右ハ今般戸長撰挙之義、来ル六月三日其村総理宅ヲ投票場トシテ施行致度、尤モ別紙人名簿相添広告致候間、同日午前八時右投票場え一同参集候様御取計有之度候也
但、事務所ヨリ立会之節投票用紙持参致候事
明治十二年
上野村外五ヶ村
五月三十一日　事務所［栃木県第一大区十小区第四事務所・印］
池之森村
総理中
（中略）
本県乙第百廿二号御達ニヨリ各事務所ヲ廃シ、各村え戸長ヲ被置候ニ附、其村方高橋太一郎殿昨七月一日戸長拝命相成候間、本日ヨリ事務取扱候条、小前末々迄無洩通達可及、此段相達候也
明治十二年
旧上野村
七月二日　事務所［栃木県第一大区十小区第四事務所・印］
伍長中
池之森村

旧総理中

以書面ヲ報知及候、旧事務引継之義ニ附談事度有之候間、明十三日午前第八時乍手数旧事務所え御出頭被下度、此段報知及候也

上野村

十二年七月十二日　旧事務所〔栃木県第一大区十小区第四事務所・印〕

池之森

戸長御中

事務所から五月一五日付で「各町村戸長撰挙幷ニ村々合併」の話し合いをするので、一七日に「総理」と伍長一同は出頭してほしいと達がきている。副戸長を退職した高橋太一郎が「総理」という役職で呼ばれていることが確認できる。[*47] また、事務所の印鑑をみると、「栃木県第一大区十小区第四事務所」とあり、これまで検討してきた合併事務所は、「第四事務所」であることも明らかとなる。また、五月三一日付の達を見ると、「上野村外五ヶ村事務所」とある。「外五ヶ村」にあたる村は、高橋太一郎の副戸長解職願いの請書に登場した、上奈良部村・下奈良部村・大和田村・藤江村・池之森村のことであろう。以上をまとめると、全体の指揮系統としては、県―大区（吏員なし）―小区（正副区長、書記）―合併事務所（正副戸長）―村（総理―伍長）であったことが明らかとなる。

五月二一日付で郡長野村惟一は、戸長の撰挙日は「撰被人名簿」を公告した日から五日目に執行するよう指示を出している。同月三一日、六月三日の撰挙では総理高橋太一郎の自宅を投票場とすることと、人名簿を公告して投票当日の午前八時は投票場へ一同が参集するよう取り計らってほしいと事務所が達している。

そして、戸長撰挙が終了すると、七月一日付で高橋太一郎が戸長となったことがわかる。一二日付の達には、「旧

事務引継」の話があるため、翌日「旧事務所」へ出頭してほしいとあるので、この段階で引き継ぎがおこなわれたのであろう。

ここで明らかとなったのは、「上野村外五ヶ村」の「第四事務所」は協議をしたが、兼務の形態や村合併を選択しなかったということである。この戸長撰挙によって、合併事務所は解体され、各村に戸長役場が置かれたことで、指揮系統は県―郡役所（郡長）―村（戸長）となったのである。

6 大区小区制下の村費

県は入費減少を掲げて事務所の合併を勧め、村もまた同様の理由で事務所の合併を実行していたことはこれまで検討してきた。次は村費を検討してみる必要があろう。まず、上石川村をみると、明治六・八年の入費が多い（表5）。明治六年は地券費で二六五円を使っており、村費の半数以上は壬申地券発行にかかる地券費が占めていたのである。また、同年は学校設立が求められていた時期でもあり、地券費に次ぐ割合を占めている。これは樅山村の惜陰舎分校を上石川村に開校したためと考えられる。[*48] 明治六年分のように寄附金のうちから利子金が補充されていても、学校費の負担は軽いものではないだろう。

諸給料は村用掛の給料である。用掛は石川仁平・和久井七郎・石川久一郎の三人で勤めており、明治六〜八年の間は三七円六銭八厘が毎年支払われている。三人分の給料三七円余は地券費・学校費に次ぐ割合である。史料の関係で八年以後の村費を明らかにできなかったが、人件費がカットできれば、村費減少に繋がるものと思われる。

次に池之森村の村費をみると（表6）、石高二〇九石余とやや小村の池之森村は、八七八石余の上石川村と比べて額は少ないものの、やはり明治六年の地券費が村費の大部分を占めている。諸給料を見ると、明治六・七年の用掛

表5　上石川村村費

（単位：円）

費目	明治5年	明治6年	明治7年	明治8年
筆・墨	0.5758	0.6268	0.9203	1.3915
紙	3.0772	9.5101	5.2707	5.1220
飛脚		—	1.4250	—
諸給料	—	37.0680	37.0680	37.0680
旅費		—	16.2590	—
油・蝋燭	1.5300	1.2662	1.0250	1.0200
薪炭	0.4498	0.4686	0.6452	
雑費		—	4.8238	—
学校費	—	79.8368		141.3602
地券費	17.8219	265.8503		—
布告・布達類費	2.0542	1.2824		5.2592
道路・堤防橋梁修繕費	—	—		8.5800
管内限布達調費	7.6655	13.7600		17.5674
御用取扱所用掛当直費	—	4.7660	—	1.8980
貢米金取立ヨリ納済迄之費	1.1420	3.6879		1.4680
戸籍調費	3.7957			1.4400
祭典費	—			3.5275
道中人馬買揚賃	4.3280	—		
検見下組内見其他一切費	2.3193			—
合計	44.7594	418.1231	67.4170	226.2970

註）明治5・6年は182「民費取調書」，同7年は104「村費明細書」，同8年190「民費取調書」より作成．いずれも石川森三郎家文書．計算が合わない箇所もあるが，史料表記のままとした．また，明治6年学校費の内，59.4333は寄附金利子である．

給料は九円余であったことがわかる。明治八年は他の年に比べて上昇しているが、「戸長以下給料」として計算されているためである。明治一〇年は三円余と低い額となっているが、これは高橋太一郎の副戸長解職に伴うものである。明治一〇年四月以降、給料の項目がなくなっていることが確認できよう。「総理」には事務所への「出頭」あるいは区費等の「取立」の度に旅費が支払われているが、月給は確認できない。「村費明細簿」の中で、他に該当する項目もないため、旅費＝日当支払いだったのであろう。明治一〇・一一年で村費の合計金額を比較すると、下降していることは明らかである。明治一一年は消防器械購入のため、一〇円余支出しているので、この支払いが無ければさらに村費は減少していたことになる。

以上のことから、村費の多くを占めたのは地券費・学校費、そして諸給料がその次に続いていた。重要な事業費である地券費・学校費の入費を抑制することは難しいが、諸給料は事務所の合併によって人件費を抑えることができたのである。池之森村では村費減少の傾向もみられ、本事例のみではあるものの、合併事務所は一定の成果を上げたと

表6　池之森村村費

（単位：円）

費目	明治6年	明治7年	明治8年	明治9年	明治10年	明治11年	明治12年
筆・墨	0.3200	0.4782	0.6384	0.1300	0.4300	0.4650	0.2000
紙	1.3335	2.965	3.7470	1.8960	1.1653	0.9651	0.5300
脚夫賃	—	—	—	—	0.0490	—	—
諸給料	9.0528	9.2568	27.1206	17.5071	3.4444※		
旅費	9.2125	2.3376	—	3.9225	11.6040	10.4400	11.9300
油・蝋燭	0.0250	0.1500	0.1940	0.0830	0.5020	0.5320	1.7200
薪炭	—	0.1350	0.4720	—	2.0573	1.8980	—
雑費	40.8129	—	—	0.3340	—	0.0500	1.6950
学校費	—	8.7177	1.2300	0.3575	1.5290		
地券費	94.7002	—	—				
布告・布達類費	—	0.6787					
堤防其外諸普請諸入用	6.9327	2.2327	1.2325				
御用取扱所諸入用		10.0050	23.8580		—	—	
御用取扱所出頭費		7.4158	—	—			
貢金取集ヨリ納済迄費		4.7522	4.1950				
戸籍調費	—	3.8150	1.1400				
祭典費		0.8570	2.8940				—
事務所費					0.5810	1.3200	
諸器械				1.0650	—	10.6825	
公用状賃銭・郵便税	0.0832			0.3750			
区費		—		4.9600	1.0460	—	
区長給料			—		1.2095		
学区取締給料					0.3010		
雇入込	—			—	—	0.7500	
県庁賦課金					1.0010	2.4200	
県庁当直所入費		0.3300			—	—	
賃銭		—				0.0525	0.1100
合計	162.4728	54.1222	66.7214	30.6301	36.4111	28.5545	15.8300

註）明治6年は1447「明治六年会計表」，同7年は1448「民費取調書」，同8年は1442「民費取調書」，同9年は1775「村費明細簿」，同10年は1795「村費明細簿」，同11年は1814「村費明細簿」，同12年は1832「村費明細簿」より作成．いずれも高橋義雄家所蔵文書．計算が合わない箇所もあるが，史料表記のままとした．明治9～12年は半期ずつの帳簿を合算した数値である．／※明治10年の「諸給料」は1月～4月10日までの副戸長高橋太一郎の給料である．

いえよう。

7　合併事務所の広がり

ここまで、主に第一大区十小区「第四事務所」について検討してきたが、他村の動向も僅かながら検討を試みたい。池ノ森村と同じ十小区に属した上石川村では、明治九年四月二七日付で石川力三郎が戸長に任命されている。それまで村用掛が管理していた「該書類其他引継」を五月一日に済ませて、村の戸長として勤務を始めている。[*49]しかし、翌明治一〇年四月二四日、石川力三郎は「第三事務所」の戸長佐藤仁平次と副戸長和久井七郎・大貫新十郎へ書類を引き継いでおり、「御用書類請取目標」に記された石川の肩書きは「旧戸長」となっている。[*50]また、石川三郎家に伝わる「栃木県第一大区十小区上石川村事務所」印鑑[*51]の包紙には、「明治十年五月付」「第一大区十小区上石川村事務所印二箇廃役ニナル」とある。つまり、五月をもって上石川村の事務所は廃止となって「第三事務所」の部内に入ったことを示している。「第三事務所」部内の回達は[*52]、「第三事務所」茂呂村・上石川村・深津村・白桑田村・下石川村の順で村々の「総り」宛に送られており、この五村が合併事務所の部内ということになろう。池之森村においても高橋太一郎が「総理」という役職を勤めていたが、こちらでも「総り」が村の代表であり、他の合併事務所においても同様であった可能性がある。なお、「第三事務所」の位置は、回達の順や茂呂村の佐藤仁平次[*53]が戸長を務めていることから、茂呂村に置かれていたと推察される。十小区内に形成された合併事務所の数は、区務所から戸長に宛てた達の宛先が「第一より五迄事務所正副戸長中」となっていることから、五か所の合併事務所が存在したことになる。[*54]最後に小区は変わるが、十一小区に所属する草久村・上大久保村・下大久保村の戸長には、草久村の福田弥五八が明治一〇年四月一六日付で兼務の戸長として任命されている。[*55]以上のように、第一大区十小区・同十一小区においては、合併事務所が複数形成され、且つ佐藤仁平次や福田弥五八のような兼務戸長が任命されているのである。

栃木県鹿沼市域では、明治一六年（一八八三）に連合戸長の管轄と連合村会を構成する村が一致した、連合村の形成が確認されている。明治一六年二月付の連合村の構成を見ると（表3）、上野村連合・上石川村連合・草久村連合は、いずれもこれまで検討してきた合併事務所の部内と一致している。また、「上野村外五ヶ村」の連合村では、連合戸長との連絡や、各村の事務の執行にあたる「総理」が置かれ、その下には「組惣代」が置かれていた。よって、指揮系統は、郡役所（郡長）―連合戸長役場（連合戸長）―村（総理―組惣代）となる。[*56] 組惣代が大区小区制下の伍長に近い役職だとすれば、合併事務所の体制と近しいものであったことがわかる。以上のことから、事務所の合併が連合村の初期的な状態に位置すると捉え、合併事務所を初期連合村として位置づけたい。明治一八年（一八八五）二月の改正によって、連合村の構成は変わってしまうが、少なくとも前者の前提となっていたとみても、不自然ではなかろう。

おわりに

最後に本稿で明らかになった点と今後の課題を記してまとめとしたい。

栃木県鹿沼市域では、近世においては、治安対策の必要性から一部の村々で独自に組合村が形成され、文政期になると寄場を中心とした改革組合村の編成がみられた。維新後には藩領を除き、旧日光神領・同霊屋領を組み入れた組合村の再編がおこなわれた。廃藩置県後は旧藩領の村を入れ、大区小区制が設定された。

この栃木県の大区小区制では、当初村単位に事務所が置かれたが、やがて村費減少を目的とした合併がおこなわれたことが明らかとなった。栃木県の場合、大区小区制の町村連合（初期連合村）が明治一六年の連合戸長制と同一であることが立証された。これにより、近世の組合村から連合戸長制までの地方制度の形成過程を考察する場合、連合戸長制を単に官治的とする評価もまた見直しが必須となろう。

明治一六年に実施された連合戸長制では、戸長の管轄を広げて権限を強化し、且つ任命にあたっては官撰が採用された。この施策が自由民権運動への対策という面があったことは事実であろう。しかしながら、連合戸長制導入を迎える素地が、既に大区小区制下において、合併事務所という形態で存在していたとすれば、連合村の形成過程の理解に若干の修正が必要となってくるように思われる。再び村の代表として、「総理」が登場することが、その表れではなかろうか。本稿では三新法以降を検討していないため、今後の課題としたい。

もう一つの課題は、兼務の戸長が法的に認められた三新法下で、各村が戸長一名を置く方針を採用した理由を明らかに出来なかったことである。栃木県の真岡市域では、明治一二年に芳賀郡役所が管下の各村戸長役場に連合を促す告諭を出している。この連合では、各村の戸長が一か月交代で布達や伺書の取次ぎを担当していた[*57]。こうした栃木県の三新法への移行をみると、郡区町村編制法第六条の「毎町村ニ戸長一員ヲ置ク[*58]」という部分を重視したのか、地形的・地域的な理由があったのか等、検討すべき部分は多いが、こちらについても今後の課題としたい。

註

＊1　大島太郎『日本地方行財政史序説』（未来社、一九六八年）。大島美津子『明治のむら』（教育社、一九七七年）。

＊2　伊藤好一「神奈川県における大小区制の施行過程」（『駿台史学』第一七号、一九六五年九月）。久留島浩『近世幕領の行政と組合村』（東京大学出版会、二〇〇二年）。

＊3　奥田晴樹『地租改正と地方制度』（山川出版社、一九九三年）。

＊4　松沢裕作『明治地方自治体制の起源―近世社会の危機と制度変容―』（二〇〇九年）。

＊5　『栃木県史』（一九八二年）。

＊6　『鹿沼市史』通史編近現代（二〇〇六年）。
＊7　奥田氏は前掲『鹿沼市史』通史編近現代が刊行されたのち、「連合町村編制の歴史的考察」（一）（『金沢大学人間社会学域学校教育学類紀要』第一号、二〇〇九年）・「連合町村編制の歴史的考察」（二）（同、二〇一〇年）の中で、さらなる検証を試みている。
＊8　栃木県は、明治九年五月一日付達で町村戸長の執務場を「事務所」と統一している（『栃木県史』史料編近現代一、一九七六年、一七六頁）。
＊9　『二宮町史』二〇〇八年、一二二―一二五頁。二宮町は合併により、平成二一年（二〇〇九年）三月二三日付で真岡市となっている。
＊10　宝暦・文化期の組合村については、『鹿沼市史』通史編近世（二〇〇六年、九四―九六頁）を参照した。
＊11　慶応二年一二月に日光神領においても組合村が編成されたが、全体像は判然としない。『いまいち市史』通史編Ⅳ（二〇〇八年、三六五―三六七頁）には、組合村を構成した村の一部が掲載されている。
＊12　『栃木県史』史料編近現代一、一一三―一一五頁。
＊13　『栃木県史』史料編近現代一、一五五・一五六頁。
＊14　『栃木県史』史料編近現代一、一七二頁。
＊15　個別法令が存在しない大区小区制は、明治四年四月の戸籍法とこの大蔵省第一四六号布達が法的根拠とされ、「一区総括ノ者無之、事務差支ノ次第モ有之哉ニ付、各地方土地ノ便宜ニ寄リ一区ニ区長壱人、小区ニ副区長等差置候儀ハ不苦」と布達された（『法令全書』第五巻―一、原書房、一九七四年、八八頁）。
＊16　『栃木県史』史料編近現代一、一五二・一五三頁。
＊17　「御用取扱所」とは、明治六年九月一八日付の県達で、各小区に設置された正副戸長・用掛の執務場である。昼夜公用が差し支えないように、用掛は順番で当直していた（『栃木県史』史料編近現代一、一六七・一六八頁）。
＊18　『栃木県史』史料編近現代一、一七二頁。
＊19　戸長は明治七年（一八七四）三月八日付で準官吏に位置づけられることが布達され、栃木県は同七年七月八日付達で戸長を準等外一～三等、副戸長を準等外四～六等に位置づけた（『栃木県史』史料編近現代一、一六八頁）。
＊20　『栃木県史』史料編近現代一、一七〇・一七一頁。
＊21　明治七年一二月七日には一三大区一一五小区、明治九年九月九日には上野国三郡（山田・新田・邑楽）が群馬県管轄となったこと

に伴い四大区四六小区となったが、鹿沼市域の区画は改正されなかった。
＊22 『栃木県史』史料編近現代一、一七三頁。
＊23 『栃木県史』史料編近現代一、一七三頁。
＊24 『栃木県史』史料編近現代一、一七四・一七五頁。
＊25 『栃木県史』史料編近現代一、一七六頁。
＊26 『栃木県史』史料編近現代一、一七六頁。
＊27 石川森三郎家文書六五「村費高割並戸数割取立帳」・同一〇八「村費明細簿」等。
＊28 『栃木県史』史料編近現代一、一七八・一七九頁。
＊29 『法令全書』第一〇巻（原書房、一九七五年）、一頁。
＊30 牛米努「東京府における大区小区制の形成と展開」（『地方史研究』第二四六号、一九九三年）。
＊31 高橋義雄家文書一〇二二「日記簿」。
＊32 『鹿沼市史』史料編近現代Ⅰ、二〇〇〇年三月、五七頁。
＊33 栃木県立文書館寄託、石川三郎家文書一七一「下野国上都賀郡連合十七ヶ村秣場概図」。
＊34 高橋義雄家文書一七九五「村費明細簿」。
＊35 高橋義雄家文書一三一八「辞職御願書」。
＊36 高橋義雄家文書一七九五「村費明細簿」。
＊37 明治一〇年七月一四日付太政官布告第五三号（『法令全書』第一〇巻、一九七五年、四八・四九頁。
＊38 高橋徳十郎は、明治一〇年（月日不詳）に公撰で選ばれた伍長である（高橋義雄家文書一〇二五「願向届其他控」）。伍長は明治八年一〇月二二日付の「伍長心得書」によれば、「戸籍出入」「寄留」等の届出のほか、布告が達せられた時には「御趣意徹底」を図り、「租税并諸上納物等取立」の際には、用掛や正副戸長を補佐する役職であった。平常は「伍中一家ノ如ク懇切ニ世話」して、「農事家業ヲ専ラ相励マシ（中略）篤ト注意」しつつ、「遊惰ニ流レ産業ヲ怠」らないよう、組中を教戒することが求められた。なお、明治九年九月二八日付達で、選出方法が公撰となっている（『栃木県史』史料編近現代一、一七一・一八〇頁）。
＊39 『法令全書』一一巻（一九七五年）、一一・一二頁。
＊40 『栃木県史』史料編近現代一、二四五・二四六頁。

＊41 『栃木県史』史料編近現代一、一七三頁。
＊42 『栃木県史』史料編近現代一、一七三頁。
＊43 『栃木県史』史料編近現代一、一七三頁。
＊44 『栃木県史』史料編近現代一、一七三頁。
＊45 高橋義雄家文書一八三二「村費明細簿」。
＊46 高橋義雄家文書一〇五一「公達書綴」。
＊47 管見の限り、「総理」設置の県達は確認できない。明治一六年二月に形成された「上野村外五ヶ村」の連合村では、連合戸長との連絡や、各村の事務執行を担当する「総理」が置かれており、奥田氏はこれを諸村の自発的な動きと捉えている（『鹿沼市史』通史編近現代、六二頁）。なお、「総理」の辞書的な理解は「全体を統合し、管理すること。すべてを監督し処理すること。また、その任にあたる人」である。（『日本国語大辞典』第二版第八巻、小学館、二〇〇一年八月、三三五頁）また、明治一四年（一八八一）一〇月に結成した自由党では、党首を「総理」としている（『国史大辞典』第七巻、吉川弘文館、一九八六年、二八七頁、「自由党」の項を参照）。
＊48 『鹿沼市史』、通史編近現代、七五頁。
＊49 栃木県立文書館寄託、石川三郎家文書八三八「進達書・諸請書誌」。
＊50 栃木県立文書館寄託、石川三郎家文書八三〇「引継書類目録之綴」。
＊51 栃木県立文書館寄託、石川三郎家文書一六五四「上石川村事務所印鑑」。
＊52 石川森三郎家文書一四一―二「御用誌」。
＊53 『鹿沼市史』通史編近現代、二四七頁
＊54 石川森三郎家文書一四一―一四「回達留」
＊55 栃木県立文書館寄託、石原好子家文書一〇四五―一「辞令」。
＊56 『鹿沼市史』通史編近現代、六〇・六二頁。
＊57 『二宮町史』、一二二―一二五頁。
＊58 『法令全書』第一一巻（原書房、一九七四年）、一二頁。

八　明治前期の土地調査

――高村五兵衛の活動を中心に――

高村昭秀

はじめに

わが国における近代的土地制度は、とりわけ地租改正研究を中心に多岐にわたる。これまで地租改正の全国規模に及ぶ研究が進み、各県別にその過程や地主層の活動が明らかにされてきた。[*1] その一方で、改正事業後に行われた地押調査に関する研究は、地租改正研究がその膨大な量であるのに対し、地理学的な研究を中心として、いまだ中途の段階にある。[*2]

ここでは対象地域を山梨県中野村（現山中湖村）として、一村内における地主層（村内有力者）の下で地租改正事業・地押調査事業等に従事した高村五兵衛という人物の活動を、彼の残した日記を通して検討する。[*3]

中野村は明治初年の合村政策で形成された行政村である。近世期には、山中村・平野村・長池村の三ヵ村に分かれ、その様子は、甲府勤番松平貞能編纂の『甲斐国誌』に詳しい。[*4] それによれば、三ヵ村ともに寒冷地としての自然的劣悪な条件の下に置かれていた。農産物においても粟・稗・大豆・蕎麦のみと記している。石高は、山中村二六石五斗四升九合、平野村二四石一升九合、長池村三石一升四升である。ともに水田はなく、山畑が中心である。また主な生業は、駄賃稼ぎや山稼ぎなどによる収入が占めていた。そのために、三ヵ村入会地としての向切詰や三ヵ村を含め富士山北面にある上吉田村・下吉田村・新倉村・大明見村・小明見村・忍草村・新屋村・松山村の計一一ヵ村で構成された一一ヵ村入会地が存在する。

なお山梨県ではこのような入会地が多く存在し、地租改正事業の過程で、その多くが官有地編入、皇室財産の創出から御料地編入と所有権が移転しており、「入会権」などの権利関係を争点とした研究が中心となっている。[*5]

その後、明治八年（一八七五）に三ヵ村は、山梨県の合村政策で、「中野村」と命名され一村となった。このため旧三ヵ村は一部落となる（以降、各部落は組を呼称する）。[*6]

この中野村（主に山中組を中心）において、地租改正事業や地押調査事業等に従事した人物が高村五兵衛である。[*7]五兵衛は山中村の出身で、高村甚左衛門の子として天保四年（一八三三）に生まれ、明治三八年（一九〇五）四月一九日に亡くなっている。主な生業は、小豆や大根等を作り、農業に従事していたことが日記等からうかがえる。

表1　階層構成表（明治5年）

持　高	戸　数	比　率
1石以上	5	6.8
5斗〜	9	12.2
3斗〜	21	28.4
1斗〜	23	31.1
1斗以下	16	21.6

註）『山中村の歴史 下巻』より転載.

五兵衛の山中村における持高であるが、「元治二年宗旨人別帳」によれば、高二斗九升五合であった。[*8]家族構成は、五兵衛（三二歳）、妻もん（二一歳）、母まつ（七一歳）に下女一名である。その後、明治五年（一八七二）段階では、高四斗二升五合と微々たる増加にとどまっている。[*9]このことから表1によれば、五兵衛は村内における階層構成上の中間層に位置していた。

また、近世期には村方三役にも属しておらず、明治八年二月の「村吏月給巨細簿」においても高村五兵衛の名は見られない。[*10]そのような五兵衛がなぜ地租改正事業等に従事していくのか、明確な理由は明らかでない。しかし、「高村五兵衛関係文書」には、「明治五年算術私法記」という史料が残されている。[*11]この史料は、体積・九九等の計算方法が記されており、五兵衛に算術の心得があったことを示している。そのため、五兵衛の各事業への従事に繋がったものと推測する。

1　地券発行・地租改正事業における活動

明治五年(一八七二)二月に地券渡方規則が公布された。土地の売買、譲渡の証明に必要な地券を発行するためである。同年七月四日には、全国の土地所有者へと地券交付が拡大され、同年一〇月中までに地券を交付することとされた。山梨県下においても、明治五年五月に管内へ地券渡方規則を通達し、同年七月一九日に谷村庁より都留郡の村々へ通達が行われた。田嶋氏によれば、「一筆限帳」の作成を八月中に半分を終了し、残りを九月末日までに終了するよう命じている。[*12]また明治六年一月七日には、山梨県の地券掛から地所取調べの手順が示されている。[*13]以下の通りである。

①土地は古書類にとらわれず、現状を測量し所持者を決定すること。
②切絵図と一村総絵図を作成し、村境を明記すること。
③畝歩の明白化は、後日の税額とは関連性がないとの念押し。

このような手順に従い、県下では作業が進められていく。

山中村においても地券発行に関する取り決めを同年一月に行っている。[*14]そこでは「地券御廃《ママ》行之義者旧検地ヲ一洗シ、自今現地屋敷畑山深荒地壱歩ニ至迠致検査、絵図面幷ニ地所取調簿共収納致と之、屢々懇々御説諭之御督責小前末々ニ至迄御布達難有奉佩裁候」とあり、小前百姓六〇名にて前述のような手順を確認したものと考える。

また、同年三月二五日、地所名称区別法が公布され、地券を発行すべき土地と不発行の土地に大別した。林野においては、地券を発行しない官有地と、発行する公有地と私有地に区別された[*15]。そのため、地券の発行に関して混乱をまねくことになる。同年七月二八日には地租改正法が公布されるが、県下への伝達は八月二二日であった[*16]。

同時期における五兵衛の活動は、「明治六歳地券差引帳」から確認できる[*17]。それによれば、明治六年三月一四日から調査開始の記述がみられ、それ以前に調査関係の諸道具などを準備したものと考える[*18]。

表2によれば、五月まで集中的に（大久保・剣丸尾・御林〔内野村との境界〕西原の地域）作業が進められ、月末から翌六月に入ると、絵図作成を中心に活動している[*19]。その後、八月・九月に計四日の作業を行い、一二月に入り再び集中的に二六日間にわたる作業を行っている。積雪等のためか調査の記述が一端途切れている。もっとも、記載内容には場所や人足等が詳述されておらず、すべてを明らかにすることはできない。

表2　地券作業日数表

3月	17日	8月	休
4月	21日	9月	2日
5月	23日［内3日絵図作成］	10月	休
6月	15日［内12日絵図作成］	11月	休
7月	休	12月	26日

註）「明治六歳地券差引帳」より作成.

翌七年五月一三日の記述に「地券小事場江行畑弐十数」と記載があり、調査が再開したとみてよいだろう[*20]。尚、再開翌日から同月一五日まで調査を行い、一六日からは村内の道路普請のため、再び中断している。その後、同月二八日に再開し、大久保・大池等の長池村との村境を調査し、「縄張」や「野取」を行っている。

そして、翌六月には「山中村総計簿」（以下「総計簿」）が山梨県令藤村紫朗宛に提出された[*21]。「総計簿」は、山中村の概況を示したもので、宅地や山畑などの反別や地価額が示されている。ただし、石地ならび山と池・湖水には反別の記載がみられない。北條氏によれば、未記載の理由をこの段階で丈量が終了していないためとみている[*22]。現に五兵衛の日記においても、六月段階では継続的に丈量が行われている。

土地の種別には「村持地」や「公有地」の記載がみられる。「総計簿」で「林百六拾八町九反五畝・公有地」とある土地は、近世期に「御立林」として、幕府直轄の「巣鷹林」などがあった場所で、この土地へは山中村の者も利用していたところでもある。[*23]山中村では、この六月段階で所有地の種別を判断したようであるが、早くも五ケ月後の一一月七日の「地所名称区別」改定により、「公有地」規定は廃止された。以後、土地所有は民有地か官有地に区別される。

また、「総計簿」と前述の「日記簿」を照合すると、六月六日の記述に「村内地券ニ付惣寄合調印取リ」とある。[*24]さらに数日後の一四日～一七日の間で、五兵衛が甲府へ出張したとの記載があることから、「総計簿」を県へ提出するため、六日段階で村内における内容確認が行われたのではと考える。それから、なぜ五兵衛が甲府へ出張したのかは明確ではないが、「総計簿」の署名欄に戸長・副戸長と共に「農惣代」として高村五兵衛と大山嘉孝の両名が署名している。[*25]このほか同年一〇月、地価金訂正のため作成された「明治七年相場書記」においても、五兵衛・大山両名の署名が再び記載されている。[*26]肩書きには「百姓惣代」と記載されているが、「農惣代」と同意語であろう。このことからも、五兵衛は村内において地券発行・地租改正事業における地押丈量を行った実務者として重要な立場にいたといえる。

また、五兵衛は地押丈量等の測量を経て、様々な経験をしたであろう。それは、村内における土地の反別・地価算定作業であり、土地所有者の（公有地を含む）確定作業であった。

さらに、五兵衛が遭遇したであろう難題に、他村・他部落との境界画定の問題があり、ここで二つの事例を次に挙げる。

一つは、明治九年（一八七六）七月一〇日に前述の旧一一ヵ村入会地を構成する村々で、以下の「書付」を山梨県令宛に提出した問題である。[*27]

右村々総代人同区中野村ノ内山中組江相係、富士山裾野拾壱ケ村入会惣持之内字梨ヶ原之内江、寛文度《ママ》山中村ニ於テ山畑反別拾町七反弐畝廿ト縄請地有之、今般地券取調ニ付右場所不残山中村之帳簿江組込候ヨリ、既ニ山梨御裁判所江訴上候得共、答書以前原被告示談之上別紙対談約定書為取替、右場所山中村ヨリ入会村々江更ニ相当代価ノ売約定致、（中略）右場所之義者雑税上納之入会地と者異リ従前貢租上納仕候ニ付而者、前書山中村江差出候地代金額村々割賦出金当ニ応シ、右別冊帳簿江内訳仕何村分反別と相認奉差上、以来右反別相当貢納相納、地券証之義者悉皆一紙ニ而御附与被成下度、然ル上者右場所之共同之入会ニ候得者異論無之ハ勿論、猥之義無之様可仕候間右売買之儀（後略）

この問題の経緯を説明すると、近世期以来山中組では、富士山北面における産物収益や土地を切替畑として利用するなど、他の入会村々より強固な権利を所持していた。そこへ明治八年頃に忍草組〈現忍野村〉の者が進入し、切替畑を荒らし双方で問題となったことに端を発している。

そして、地券発行に伴う所有名義を山中組の所有地として、山梨県に地券申請をすることが問題となった。それをきっかけに梨ヶ原「一〇町歩余」の土地を、旧一一ヵ村入会地であると他の村々と確認したのである。結果的に、他の旧一〇ヵ村が土地を買い取る形で山中組へ二〇〇円の代価を支払い、過去の検地で旧山中村の請地であったことや所有を認めた。なお、この時期のものと思われる山中組と一一ヵ村入会地との境界を示した絵図が「関係文書」に残されている。[*28]

また、他村だけではなく、中野村という行政村を構成していた部落間でも境界をめぐる問題が生じている。[*29]

当村地内字大池之義者旧山中旧平野ニテ互ニ地券帳簿ニ記載候ヨリ重複相成候ニ付、今般双方協儀之上重複相成候ニ付、今般協議之上重複相成候様更ニ山中村帳簿へ加へ、且邪羅松ヨリ大池之方江芝地分長池帳簿へ加へ、右松ヨリ三十四間壱尺五寸西方江打立境塚相立将又郷境之儀者両村地券取調帳簿ニ記載之通リ相定メ候筈、尤該地者官有地ニ付拝借等出願之節者、当今合村相成候ニ付村方無残遂協儀ヲ取計候筈ヲ以双方無申分和談行届候間為

後証連印致置候也

内容は、山中組と長池組の境界である字大池の土地を、山中組と平野組（旧長池村は、合村以前に旧平野村と合併していた）との双方の「地券取調帳」に記載されていることから問題を生じたということである。双方が協議をした上で、境界を定めて両組の帳簿に分割記載することになったようである。ここでは、旧山中村の伍長二名と旧長池村伍長二名による両部落代表者の署名と中野村の戸長・副戸長と第三四区区長代理が署名している。

五兵衛は、両部落の境界である「大池」の調査を実際に行った一人であるが、現場の担当者ではなく、境界問題には組〈部落〉の代表である伍長がその対応にあたったのである。

以上の二つの事例のように、地租改正事業の過程では他村・他部落との境界をめぐる問題が起きていた。五兵衛自身は、史料自体に名前もみられず、この問題にどう対処していたのか明らかではない。しかし、五兵衛は、双方の紛争地を実際に調査している。こうした測量（境界などを含めた）の技術や経験が、後の地押調査事業等で村内（山中組）における活動に連結していったのではないだろうか。

このように反別・地価・所有の確認作業とともに地租改正事業は進められた。中野村の地券交付は、明治一二年五月四日の記録に「戸長ヨリ地券証割下ケニテ村中休」と記載があり、この段階での交付となったとみられる。[*30]

山梨県における地租改正事業は、明治一四年に一応の終了をみた。宅地や田畑が税制改革的な性格であるのに比べ、山林原野を対象とした林野改租は、土地改革の面から捉えられていた。[*31]特に山林原野における官民有区分は、地券交付・地租改正事業の一環として実施され、土地の区分を官有地と民有地に大別することを目的としたものである。その結果、「地租改正渡方規則」第三四条における「公有地」の規定も廃止された。こうして、山梨県で地租改正事業の終了時には、旧小物成地「三五万二八〇八町歩」の内、民有地が「三三町二段一八歩」で残りすべてが官有地へと編入された。[*32]尚、「入会」に一定の制限を加えたが、官有地内での入会行為を禁止するものではなかった。[*33]

山梨県では、明治一四年六月一三日、乙第四四号にて「官林草木伐採刈方出願心得並手続」を出して、官有地に確定した旧小物成山で従来入会慣行を続けてきた村々には、草木払下げを相当代価で許すこととなった。中野村や近隣の村々も同様に「払下」申請を行っていく。

2　道路修繕工事・測量人足の活動

改組後における五兵衛の活動の一つに道路修繕工事を挙げることができる。『山中湖村史』に次の史料がある。[*34]

右上申仕候、爰ニ本村ノ内山中組平民高村平左エ門・坂本兵兵四郎カ、駿州東往還本村地内字梨ヶ原同郡福地村境ヨリ字篭坂国境迄道路保護費、去ル明治十四年ヨリ本年ニ至ル迄右道路保護費等村役所へ御下附相成タル哉ノ由ヲ御庁ニ伺度旨、前期山中組平民弐拾名摠代トシテ伺書へ戸長奥書ヲ申出候処、此如キ儀ハ客月十五日同組当番伍長高村条右衛門方へ戸長天野与市地方税其他営業税等徴収方ニ出庭〔破レ〕際ニ、同組高村平左エ門・坂本兵四郎・高村忠兵衛・坂本安左エ門・羽田九右エ門・羽田金七・高村五兵衛七名之者伍長高村条右エ門宅へ出張シ、伍長并衛生委員学務委員之如キ者ノ給料減度旨申出加之ナラス前書道路保護費之儀ヲ道路掃除費ト唱へ独リ我カ割賦可然様、万一前陳次第御聞済無之候へバ、伺組ニ係スル部分ハ諸般伍長衛生員学務委員之手配ヲ請不申由ヲ陳述スル、然ルニ戸長ニ於テモ種々説明ヲ加へ候得共更ニ説諭ニ応難処

これは明治一七年（一八八四）六月四日に、作成された文書である。要約すれば、山中組の高村平左衛門・坂本兵四郎の両名により、駿州東往還（梨ヶ原～籠坂峠）に係る道路保護費の下付（明治一四～一七年分）が中野村役所へされたかの有無を、郡役所へ直接尋ねた「伺書」を作成するため、戸長に奥印を得ることを申し出たとの内容である。この問題には五兵衛も参加しており、中野村戸長天野与一（平野組出身）が山中組へ訪れた際に、伍長・衛生員・

学務委員の給料減額と、「道路保護費」を「道路掃除費」として割賦で支給するよう要求し、受け入れられぬ場合は、組（部落）より伍長・衛生委員・学務委員等を出さずとの要求をしている。これは、明治一四年から政府の緊縮財政により、土木費にかかる国庫補助廃止の影響を受けたものと考えられる。[*35]

五兵衛の記録においても、前年九月六日に「道路寄合ニテ安五郎宅ニテ請負書認ル」とあり、山中組内で道路修繕に係る寄合が数回もたれている。[*36] 同月一二日には、「道路修繕一七名ニテ仕業始メスル」とあり工事が開始された。工事は連日に及び、翌月一九日頃まで記載が見られ、再び記載が見られるのが翌一七年四月三〇日のことである。

そこには「村内一同出頭（中略）高村実ヱ惣会致ス、村内道路修繕、（中略）尤籠坂峠ト下道破カイ場所ヲ造リ」とある。[*37] 尚、同日には、五兵衛を含めた山中組四名（平左衛門・兵四郎・忠兵衛）が坂本安左衛門宅へ訪れている。前述の『村史』史料記載のメンバーとほぼ同じで、道路修繕に関する会合がもたれたようである。その翌五月一日には、坂本兵四郎・高村平左衛門が谷村郡役所へ出立している。また、四月二五日段階では、山中組内で「対約書」が作成されている。[*38] そこには、明治一四年から役所に徴収されている金銭や道路保護費など山中組に権利ある事件に対して、組内の協議決定に従い、互いに「我事ト同視シ救助スル事」と二四名の連名で署名している。「対約書」が「関係文書」の中に残されていることから、こうした文書作成に携わっていたものと思われる。

さらに、五月七日に「小前連印金七宅ニテ集会スル」とあり、同月一三日に谷村郡役所へ「伺書」の催促に兵四郎他二名が出頭する旨を決定している。同月一七日には、山中組の惣代が中野村戸長宅（平野組）へ出頭し、戸長より「中野村勘定之義ハ旧村限リニ種々勘定致シタル様」と申し付けられたとする。

山中組では、同月二四日に高村新内・同平左衛門・坂本兵四郎・羽田金七と五兵衛にて告訴状を認め、二六日に谷村郡役所へ二名の代表が告訴のため出発している。その後については、同年九月一八日「新内宅ニテ弐十六名集会議シ告訴書ノ催促、郡ニ出立ノ決定ヲスル」とあり、「告訴書」の提出後もあまり進展がなかったようである。

また同年九月二五日には、山梨県において県下町村の強化のため連合町村が設置される。中野村も同様に近隣の忍野村と「中野村・忍野村連合戸長役場」を設置した。[*39]

連合町村発足後も道路修繕の問題が重要であったようで、設置後早々に「上申書」が、同年一〇月二〇日に連合戸長より南都留郡長宛に提出されている。それによれば「村内駿河東往還ニ係ル、通路橋梁破壊ノ箇所修繕仕様目論見中、旁方之義ニ付村吏ノ内工事熟知ノ者早速出頭可致旨御達之処、只今引渡之際ニテ工事熟知ノ者共モ夫々多端ノ折柄ニ付」とあり、道路修繕が必要な箇所へ戸長役場より「工事熟知」の村吏を派遣したいが、連合町村への事務引継ぎ等で多忙のため延期したいとの内容である。[*40]

その後、五兵衛の日記で道路工事に関する記載は、翌年一〇月一二日付の記録にようやく「道路事件取極受負書認メ」とみられる。[*41]その「請負書」によれば、羽田金七と高村五兵衛の両名が請負人となり、「金七〇円七三銭六厘」の予算で道路修繕を行うとしている。[*42]また、工事請負いにあたり、保証人に山中組内の有力者である高村宰兵衛（当時、連合村会議員）が署名していることからも、組（部落）を挙げての事業であった。

この道路修繕工事にあたり、五兵衛は「篭坂道路修繕萬覚簿」を作成し、修繕工事における「下金」（工事費）の村吏との受取金額や日付毎に工事従事者を記録している。[*43]一一月二〇日には篭坂峠の工事に取り掛かり、翌一二月にかけて集中的に工事を進めている。なお工事初日には、籠坂峠の雑木一八本を伐採し、他村の炭焼事業者へ「金四円五十銭」にて売り渡し、費用造成も行っている。以下、日記から五兵衛の様子を記載する。[*44]

（明治一八年一二月）　※（　）内は筆者註

二三日　本県ヨリ道路測量官員出頭スル、谷村ヨリ窪嶋様出頭スルなり、測量人足ニ被頼出頭スル

二四日　雨天なり、午前六時頃ヨリ雷、少々宛ふり、午後ヨリ大ふり、金七一同ニテ篭坂峠エ出張シ（後略）

二六日　天気なり、尤曇り、三人ニテ戸長役場エ出張シ官員様ヲ待受、午後十二時頃ヨリ篭坂へ出張シ、御茶屋

ノ段ヨリ始メ測量手伝スル、篭坂峠大下り裾迄スル、三人ニテスル
三〇日　三人ニテ測量人足勤ルなり、歩行道路ヨリ打始メ水準測量スル
三一日　三人ニテ測量人足勤ル、六号ヨリ外壱号ヲ打出シ水準測量スル
（明治一九年一月）
八日　（旧戸長高村実宅へ）辺下ケ金ヲ頼ニ出頭スル
一二日　道路一件ニ付礼振□ニテ高村実宅へ出張シ、御馳走ニあづかり
一三日　金七ヨリ催促あり、午前安左衛門宅ニテ道路勘定ニ付調

日記によれば、工事進行中の一二月二三日には、谷村の郡役所から役人が来訪し、五兵衛が測量人依頼を受け、数日にわたり参加している。これは、五兵衛が道路修繕工事における請負人であり、組内（部落内）で測量技術を有していた人材であったためであろう。二六日には、郡役所役人から説諭等があったのであろうか戸長役場に詰めている。測量に関しては、篭坂峠を中心に近辺の「水準測量」を行っている。また工事請負人という立場から、工事費用においても必要に応じて、村内有力者へ経費の要求に訪れている。また工事も一月一二日には一段落ついた様子で、接待を受け、その翌日に道路修繕工事費の精算を行ったようである。このように五兵衛は、道路修繕の問題が生じた初期から関与し、修繕工事の請負担当者として活動していたのである。このような測量の技能をもった活動が地押調査へと連結していく。

3　地押調査と地図調製作業

明治政府は、明治一七年（一八八四）三月一五日に太政官布告第七号で地租条例を公布した。これにより、地租改

正法は廃止された。その後、同年一二月一六日には、大蔵省達第八九号で「地租に関する諸帳簿様式」を定め、府県庁をはじめ、郡役所・町村戸長役場で備えるべき帳簿が示された。

戸長役場においては、土地台帳が基本台帳となり、土地一筆毎の面積や所有者・地租額が明記される。こうした諸帳簿の整備事業が必要となり、翌一八年二月に大蔵大臣訓令主秘第一〇号で、地押調査実施を府知事県令宛に発令した。[*45]

改組ノ事業整頓以来開墾荒地地目換等ノ事故ニ因リ、実地検査ノ義ヲ請求セルモノ、外ハ絶テ一体ノ実地検査ヲナスコトナカリシヨリ、自然在来ノ帳面図面ト実地ト齟齬スルモノ少ナカラサルヤノ聞アリ。（中略）此際適宜期限ヲ定メ毎町村ニ於テ在来ノ帳面図面ニ対照シ一応実地取調ヲ為サシメ以テ事実相違ノ有無ヲ申告候様管内へ諭達シ（後略）

訓令によれば、地租改正以後に土地の異動や所有の移転が進み、現場で齟齬が生じている。そのため異動地の整理・反別の再丈量・帳簿や地図の調整をするように指示したものである。では、山梨県における地押調査事業への着手はいつの時期であろうか。この具体的な過程については、現在明らかではない。

断片的な史料ではあるが、山梨県の東八代郡富士見村の戸長である篠原忠右衛門の記録に地押調査事業の様子が記載されている。[*46] 篠原は、事業の作業過程を記した「地押日記」を残しており、「十九年四月一日ヲ以地押手始メ」とあり、同年六月九日まで活動が記載されている。[*47]

また、中野村の長池組においても、天野佐源治（旧長池村名主）が残した記録がある。それによれば、明治一九年三月の記載に「地券地押被仰出国中内々人選入札候地主惣代相極、当組惣代之義」とあり、同年三月には県内において地押調査事業に係る地主総代の人選が決められ、天野自身も長池組総代に選ばれている。[*48]

鈴木芳行氏による福島県の事例によれば、地押調査における人員は、中央官吏・県庁官吏、郡役所吏員、戸長役場吏員、民間では地主惣代人・地主からなった。特に、調査現場では地主総代人を中心に、戸長・村吏が従事した。[*49]また佐藤甚次郎氏によれば、実地担当をした地主総代は、各地主の申告を代行し、大町村が五名以上、小町村が二名以上で「実地熟知ノ者」が選ばれたようである。[*50]以上のように、明治一九年三月以前に山梨県側から指示があり、事業に関わる取り決めが行われたと考える。

では山中組における地押調査事業の開始はいつであろうか。次の史料から考察する。[*51]

（明治一九年六月）

一日　高村實ヨリ依頼ヲ受ケ御庁ヱ測量人ヲ頼ニ出頭スル、上小林村林三平ヱ係り

二日　三平ト一同ニテ帰村スル、午前十二時頃ヨリ清左衛門の宅地ヨリ地所取調、又蔵宅迄スル

三日　又蔵宅地ヨリ弥平宅地及、午前ハ外久根ヲスル、午後ヨリ堂ノ前ヲスル也、同所大森宅地迄地押シテ仕舞、尤変換地ハ残シ

五日　宰兵衛・盛蔵地所旧羽田九右衛門地ヲ変換スル、夫ヨリ堂の前ヱ移リ弥五右衛門・宰兵衛地所変換スル又兵衛地所変換スル

八日　十時頃ヨリ雨止ミ、地券掛官来ルト云達シ有テ盛蔵・安五郎両人内ニテ、三平・半兵衛・自分ト三人ニテ新畑ヱ行、野取弐十筆スル

九日　字沖新畑ヲ測量スル、三平ハ内業スル、安五郎・宰兵衛・盛造四人ニテスル也

一〇日　新畑丈量スル、尤沖新畑壱ヶ所スル、安五郎ハ休、盛造・半兵衛・自分三人ニテスル、当日朝高村實ヨリ一金弐十銭内借用スル

一二日　自分ハ茶屋□宅へ出頭シ、安五郎ト両人地券算当ヲ手伝、午後ヨリ盛造出頭ス

一三日　安五郎・五兵衛・盛造三人茶屋出頭ス、半兵衛休□□算当スルニ、夕方ヨリ林三平・五兵衛両人長池

組ヱ地券事件ニ付出頭

一四日　村拝借地事件ニ付惣集会ニテ各地券休、（中略）三平・五兵衛ニテ反金反麦取調、両人共長池組ヨリ午前九時帰村スル、直ニ茶屋ヱ出頭スル

一五日　村内惣出ニテ字十郎渕ヨリ茶屋ノ段割地スル、天気なり、諏訪松・三平・五兵衛三人ニテ測量スル、午前簗尻川向ニテスル、午後ヨリ字大久保新内畑下迄スル当ノ割地ハ七十八番ヱ当ル

一六日　自分ハ字茶屋ノ段ノ所有地十三名ニテ出頭、取調境界ヲ確定スル也

二二日　茶屋辺出頭シ算当ヲスル、各々不参故三平ト両人ニテスル

二三日　自分ト三平両人ニテ茶屋ヱ出張シ算当ヲスル也

二四日　三平・半兵衛・自分共三人ニテ藤塚野取ヲスル也、壱字地押シスル、畝杭立仕舞開墾地九筆斗リ測量スル

二七日　半兵衛・三平・自分共三人ニテ十郎渕割地道下測量スル、御茶屋ノ段ヨリ七十八号迄測量スル、一金弐十銭實ヨリ受取

二九日　地券休、伍長音五郎宅ニテ組集会有リ、地券入費壱筆ニ付金弐十銭宛可出触渡有リ

山中組では、明治一九年六月一日から事業に着手したようである。五兵衛はまず、組の有力者から依頼を受け、測量人の調達に上小林村（現静岡県沼津市）へ出向いている。翌二日から五日かけては、村内で所有の異動がある変換地等を中心に調査している。

また、一三日から二三日の間は、組内における割地が活動の中心となっている。史料中に「村持借地」とあるが、山中組は改組事業における山林原野官民有区別で、その多くが官有地へと編入された。そのため山中組では、官有地（のちに御料地）に対しての「払下願」や「下戻願」などを提出していく。翌日に割地した字重良淵（十郎渕）・茶屋ノ段の地盤は、いずれも官有地であることから、山中組で「借地」していたものと考える。尚、五兵衛は割地対象地

の測量や境界確定や算当も行い、二九日には事業経費の協議も行われている。

しかし、地押事業に関する記載は、この六月に集中し、七月・八月には数箇所見られるのみである。これは、中野村の官有地面積に対して、山中組はその半数以上に上る山林原野が官有地に編入となり、民有地部分が僅少であったため、期日を要さなかったのではないかと推測する。[*52]

次に、地押調査中における山梨県側の動向について考察する。明治二〇年（一八八七）五月七日に山梨県知事山崎直胤より農商務次官吉田清成へ宛てた「官有地払下処分ノ義ニ付伺」が提出された。[*53]

県下各郡村ニ於テ従前官民有区別未定ノ山林原野地ニシテ、地租改正ノ際官有地ニ決定シタルモノ、内、各村民ニ於テ尤モ須用ノ分素地相当代価払下ノ義、去ル十四年七月中相伺候処、実地調査ノ上何分ノ御詮議ニ及ハルベキ旨、同年十一月十六日付ヲ以テ御指令相成尋テ御省官員出張実地調査相済候ニ付、十六年二月中其旨更ニ上申候処、同年十一月十日ヲ以テ（中略）御指令ニ依リ、爾来実地ヲ調査シ経伺ノ上既ニ処分致シタルモノ及ヒ現今取調中ニシテ未タ伺出ノ運ニ至ラサウモノ前記ノ通ニ有之、右取調中ニ係ル分ハ追々伺出テ処分可致筈ニ候得共、其内規ニ願人ニ私ニ使用致シ居ル向モ往々有之、即今土地台帳整理ニ関シ地押調査中ニシテ成ルベク速ニ払下ノ処分ヲ結了セサレバ整理上差支少ナカラス、殊ニ其地水源涵養土砂扞止等苟モ国土保安ニ関スル場所ハ悉皆相除キ其他払下ニ関シ何等差支無之事ハ御省官員出張調査ノ末ニシテ猶此上ニモ精々取調へ、且ツ地所並立木竹代価ノ如キモ決シテ不相当ノ義無之注意可致候間、（中略）前記処分未済ノ反別九千弐拾九町九反壱畝拾壱歩ハ此際総テ当県限処分之上及御届候様致度、然ルトキハ経伺ノ繁履ヲ省キ処理ノ敏捷ヲ得随テ土地台帳整理上ニ於テモ便益不少候間、右御允可ヲ蒙度此段相伺候也

これを要約すれば、山梨県では改組事業における山林原野官民別区別で、所有が未定である山林原野を「官民有未定地」としていたが、結果的に官有地に編入された。その後、相当代価をもって払い下げを行う状況であり、その官

有地「反別九〇二九町九反一畝一一歩」の払い下げ処分を山梨県の判断に任せてほしいとの内容である。

また当該時期の山梨県では、この「官民有未定地」であった土地の帰属が問題であり、県下町村では払下げ申請が相次いでいた。まさに地押調査事業で、改租以降の土地の異動等を修正することが目的であったから、土地台帳整理にも非常に影響を与える問題となっていたのである。

また、地押調査事業による町村財政の圧迫も深刻な問題であった。[*54] 明治二〇年（一八八七）七月二五日の県知事から内務・大蔵両大臣宛に「内申」が作成されている。


土地ニ賦課スル町村費ハ、明治十八年第二十五号公布ヲ以テ地租七分ノ一ヲ超過スルヲ得ザルノ制限ヲ立ラレ、天災時変等非常ノ費用ニ非レバ別ニ之ヲ賦課スルヲ得ズ、爾来県下町村費賦課ノ実況ヲ観察スルニ、町村費ヲ賦課スベキモノハ土地割・戸数割ノ外営業割ノ一科アリト雖ドモ、通常地価ト戸数ノ二種ニ課スルヲ例トシ営業割ニ賦課スルモノハ県下纔ニ甲府総町ノ一アルノミ、其他ハ皆土地ト戸数ノ二種ニ賦課セリ、蓋シ営業ニ課スルモ畢竟戸数ノ負担ニ異ナラザルニ依ル、而シテ土地ト戸数割トノ比例見ルニ地価ノ賦課ハ大抵地租七分一ノ極度ヲ徴収セザルナリ、（中略）土地割負担ノ軽キニ比シ常ニ戸数割負担ノ重キニ苦シマザルハナシ、是レ各村普通ノ経費ニシテ既ニ然リ。故ニ特ニ要スル費用アルニ当テハ悉ク之ヲ戸数ニ賦課セザルヲ得ズ、（中略）、実ニ其負担ニ堪ヘザルノ状ヲ推シテ知ルベシ、且其費用ノ特ニ土地ニ関スルモノ等ニ至テハ其賦課ノ衡平ヲ失シ、一層人民ヲシテ艱苛ヲ訴ヘシムルノ情況アルハ勢免ガレザル所ナリ、（中略）又各町村地図ノ如キハ地租改正ノ際技術不慣熟ナル人民ノ手ニ成リシモノナルガ故ニ実地適合スルモノ少ク、早晩更生ヲ計ラザレバ地租調査上ハ勿論町村ノ根幹タル地籍ヲ明ニスル能ワズ、人民ニ於テモ已ニ目下試行中ノ地押上ヨリ之ガ不完備ヲ悟リ充分其更生ノ必要ヲ感ズル所アリト雖ドモ、之ヲ挙行セントスルニハ各町村ヲシテ特ニ許多ノ費用（概計四万円）ヲ支出セシメザルヲ得ズ、然ルニ是又土地ニ関スル費用ナルモ之ヲ賦課スルニ当テハ悉ク戸数割ヲ以テ徴収セシメザルヲ得ズ、其負担ニ苦シムノ実況ヲ忖度スルトキハ、其事業ノ必要ナルニモ拘ハラズ輒ク手ヲ下シ難キノ感ナキヲ得ズ向キニ七分一ノ制限ヲ定メラレシ当時ニ在リテハ、教育・衛生費等ニ於テ幾分ノ節減ヲ見タリシモ、以来地押調査・土地台帳編成等多額ノ費用（概計八万円）ヲ要スル事業続出シ、加フルニ、前記地図更正費ノ如キ何レモ概公布地価割制限ノ為メニ牽制セラレ、不得止協議費醵金等法律外ノ誘導ヲ以テスルノ外他ニ支出ノ方便無之、他県ニ比シ常ニ負担ノ重キ本県ノ如キニシテ、法律外斯ノ如ク巨額ノ費用ヲ支出セシムルハ実ニ困難ナルノミナラズ甚不穏当ノ状ナキ能ハズ。畢竟定法ノ制限ハ表面ニ止マリ実際人民ノ負担上ニ於テ大径庭ナキニ至テハ、制限ヲ立ラレシ盛意モ有名無実ニ属スルノ憾ヲ生ゼシムルニ至ラン

これによれば、当時山梨県下では、町村費を「土地割・戸数割」によって徴収していたが、戸数割負担の比重が大きかった。それは町村制以降の町村財政においても、戸数割の占める構造は変わらない[*55]。

そして、各町村付属の地図については、改租事業の際に「技術不慣熟」な担当者のため、実地と適合せず、町村の地籍を明らかにすることができないとしている。さらに地押事業を進めているが、山梨県下の地図調製に係る町村負担が概算で「四万円」に上るとしている。その上、町村への賦課は戸数割にて徴収し、地押調査・土地台帳編成事業を通して「八万円」の巨額負担となると見込み、その困難を訴えている。

また、「内申」における状況を、前述の富士見村の篠原忠右衛門が戸長役場から受けた通知にみることができる[*56]。篠原は、地押調査事業で富士見村の「地押協議委員」に就任しており、明治一九年一二月二〇日の戸長役場からの通知をうけた。それによれば、「地押ニ係ル諸入費予算等ヲ以テ割掛置候処、多分之不足相立候間、追徴収割法方御協議致度候」とあり、地押調査事業における費用不足から追加徴収の方法を協議するとのことで、町村負担が重かったことを示している。

また、宮城県の「地押成蹟」によれば「地押経費ハ総テ人民ノ負担ニ係ルト雖トモ、又整理委員ニ関スル諸費ナシ

トセス、整理委員費ハ所謂誤謬土地検査ノ諸費ニシテ乃チ国費ノ支弁ナリトス」とあり、整理委員（中央官吏）の旅費等は国費の支弁で、地押にかかる諸経費は民費負担であった。[*57] なお、地押調査の結果、全国で調査費用の部分は、民費として「一〇九三万八四一八円九七銭」に上ったとする。[*58]

地押調査事業の推移とともに、明治二〇年六月二〇日には「地図更生ノ件」として大蔵大臣内訓が発令される。地押調査が進むなかで、改組時に作製された一筆限図や一村限図等が、改組後における年月の経過とともに実地と適合しないという問題が現場でも再認識された。そこで地図の調整作業が進められ、ここで作成された地図は「更生地図」と呼ばれる。[*59] 山梨県下では、同年九月一三日に「訓令第七五号」が各郡役所・戸長役場に通達され、「町村地図調製式及び更正手続」が示された。[*60]

五兵衛の当該期における地図調製作業の様子は、日記に記されておらず明らかではない。しかし、中野村での地図調製は、明治二四年一月一二日の中野・忍野組合役場における「議案」にみることができる。[*61] また中野村は、近隣の忍野村と連合町村を構成していたが、町村制施行とともに連合町村の枠組みをそのままスライドさせた組合村を形成した。その「議案」によれば、前述の明治二〇年九月の訓令「分間地図調整法」について組合村会が開催された。そこで「本案整理費額ハ壱町歩以下一筆五銭、壱町歩以上弐町歩以下壱筆金六銭六厘、弐町歩以上壱町歩ヲ加フル毎ニ金四銭四厘ヲ増シ而シテ徴収方法ハ二期ニ別チ、廿四年一月廿五日・同年四月廿五日ヲ以半額宛各組限リニ徴収スル事」と決定し、地図の整理費用を中野・忍野両村の各組（部落）毎に負担するとした。

しかし、費用負担者は各村各組と決定したが、中野村における地図調整は、その後も作業開始まで時期を要したようである。

中野村会では、明治二五年二月二五日に「中野村歳入出予算議定」のため三月一日に村会が開催された。その際に、「分間地図整理費ノ件」も議題に挙がっていたようであるが、同年の史料には地図調整に関する記述はみられない。[*62]

その後、具体的な調整費用決定に関しては、明治二六年になってのことであった。明治二六年度には「追加予算表」を中野村会で議決しており、臨時費「一二二円六八銭八厘」を徴収し、分間地図の調整費として支出している。[*63] 当時の二六年度予算は、総額「三七七円一七銭五厘」であることから、調整費用は三分の一に及んだ。

4　地図調製と土地登記

五兵衛は、地押調査事業以外にも地図調製の作業を行っていた。明治二六年三月三〇日の日記には「拝借絵図面認ニテ」とあり、旧三ヵ村入会地である「向切詰」の地図調整を五兵衛が請け負った記載がある。翌月二日より地図調製のため、組の有力者宅で協議を重ね、三日に現地でのおおよその測量を行い、四日には絵具を調達し、組内の「鳴海や」にて地図調整を行っている。

また、この「向切詰」は旧三ヵ村入会地であるため、五日に同村平野組へ訂正した地図に「奥印」を取りに出張している。六日には、「区宅ヱ村内一同向山其他寄合有リ、村内協議確定スル、村内一同各戸金二十銭出金」と地図調整にかかる経費の負担を確定した。こうした費用負担のためか、組内の地図調整は進展せずに時間を要した。

翌年四月八日の記載には、「自分半平ヱ地図之惣会ニ出頭スル、地図之事件未不定」とあり、ようやく翌月二日から作業が開始された。次に、作業の主だった部分を提示する。

（明治二七年五月）

二日　午後四時頃ヨリ地図始リ手伝、鳴海や宅地及次郎宅地・次郎左衛門宅地・長池道角マデ基点ヲ建ルなり

三日　自分地図縄ヲ読（カ）、其他手伝、尤九右衛門代理壱人、前日次郎左衛門角迄道路其他へ基建ル、本日二本木道下安五郎前迄調ル

一二日　自分地図ヱ出頭スル、本日役人高村盛造・大森作太郎出頭スル
一四日　新内ノ前惣左衛門ノ畑ヨリ始メ、市右衛門裏地迄調、又重参ル程ニ争論ヲ発、駐在所へ出願シ議員方区長其他マテ□済
一七日　千代松ト少々境界ヲ論シ、且萬次郎ト九平ト少々論シ済
（六月）
二日　自分大森作太郎ヨリ依頼ヲ受、代理ニテ地図ヱ出張シ、字茶屋ノ段ヲ確定シ、所有者一同出張シ、内弐人不参人有
一三日　自分地図ヱ出張シ、字大池金比羅社前音五郎所有地ヨリ始、旧字小池ヨリ山ヲ越大池ヱウツリ、長池組村境ヲ調ニ付、同組ノ役人立会、平左衛門地所同組若兵衛地所ト重フク、種々論ヲ発シ直ニ済方ニ相成
一四日　自分地図ヱ出張シ字大池ヲ取調スル、長池組村境ヲ調、（中略）宰兵衛ヨリ日当トシテ一金五十銭受取
（一〇月）
九日　自分大久保へ村境丈量地図役人惣出、其当時地券役人羽田九右衛門・高村惣司・大森作太郎・同（高村）盛造・高村宰兵衛・坂本諏訪松、大久保ニテ長池役人モ出頭シ并ニ内野組役人モ村境之案内（中略）午後七時頃忍草組与惣右衛門・渡部勝平両人入来リ証券認差遣スト云シカ、証人留守申故日延スル

五兵衛の地図調整での活動は、まず基点を建てる作業から始まり、宅地を中心に地図調整の調査が行われた。五月から一〇月にかけての作業であり日当なども受領している。

また、五兵衛は、作業の途中で幾度か各地主や他部落との境界の争論にも加わり、地主間の調停をしている。特に部落の境界では、相手方の役人立会のもとで作業が行われたのである。

そして、記載の中に「地図役人」の語句が見受けられ、五兵衛はその役人たちと活動をともにしている。構成メン

バーをみると、当時の村会議員や組合村会議員のちの中野村長を務める人物などで、山中組の「御料地下戻」においても代表を務めている。[*64] つまり、「地図役人」の人選は、部落内の有力者で占められていたのである。またそのメンバーは、かつて「地券役人」も担当していたようで、改組事業の指導者たちが地図調製の作業に加わっていることを示し、五兵衛はそのもとで活動をしていたのである。

この他、五兵衛は村内の登記業務にも関わっている。明治一九年（一八八六）八月一一日に登記法が公布された。土地登記のためには、正確な台帳や地押調査や地図調整作業の成果が必要とされたのである。その後、明治二二年には土地台帳規則が制定され、地券・地券台帳が廃止された。

このように土地制度が変更される経緯の中で、五兵衛もそうした動きに対応していったようである。それを示した主だった部分が、以下の通りである。

（明治二四年）[*65]　※（年月日）は著者註
（三月）　二六日　自分吉田裁判所へ出頭スル、尤登記不済故帰村スル
（四月）　四日　午後ヨリ弁次郎之証券認メスル
　　五日　役場ヱ出頭スル
　　六日　午前弁次郎証券認替スル
（一〇月）　一日　自分新内ニ被頼吉田登記所へ出頭スル
　　二日　自分吉田登記所ヱ源兵衛ト同道、新内ニ被頼出頭スル
　　三日　小太郎被頼書面認メスル
（一一月）　二二日　午前又造ノ書面ヲ書シ東京へ出シ午後五時頃兵四郎ニ被頼、証書ノ筆字（カ）ヲ書入
（明治二六年）[*66]

（三月）　二九日　自分吉田登記所へ出頭スル、但シ又蔵・兵四郎三名一同ニテ出頭スルなり
（五月）　九日　登記所へ出頭スル、高村次郎へ証券ヲ差入、金五円受取十円ノ証書ヲ入、尤同人金円手廻リ兼ルニ付、定約書受取確定スルなり
　　一金拾弐銭ナリ登記印紙　一金壱銭証券印紙ヲ買
　二五日　一金壱円高村次郎ヨリ受取之ハ証券金五円ノ内

以上のように、五兵衛は、村内において各地主から登記事務の代行をしていた様子が日記からうかがえる。これは五兵衛自身が、改組事業・地押調査で現場の土地の実態を調査した実績に加え、証書等の作成能力を持ち合わせていたことを示している。「高村五兵衛文書」の中に、それを示唆するものとして「官有地秣備願」や「地所証明願」などの史料がみられ、やはり村内において申請書等の代筆をしていたようである。[*67]

また五兵衛は、明治三一年に「諸色日用便」を書きとめている[*68]その内容を列記すれば、印鑑御届、物件記載式、（土地登記に関わる）領収書、地所所有証明御願、地所登記済下附願、戸番証明御願、御料地拝借願、地所売渡し契約証、委任状の雛型や登記金額区別及び登記料一覧表など登記関係に関するものを中心に多岐に記載されている。

このように、五兵衛は測量技術だけでなく、村内における文書作成や申請手続きの代行も請け負っていたのである。

おわりに

以上のように、高村五兵衛は地租改正事業を経験後、その測量技術を活かし地押調査や更正地図作成の作業に、村内有力者主導のもと携わっていった。また土地制度の推移とともに、村内における所有権登記などの代行業務も行う

など、その活動は多岐に上った。
また、山梨県では、官民有区分により官有地化（のち御料地）された土地に対して、「払下願」や「下戻」申請が行われた。そうした村内における文書の代筆や土地の証明書作成等を請け負っていたのである。中野村においても、明治期を通して官有地・御料地返還のため、村内有力者を中心に申請が繰り返し行われた。[*69]その際、絵図面や土地面積を記した証拠書類を提出する必要があった。高村五兵衛のように測量経験や地図作成のスキルをもった従事者の存在により、土地制度における近代化への対応が可能となり、そうした情報が作業遂行に活かされていたのである。

註

＊1　福島正夫『地租改正の研究（増訂版）』（有斐閣、一九六二年）、佐々木寛司『地租改正近代日本への土地改革』（中央公論社、一九八九年）、丹羽邦男『土地問題とその起源　村と自然と明治維新』（平凡社、一九八九年）北條浩『明治初年地租改正の研究』（お茶の水書房、一九九二年）、奥田晴樹『地租改正と地方制度』山川出版社、一九九三年、など多数。高久嶺之介『近代日本の地域社会と名望家』（柏書房、一九九七年）、渡辺尚志編著『地方名望家山口左七郎の明治維新』（大学教育出版、二〇〇三年）、徳永暁「栃木県における壬申地券調査と地押丈量の実態」（近代租税史研究会編『近代日本の形成と租税』有志舎、二〇〇八年）、松沢裕作「地租改正と制度的主体」『日本史研究』（五九五号、二〇一二年）など多数。

＊2　福島『前掲』、佐藤甚次郎『明治期作成の地籍図』（古今書院、一九八六年）、塚田利和『地租改正と地籍調査』（お茶の水書房、一九八六年）、鈴木芳行「明治前期福島県作成の更正地図」（『税務大学校論叢』税務大学校、二〇〇〇年）、奥田晴樹『地租改正と割地慣行』（岩田書院、二〇一二年）。

＊3　高村正勝氏所蔵「高村五兵衛関係文書」（以下、関係文書）は、高村五兵衛に関する史料（地租改正・日記・道路工事関係等）を中心に一三四点ほど保存している。

＊4　松平定能『甲斐国誌』（甲斐国叢書刊行会『甲斐叢書』第一〇巻、第一書房、一九七四年）。

＊5　川島武宜・潮見俊隆・渡辺洋三編『入会権の解体2』（岩波書店、一九六一年）、北條浩『村と入会の百年史山梨県民の入会闘争史』

（御茶の水書房、一九七八年）他一連の著作。

＊6　明治八年の合村前に、明治六年段階で平野村は長池村と合村している。

＊7　高村五兵衛については「地券士」、「五兵衛ながれ」（河川）、「五兵衛そろばん」などの名称が口伝で所蔵者宅に伝わっている。

＊8　「元治二年宗旨人別帳」（高村家史料調査会『甲斐国山中村 高村家文書第一集』高村捷治、一九七五年）。

＊9　「明治五歳御年貢勘定帳」北條浩編『山中区入会関係史料集』（浅間神社擁護委員会、一九六三年）。以下『関係史料集』。

＊10　「村吏月給高割」『前揚 高村家文書』。

＊11　「明治五年算術私法記申二月吉日」（関係文書）。

＊12　田嶋『前掲』参照。

＊13　田嶋『前掲』参照。

＊14　北條編『前掲』。

＊15　「地所名称区別法」林野制度研究会編『近代林野制度資料集』（お茶の水書房、一九七七年）以下『制度資料集』。

＊16　田島『前揚』参照。

＊17　「明治六歳地券差引帳」（関係文書）。

＊18　近隣の新倉村（現富士吉田市）戸長渡辺利平次の日記には、二月一四日を地券調査の開始日と定め、期日まで調査準備を進めている。田嶋『前揚』参照。

＊19　この時点で作成された絵図である確証はないが、戸長宅に絵図（第七区山中村との記載があるため、中野村合併以前と思われる）が残されている。

＊20　「明治七年歳内日記簿」（関係文書）。

＊21　「山中村総計簿」『関係史料集』。

合反別六百九拾町九反四畝拾九歩

此地價金千三百四十六圓七拾九銭

（中略）

反別百八拾六町九反壱畝拾歩　新御改地

此地價金百四拾八円六十九銭

反別壱反六畝二拾四歩　　除税地

（中略）

一、林壱百六拾八町九反五畝　　公有地
此地價金八十四圓五十銭

一、林三町八反拾六歩　　上納地
此地價金拾九圓二十七銭

一、掲示場　弐拾歩　　元見捨地

一、現社地壱反六畝四歩　　同断

一、石地外五ヶ所　　村持
此地價金拾五圓二十五銭

一、湖水　壱ヶ所　　同断
此地價金八圓五十銭

一、池　壱ヶ所　　同断
此地價金五十銭

一、山　九ヶ所　　同断
此地價金三拾八圓九十五銭

一、川　壱ヶ所　　税外

（中略）

明治七年 甲戌六月

右村

農総代　高村五平　印

同　断　大山嘉孝　印

副戸長　高村新内　印

戸　長　高村宰兵衛　印

＊22　山中村の歴史編纂委員会編『山中村の歴史 下巻』（山中浅間神社有地入会擁護委員会、二〇〇二年）参照。
＊23　渡辺洋三・北條浩編『林野入会と村落構造』（東京大学出版会、一九七五年）参照。
＊24　「前揚」註（18）。
＊25　大山氏は、山中村の口留番所を守っていた唯一の武士（のちに士族）である。
＊26　「明治七年相場書記」（関係文書）。
＊27　「以書付奉願候」前揚『関係史料集』。
＊28　「梨ヶ原絵図」（関係文書）。
＊29　山中湖村史編集委員会『山中湖村史第五巻』（山中湖村史編集委員会、一九九七年）。
＊30　「明治十二年 日記出金簿」（関係文書）。
＊31　佐々木『前掲』、北條浩『前掲』参照。
＊32　山梨県編『山梨林政誌』一九一一年（藤原正人編『明治前期産業発達史資料別冊一一五（一）』明治文献資料刊行会、一九七二年）。
＊33　「官有山林原野草木払下条規」『制度資料集』。
＊34　前揚『村史五巻』参照。
＊35　牛米努「明治二〇年所得税法導入の歴史的考察」（『税務大学校論叢五六号』税務大学校、二〇〇七年）。
＊36　「明治一六年歳内日記簿」（関係文書）。
＊37　四月八日の記載に「前該嵐ニテ破損スル屋根大破」とあり、嵐等で村内の道路が破壊され、修繕が必要となったものと推測する。
＊38　「対約書」（関係文書）。
＊39　忍野村『忍野村誌第一巻』（忍野村、一九八九年）参照。
＊40　「上申書」前揚『忍野村誌』。
＊41　「明治十八年萬日記控簿」（関係文書）。
＊42　「請負書」（関係文書）。
＊40　「篭坂道路修繕萬覚簿」（関係文書）。
＊44　「明治十八年萬日記控簿」（関係文書）。
＊45　「地押調査ノ件主秘第十号」『明治前期財政経済史料集成』第七集（明治文献資料刊行会、一九六三年）以下『史料集成』。

＊46　篠原忠右衛門については、幕末期に「甲州屋」として横浜貿易に従事した人物である。詳細は、石井孝編『横浜売込商甲州屋文書』（有隣堂、一九八四年）を参照。
＊47　「地押日記」『篠原家文書』山梨県立博物館所蔵。
＊48　「村収支」天野恵衛氏所蔵。
＊49　鈴木「前掲」参照。
＊50　佐藤『前掲』参照。
＊51　「明治十九歳萬大寶恵簿」（関係文書）。
＊52　拙稿「御料地下戻と町村財政」近代租税史研究会編『前掲』参照。
＊53　「官有地払下処分ノ義ニ付伺」『制度資料集』。
＊54　「町村費賦課ノ義ニ付内申」『山梨県史　資料編一六近現代三　経済社会Ⅰ』（山梨県、二〇〇一年）。
＊55　町村制町村における財政構造については、奥田晴樹「町村制町村の歳入構造と戸数割」近代租税史研究会『前掲』参照。
＊56　「地押・土地台帳整理・伍長総代・堤脚地道路・諸帳簿引渡村会等ニ付戸長役場への出頭通知」『篠原家文書』山梨県立博物館所蔵。
＊57　「宮城県地押成蹟」税務大学校租税史料館編『地租関係史料集Ⅰ　地租条例から宅地地価修正まで』（大蔵財務協会、二〇〇七年）。
＊58　「地租関係書類彙纂」『史料集成』第七巻。
＊59　佐藤『前掲』参照。
＊60　「町村地図調製式並更正手続に関する訓令」山梨県立博物館所蔵。
＊61　「明治二二年～二四年度村会書類」山中湖村役場所蔵。
＊62　『明治二五年村会書類』山中湖村役場所蔵。
＊63　『明治二七年度村会書類』山中湖村役場所蔵。
＊64　「委任証」『関係史料集』。
＊65　「明治二四年萬大宝恵簿」（関係文書）。
＊66　「明治二十六年萬大宝恵簿」（関係文書）。
＊67　「官有地秣備願」・「地所々有証明御願」（関係文書）。

官有地秣備願

南都留郡中野村字南大道

（中略）

右地所為開墾秣備仕度候間御聞届被下度尤御聞届ノ上ハ前書秣備料御成規之通リ上納可仕候仍テ丈量図面相添奉願上候也

山梨県南都留郡中野村

第戸長民

明治二十二年　月　日　借用人

高村惣左衛門

保証人

高村盛造

山梨県知事　中島錫胤殿

地所々有証明御願

何郡何村ノ内何々組地内

第何十番

字何々

一、畑反別何反歩

此地價金何円

右地所私シ元来保有罷在候処今般所有権ヲ明確公示之タメ登記願度候間土地台帳辺御照合ノ上確認致候御附與被成下候此段願上也

南都留郡中野村第何番

年号月　何　某　印

印

中野村外一ヶ村組合役場

御中

＊68 「明治三一年諸色日用便」（関係文書）。

＊69 「元御詮議地御引戻之議請願」『関係史料集』。

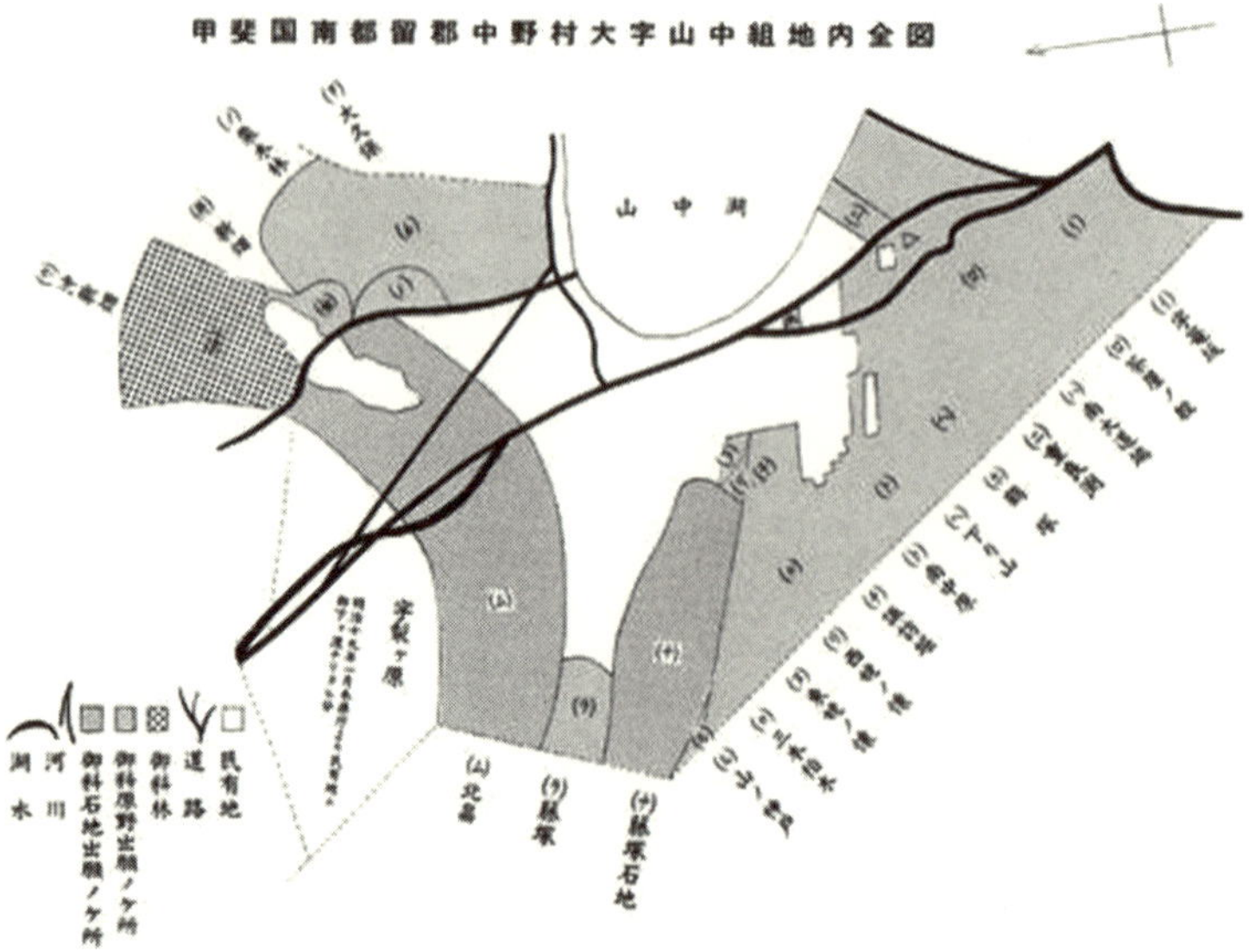

参考資料『山中区入会』より転載.

あとがき

牛米　努

本書は、近代租税史論集1刊行以降の、近代租税史研究会の活動の成果をまとめたものである。研究会活動の基本は年四回程度の会員の研究報告で、それぞれのテーマについての議論を深めてきた。

論集1の刊行が二〇〇八年一〇月であるから、約六年の歳月が経過したことになる。その間、会員をとりまく環境にも変化があったが、新しい会員を迎えながら活動を継続してきた。最初の論文集を「近代租税史論集1」としたこともあり、論集2の刊行を意識しなかったわけではない。しかし、あくまでも論集の刊行は研究会活動の結果と考え、個々の研究テーマの深化を中心に、租税史研究の可能性を探る研究会活動を続けてきた。

本書の刊行を後押ししたのは、新しく加わった二〇歳代から三〇歳代前半の若い会員の存在である。自分の研究分野から、それぞれ租税史にアプローチしようとする姿勢に接し、私たちも何らかの形で応えていかなければならないのではないかと考えるようになった。そしてまた、こうした研究成果を世に問うことが、租税史研究の広がりと発展に寄与すると判断するに至ったのである。

二〇一二年からは論集2の刊行を目標に掲げ、研究会を年五回から六回に増やして論文内容の検討を進めてきた。その概要は、はじめにに示した通りである。

こうした論文集の刊行計画に対して、幸いにも、論集1を刊行していただいた有志舎の永滝稔氏のご快諾を得ることが出来た。近代租税史という、まだまだ小さな研究分野ではあるが、その意義にご理解を示され、出版事情の厳しいなか本書の刊行をお引き受けいただいたことに、厚く感謝を申し上げたい。

本書が、近代日本租税史のみならず、日本近代史研究に少しでも寄与できることを心から期待している。

最後に、二〇〇八年七月から二〇一三年一〇月までに開催された、近代租税史研究会の研究例会の一覧を掲げておく。

第16回（二〇〇八年七月五日、日本学士会分館）
牛米　努「大正期における所得の申告制と税務行政」
第17回（二〇〇八年一一月二二日、日本学士会分館）
今村千文「目賀田種太郎の地価修正」
第18回（二〇〇九年四月四日、東京ガーデンパレス）
石川　悟「新潟県の地租改正」
第19回（二〇〇九年七月四日、日本学士会館）
鈴木芳行「蚕種大惣代制の成立—大蔵官僚渋沢栄一のいま一つの蚕業政策—」
第20回（二〇〇九年一〇月三日、日本学士会館）
高村昭秀「明治期の土地調査—萬日記大宝恵簿を中心に—」
第21回（二〇一〇年一月一六日、日本学士会館）
大湖賢一「真土事件再考—法的観点から—」

第22回（二〇一〇年五月一五日、日本学士会館）
関根　仁「政府出仕時代の渋沢栄一―渋沢史料館所蔵資料の再検討―」
第23回（二〇一〇年七月一七日、日本学士会館）
今村千文「明治中期の租税と請願制度」
第24回（二〇一〇年一〇月一六日、日本学士会館）
牛米　努「東京の形成と租税改革（試論）」
第25回（二〇一一年一月二二日、日本学士会館）
奥田晴樹「旗本領処分の歴史的考察」
第26回（二〇一一年五月一四日、日本学士会館）
刑部芳則「宮内省の公家華族救済措置」
第27回（二〇一一年七月二三日、立正大学）
宮間純一「「租税半減」問題研究の現状と課題」
第28回（二〇一一年九月一七日、立正大学）
堀野周平「明治初年における譜代藩の上総移封と「議事ノ制」」
第29回（二〇一一年一二月一〇日、立正大学）
中西啓太「明治後期県・郡の監督行政―資金蓄積をめぐる政策指導・奨励の分析から―」
第30回（二〇一二年三月二四日、立正大学）
栗原祐斗「大区小区制の展開と村連合―埼玉・栃木県を事例に―」
第31回（二〇一二年五月一九日、立正大学）

江連　晃「明治前期における戸長―入間・熊谷県の小区内仮規則と大小区集会―」
第32回（二〇一二年月七月二一日、立正大学）
牛米　努「東京の区制改革と税負担」
第33回（二〇一二年九月二九日、立正大学）
今村千文「井上毅の租税観」
第34回（二〇一二年一二月一日、立正大学）
中川壽之「「内閣書記官局預り金始末」考」
第35回（二〇一三年二月二三日、立正大学）
高村昭秀「明治期における地籍調査―地券士 高村五兵衛の活動を中心に―」
第36回（二〇一三年三月二三日、立正大学）
刑部　芳則「続・宮内省の公家華族救済措置」
第37回（二〇一三年五月一八日、立正大学）
堀野周平「千葉県における家禄奉還制度の展開―旧松尾藩士族を中心に―」
第38回（二〇一三年七月二〇日、立正大学）
栗原祐斗「栃木県における「大区小区制」と初期連合村」
第39回（二〇一三年九月一四日、立正大学）
今村千文「衆議院への租税の請願について」
第40回（二〇一三年一〇月五日、立正大学）
中西啓太「明治中後期地方行政の展開と企業への課税」

〈執筆者紹介〉

牛米　努（うしごめつとむ）　一九五六年生まれ　税務大学校税務情報センター租税史料室研究調査員

宮間純一（みやまじゅんいち）　一九八二年生まれ　宮内庁書陵部研究職

刑部芳則（おさかべよしのり）　一九七七年生まれ　日本大学商学部准教授

中西啓太（なかにしけいた）　一九八七年生まれ　東京大学大学院人文社会系研究科博士課程

今村千文（いまむらちふみ）　一九七六年生まれ　税務大学校税務情報センター租税史料室研究調査員

堀野周平（ほりのしゅうへい）　一九八八年生まれ　鹿沼市教育委員会事務局文化課嘱託職員

江連　晃（えづれあきら）　一九八九年生まれ　埼玉県北本市立北本中学校教諭

栗原祐斗（くりはらゆうと）　一九八九年生まれ　税務大学校税務情報センター租税史料室研究調査員

高村昭秀（たかむらあきひで）　一九八三年生まれ　山梨県立富士北稜高等学校教諭

近代租税史論集 2

近代日本の租税と行財政

2014年6月25日　第1刷発行

編　者　近代《きんだい》租《そ》税《ぜい》史《し》研究会《けんきゅうかい》

発行者　永滝　稔

発行所　有限会社　有　志　舎

〒101-0051　東京都千代田区神田神保町3丁目10番、宝栄ビル403

電話　03(3511)6085　　FAX　03(3511)8484

http://www18.ocn.ne.jp/~yushisha

振替口座　00110-2-666491

DTP　言海書房

装　幀　伊勢功治

印　刷　株式会社　シナノ

製　本　株式会社　シナノ

ISBN978-4-903426-86-0